辅警勤务

——工学结合教程

王双奎 主编

中国财经出版传媒集团
经济科学出版社
·北京·

图书在版编目（CIP）数据

辅警勤务：工学结合教程/王双奎主编． ––北京：
经济科学出版社，2024.5
ISBN 978 – 7 – 5218 – 5951 – 5

Ⅰ.①辅…　Ⅱ.①王…　Ⅲ.①公安工作 – 中国 – 产学
合作 – 教材　Ⅳ.①D631

中国国家版本馆 CIP 数据核字（2024）第 111153 号

责任编辑：于　源　陈　晨
责任校对：隗立娜　王苗苗
责任印制：范　艳

辅 警 勤 务
——工学结合教程
FUJING QINWU —— GONGXUE JIEHE JIAOCHENG
王双奎　主编

经济科学出版社出版、发行　新华书店经销
社址：北京市海淀区阜成路甲 28 号　邮编：100142
总编部电话：010 – 88191217　发行部电话：010 – 88191522
网址：www.esp.com.cn
电子邮箱：esp@esp.com.cn
天猫网店：经济科学出版社旗舰店
网址：http://jjkxcbs.tmall.com
北京季蜂印刷有限公司印装
787×1092　16 开　21.5 印张　410000 字
2024 年 5 月第 1 版　2024 年 5 月第 1 次印刷
ISBN 978 – 7 – 5218 – 5951 – 5　定价：65.00 元
(图书出现印装问题，本社负责调换。电话：010 – 88191545)
(版权所有　侵权必究　打击盗版　举报热线：010 – 88191661
QQ：2242791300　营销中心电话：010 – 88191537
电子邮箱：dbts@esp.com.cn)

中等职业教育法律事务专业
《辅警勤务——工学结合教程》
校本教材编写委员会

主　编： 王双奎　山西省临汾人民警察学校法律事务专业带头人
　　　　　　　　高级讲师
副主编： 张　倩　山西省临汾人民警察学校法律事务专业骨干教师
　　　　　段　鑫　山西省临汾人民警察学校法律事务专业骨干教师
　　　　　李丽丽　山西省临汾人民警察学校法律事务专业骨干教师
　　　　　李　洋　山西省临汾人民警察学校法律事务专业骨干教师
　　　　　杨　阳　山西省临汾人民警察学校法律事务专业骨干教师
主　审： 樊宜群　山西省临汾人民警察学校校长
校　对： 商千里

山西省临汾人民警察学校　临汾市公安局联合编写

前　言

警务辅助人员，是指依法招聘并由公安机关管理使用，履行《关于规范公安机关警务辅助人员管理工作的意见》（以下简称《意见》）所规定职责和劳动合同约定的不具有人民警察身份的人员，具体主要包括文职、辅警两类从事警务辅助工作的人员。公安机关警务辅助人员，是公安机关不可或缺的重要力量，是公安机关日常运转和警务活动提供辅助支持的非人民警察身份人员。他们在预防和打击犯罪、维护社会治安稳定方面发挥了重要作用。为进一步加强公安机关警务辅助人员队伍建设，依据国务院办公厅《关于规范公安机关警务辅助人员管理工作的意见》《山西省警务辅助人员条例》等相关法律、法规的规定，山西省临汾人民警察学校、临汾市公安局联合编写了《辅警勤务——工学结合教程》一书。

本书重点围绕警务辅助人员协助执法中的工作规范、协助巡逻盘查、协助治安管理、协助道路交通管理、协助侦查等工作中应掌握的相关知识及完成协助执法过程中使用的公安行政、刑事文书等内容。同时虽然警务辅助人员不具备执法主体资格，不能直接参与公安执法工作，但应当在公安民警的指挥和监督下开展辅助性工作。警务辅助人员依照《意见》履行职责受法律保护，有关单位和个人应当予以配合，相关法律后果由公安机关承担。为了规范警务辅助人员协助执法行为，保证规范履行职责，要求警务辅助人员应当遵守各项规章制度，同时应当了解规范人民警察纪律的相关规定。本书在编写上结合了多方面的内容，希望通过本书的学习，能够为公安机关和广大警务辅助人员依法规范履职提供指导和帮助，为进一步促进公安机关警务辅助人员队伍规范化建设，加快构建现代警务体系，推动公安队伍高质量发展作出积极贡献。

本教材由王双奎任主编，对教材内容的编写进行了整体设计，设定了编写体例，并进行统稿。张倩、段鑫、李丽丽、李洋、杨阳任副主编，协助进行了统稿工作。山西省临汾人民警察学校樊宜群校长审稿。各章具体编写分工如下（以编写章节先后为序）：李洋（项目一）；段鑫（项目二）；李丽丽（项目三）；张倩（项目四);王双奎(项目五);杨阳(项目六、项目七)。

  由于本教材编者理论水平、编写能力有限,存在疏漏和不足之处在所难免,敬请广大师生不吝赐教,批评指正。读者意见反馈邮箱:wsk741202@163.com。

目　　录

项目一　警务辅助人员协助执法工作规范 …………………………………… 1

　　任务一　警务辅助人员协助执法的主要职责和基本原则 ………………… 2
　　任务二　警务辅助人员协助执法的纪律要求规范 ………………………… 6
　　任务三　警务辅助人员的责任追究 ………………………………………… 14
　　任务四　警务辅助人员协助执法着装要求和行为举止 …………………… 19
　　任务五　警务辅助人员协助执法规范用语 ………………………………… 22
　　任务六　警务辅助人员协助处置违法犯罪行为的主要措施 ……………… 30
　　任务七　警务辅助人员协助执法的权益保障 ……………………………… 46
　　任务八　警务辅助人员协助现场处置阻碍执法行为 ……………………… 50

项目二　警务辅助人员的协助巡逻盘查 ………………………………………… 56

　　任务一　巡逻盘查 …………………………………………………………… 58
　　任务二　日常巡逻中识别盗窃摩托车等犯罪嫌疑人的技巧 ……………… 68

项目三　治安管理处罚法相关知识 ……………………………………………… 72

　　任务一　治安案件的管辖、受理和回避 …………………………………… 73
　　任务二　治安案件的证据与调查 …………………………………………… 82
　　任务三　治安管理处罚的决定 ……………………………………………… 98
　　任务四　治安管理处罚的执行 ……………………………………………… 112
　　任务五　治安案件的终结 …………………………………………………… 124

项目四　道路交通安全法相关知识 ……………………………………………… 129

　　任务一　交通信号 …………………………………………………………… 131
　　任务二　道路通行规则 ……………………………………………………… 155

任务三　常见的道路交通违法行为及其处理……………………………162
　　任务四　道路交通事故处理……………………………………………175
　　任务五　交通警察执勤执法安全防护……………………………………187

项目五　刑事侦查相关知识……………………………………………218
　　任务一　刑事侦查概述…………………………………………………219
　　任务二　受案、立案……………………………………………………224
　　任务三　现场保护………………………………………………………235

项目六　公安行政文书制作……………………………………………241
　　任务一　传唤与询问……………………………………………………244
　　任务二　检查证及其他笔录……………………………………………249
　　任务三　证据获取………………………………………………………254
　　任务四　行政处罚………………………………………………………261
　　任务五　治安调解………………………………………………………272
　　任务六　暂缓执行行政拘留……………………………………………276

项目七　公安刑事文书制作……………………………………………283
　　任务一　受案文书………………………………………………………286
　　任务二　立案文书………………………………………………………292
　　任务三　传唤、拘传文书………………………………………………298
　　任务四　询问、讯问笔录………………………………………………303
　　任务五　拘留……………………………………………………………312
　　任务六　逮捕……………………………………………………………319
　　任务七　起诉意见书……………………………………………………326

主要参考文献……………………………………………………………332

项目一 警务辅助人员协助执法工作规范

项目导入

2019 年 9 月 27 日，山西省第十三届人民代表大会常务委员会第十三次会议表决通过了《山西省警务辅助人员条例》。2020 年 1 月 1 日，《山西省警务辅助人员条例》（以下简称《条例》）及 11 项配套制度正式实施。

为确保《条例》顺利实施，山西省公安厅围绕辅警日常管理、层级管理、招聘使用等 11 个方面起草、完善了 11 项配套制度。2019 年 12 月 9 日，山西省政府第 52 次常务会议通过了 11 项配套制度。

11 项配套制度包括辅警日常管理、招聘使用、岗位职责、层级管理、教育培训、薪酬管理、考核、奖励、责任追究、劳动仲裁诉讼和抚恤救助等，是对《条例》涉及若干重要问题的细化和具体化。11 项配套制度中的《山西省警务辅助人员岗位职责暂行规定》规定了辅警岗位职责的正面清单和负面清单，内容涵盖辅警岗位管理原则、管理权限、岗位设置类别、可以和禁止从事的工作等方面并明确规定辅警协助人民警察依法履行职责的行为受法律保护，履行职责行为后果由所在公安机关承担；履行职责对公民、法人和其他组织合法权益造成损害的，由聘用辅警的公安机关承担赔偿责任。

2021 年 9 月 29 日，《山西省人民代表大会常务委员会关于修改〈山西省辅助人员条例〉的决定》已由山西省第十三届人民代表大会常务委员会第三十一次会议通过并公布，自公布之日起施行。

2024 年 5 月 30 日，根据山西省第十四届人民代表大会常务委员会第十次会议《关于修改〈山西省警务辅助人员条例〉的决定》进行第二次修正。

教 学 目 标

【知识目标】

1. 了解警务辅助人员协助执法的主要职责和基本原则。
2. 掌握警务辅助人员协助执法的纪律要求、着装要求和行为举止、规范用语。
3. 掌握警务辅助人员协助处置违法犯罪行为的主要措施。
4. 理解警务辅助人员的责任追究以及协助执法的权益保障,更好地协助现场处置阻碍执法行为。

【能力目标】

1. 通过学习警务辅助人员协助执法的程序规定与操作规范,规范警务辅助人员协助执法行为。
2. 正确运用警务辅助工作规范,指导解决警务辅助人员执勤中的实务问题,增强其依法履职能力。

【素养目标】

1. 认识到深化公安执法规范化建设在警务辅助工作中的意义和作用。
2. 树立正确的法治观念、执法理念。
3. 培养运用法治思维、法治方式处理新情况、新问题的能力。

任务一　警务辅助人员协助执法的主要职责和基本原则

【任务引入】

辅警队伍是在创新社会治理的新形势下,协助公安机关维护社会治安、打击违法犯罪、开展行政管理、服务人民群众的重要支撑保障力量。警务辅助人员分布于公安机关各个具体的工作岗位,其工作具有多样性、工作内容具有复杂性。当前,我国警务辅助人员数量庞大,他们分布于交通勤务、治安管理、视频监控、禁毒、监所看管、出入境管理、户口管理、流动人口管理、派出所等诸多工作岗位,参与维护社会治安秩序,其工作范围十分广泛。

【教学场景】

1. 课堂理论讲解。

2. 课后试题巩固。

【相关知识】

公安机关警务辅助人员（以下称警务辅助人员），是指根据社会治安形势和公安工作实际需要，面向社会公开招聘，为公安机关警务活动提供辅助支持的非人民警察身份人员。治安联防、治安志愿者、护村队、护校队等社会群防群治力量以及在公安机关从事保卫、保洁、膳食等后勤服务工作的人员，不属于警务辅助人员。

警务辅助工作是指公安机关辅助人员协助公安机关及其人民警察（以下简称"民警"）在维护社会治安秩序、打击违法犯罪、开展行政管理以及服务人民群众等方面开展的具体工作。

依据警务辅助工作的核心内容，结合勤务辅警和文职辅警的工作要求，可以将警务辅助工作概括为以下四个方面，分别是派出所警务辅助工作、公安交通管理警务辅助工作、公安监管场所警务辅助工作、公安文职警务辅助工作。需要说明的是，前三个方面主要是勤务辅助的工作内容，第四个方面主要是文职辅助的工作内容。

警务辅助人员根据《山西省警务辅助人员条例》的规定，在民警的指挥或者带领下，协助开展有关工作。

一、主要职责

（一）协助开展的工作内容

1. 在民警的带领下可以协助开展的工作

警务辅助人员在民警的带领下可以协助开展下列工作：

（1）租赁住房治安管理、特种行业、禁毒、出入境等相关管理和服务。

（2）执行交通管制和交通安全检查，制止和纠正交通安全违法行为。

（3）对有违法犯罪嫌疑的人员进行盘查、看管。

（4）行政案件接报案、受案登记、接受证据、案件信息采集、调解、送达文书等工作。

（5）对行为举止失控的醉酒人员、实施暴力行为的精神病人采取临时保护性约束措施。

（6）公安监管场所的管理勤务。

（7）维护大型公共活动秩序。

（8）参与突发事件处置。

（9）按照国家有关规定可以开展的其他工作。

2. 在民警的指挥或者带领下可以协助开展的工作

警务辅助人员在民警的指挥或者带领下可以协助开展下列工作：

（1）接受、处理群众求助，依法化解矛盾纠纷。

（2）社会治安防范、交通安全、禁毒、消防等宣传教育。

（3）疏导交通，提示、劝阻交通安全违法行为，采集交通违法信息，指导事故当事人自行协商处理轻微交通事故。

（4）维护案（事）件现场秩序、安全，保护案（事）件现场，救助受伤受困人员。

（5）流动人口信息采集、登记等服务。

（6）制止正在发生的违法犯罪活动。

（7）巡逻、值守、安全巡查。

（8）按照国家有关规定可以开展的其他工作。

（二）协助开展的工作分类

《山西省警务辅助人员条例》规定，辅警岗位职责设置遵循确有必要、因事设岗、精简高效的原则。省级公安机关辅警管理部门负责全省辅警岗位职责设置的政策指导；市县公安机关辅警管理部门负责所属公安机关辅警的岗位具体设置、管理监督。

按照职责分工，辅警分为文职辅警和勤务辅警。文职辅警，是指负责协助公安机关非执法岗位人民警察从事行政助理、技术支持、警务保障等工作的警务辅助人员。勤务辅警，是指负责协助公安机关执法岗位人民警察开展执法勤务和其他勤务活动的警务辅助人员。

根据国务院办公厅《关于规范公安机关警务辅助人员管理的意见》，警务辅助人员的岗位职责范围可概括为以下方面：

1. 勤务辅警的主要职责范围

（1）协助预防、制止违法犯罪活动。

（2）协助开展治安巡逻，治安检查以及对人员聚集场所进行安全检查；协助盘查、堵控、监控、看管违法犯罪嫌疑人；协助维护案（事）件现场秩序，保护案（事）件现场，抢救受伤人员。

（3）协助疏导交通，劝阻、纠正交通安全违法行为，采集交通违法信息。

（4）协助开展戒毒人员日常管理、检查易制毒化学品企业、公开查缉毒品。

（5）协助开展公安监管场所的管理勤务；协助开展出入境管理服务、边防检查。

（6）参与灭火救援和协助开展消防监督管理。

（7）协助开展社会治安防范、交通安全、禁毒等宣传教育。

（8）其他可由勤务辅警协助开展的工作。

2. 文职辅警的主要职责范围

（1）协助开展文书助理、档案管理、接线查询、窗口服务、证件办理、信息采集与录入等行政管理工作。

（2）协助开展心理咨询、医疗、翻译、计算机网络维护、数据分析、软件研发、安全监测、通信保障、资金分析、非涉密财务管理、实验室分析、现场勘查、检验鉴定等技术支持工作。

（3）协助开展警用装备保管和维护保养、后勤服务等警务保障工作。

（4）其他可由文职辅警从事的工作。

（三）禁止从事的工作

根据相关法律法规和2016年《关于规范公安机关警务辅助人员管理工作的意见》等文件的要求，警务辅助人员在协助民警执法过程中，不得从事下列工作：

（1）国内安全保卫、技术侦查、反邪教、反恐怖等工作。

（2）办理涉及国家秘密的事项。

（3）案件调查取证、出具鉴定报告、交通事故责任认定。

（4）执行刑事强制措施。

（5）作出行政许可、行政强制、行政处罚等行政处理决定。

（6）审核案件。

（7）保管武器、警械。

（8）单独执法或以个人名义执法。

（9）法律、法规规定必须由公安机关人民警察从事的工作。

警务辅助人员履行职责期间可以驾驶警用车辆、船艇等交通工具。警务辅助人员不得使用武器和警械。遇有危害公共安全、社会秩序和公民人身、财产安全的紧急情况，警务辅助人员可以在人民警察的指挥和带领下，协助使用约束性警械。

二、基本原则

1. 明确职责定位

警务辅助人员应当在民警的指挥或者带领下，按照《山西省警务辅助人员条例》等有关规定协助开展有关工作。

2. 坚持文明规范

警务辅助人员应规范着装、佩戴标识、携带工作证件、配备必要的执勤和安全防护装备，做到举止文明，语言规范。正确使用执法记录仪，保证摄录资料全面、完整、稳定、客观。

3. 强化责任担当

遇有正在发生的违法犯罪行为，应当挺身而出，立即制止；遇有群众求助的，应当积极提供帮助；发现可疑人员、物品或情况的，应当采取有效措施予以处置，自身无权处置的，应当立即向民警报告。

4. 严守纪律规定

警务辅助人员应当遵纪守法，服从管理，听从指挥，忠于职守，保守警务工作秘密，遇有法定回避情形应当主动申请回避。

【任务实施】

结合相关知识，解答以下试题：

1. 警务辅助工作的概念？
2. 勤务辅警的主要职责范围？
3. 文职辅警的主要职责范围？

【任务评析】

理论课任务考核标准如表 1-1 所示。

表 1-1　　　　　　　理论课任务考核标准（1）

考核内容		权重（100 分）	标准	得分
课后作业	试题解答	100	检查学生对本课程理论知识的掌握	

【拓展练习】

简述警务辅助人员工作的主要类型及其内容。

任务二　警务辅助人员协助执法的纪律要求规范

【任务引入】

公安机关是人民民主专政的重要工具，人民警察是武装性质的国家治安行政和刑事司法力量。警务辅助人员队伍作为公安机关的重要力量，他们开展警务辅助工作的目的就是为了协助公安机关及其人民警察更好地履行职责。警务辅助工作的目的主要体现在维护社会治安秩序、预防违法犯开展行政管理、服务人民群众等方面。因此，为实现警务辅助工作的目的，警务辅助人员应遵守警务辅助人员纪律规范。这是提高警务辅助人员政治性和组织性的重要法宝，是督促警务辅助人员严格执行命令、高效完成工作的规范依托，也是新时代警务辅助人员队伍正规化、专业化、职业化建设的重要保障。

【教学场景】

1. 课堂理论讲解。
2. 课后试题巩固。

【相关知识】

警务辅助人员协助执法纪律，是指为了规范警务辅助人员协助执法行为，保证规范履行职责，要求警务辅助人员应当遵守的各项规章制度，包括政治纪律、保密纪律、组织纪律、工作纪律和群众纪律。

一、政治纪律

政治纪律是警务辅助人员政治言论、政治行动的规范，是维护党的政治原则、政治方向和政治路线的纪律。

警务辅助人员的政治纪律，是指警务辅助人员必须坚守政治原则，坚持党的领导，坚定人民立场，坚决维护祖国的安全、荣誉和利益。政治纪律是警务辅助人员最重要的职业纪律。

警务辅助人员遵守政治纪律应当以习近平新时代中国特色社会主义思想为指导，坚决维护习近平总书记党中央的核心、全党的核心地位，坚决维护党中央权威和集中统一领导。严禁散布有损宪法权威、中国共产党和国家声誉的言论，禁止组织或者参加旨在反对宪法、中国共产党领导和国家的集会、游行、示威等活动。

1. 与党中央高度一致，毫不动摇地坚持党的领导

习近平总书记在 2019 年全国公安工作会议上强调，要从政治上建设和掌握公安机关，引导全警增强"四个意识"、坚定"四个自信"、做到"两个维护"，始终在思想上政治上行动上同党中央保持高度一致。

警务辅助人员在任何时候、任何情况下，都必须保持头脑清醒、信念坚定。警务辅助人员无论担任何种职务、从事何种具体的辅助工作，都要坚持党的基本理论、基本路线、基本纲领、基本经验、基本要求，都要在思想上、政治上、行动上同党中央保持高度一致。具体而言，在思想上，警务辅助人员必须坚定道路自信、理论自信、制度自信、文化自信，坚持以马克思列宁主义、毛泽东思想、邓小平理

论、"三个代表"重要思想、科学发展观、习近平新时代中国特色社会主义思想为指导，活学活用、常学常新；在政治上，警务辅助人员必须始终保持对党忠诚，牢固树立政治意识、大局意识、核心意识、看齐意识，坚决维护习近平总书记党中央的核心、全党的核心地位；在行动上，警务辅助人员必须坚持走中国特色社会主义道路，自觉维护党中央的绝对权威，自觉执行党中央决策部署。

习近平总书记在2019年中央和国家机关党的建设工作会议上指出，"两个维护"的内涵是特定的、统一的，全党看齐只能向党中央看齐，不能在部门打着维护党中央权威的旗号损害民主集中制。党员、干部无论做什么工作、级别多高，都是党的干部、组织的人，要牢记第一职责是为党工作，重要提法都要同党中央对表。凡是重大问题、重要事项、重要工作进展情况，都必须按规定及时请示报告党中央。对此，警务辅助人员尤其是党员警务辅助人员应当更加全面地把握党中央重要指示的精神内核，更加高效地执行党中央的重要指示和各项要求，更加努力地完善自我、向党中央看齐。

2. 与祖国同心一体，毫不动摇地维护祖国的安全、荣誉和利益

2012年《中华人民共和国人民警察法》（以下简称《人民警察法》）第二十二条规定，人民警察不得散布有损国家声誉的言论，不得参加非法组织，不得参加旨在反对国家的集会、游行、示威等活动。2016年国务院办公厅印发的《关于规范公安机关警务辅助人员管理工作的意见》也提出了相关要求。

2019年中共中央、国务院印发的《新时代爱国主义教育实施纲要》指出，爱国主义是中华民族的民族心、民族魂，是中华民族最重要的精神财富，是中国人民和中华民族维护民族独立和民族尊严的强大精神动力。

爱国主义精神可以转化为强大的工作动力，它要求警务辅助人员模范地遵守宪法和法律；它激励警务辅助人员在诱惑面前坚持原则，在危险面前不畏不缩，在困难面前砥砺前行，毫不动摇地维护祖国的安全、荣誉和利益。践行爱国主义精神是警务辅助人员必须遵守的一项政治纪律，其具体要求主要包括：不得泄露国家秘密和警务工作秘密，不得申请政治避难、叛逃境外，不得携带违禁宣传品入出境，不得在涉外活动中损害国家尊严和利益，不得实施影响民族关系的行为，不得利用宗教势力对抗党和政府，不得搞封建迷信活动，等等。

3. 与人民团结一心，毫不动摇地保护人民群众的生命财产安全

习近平总书记在2017年党的十九大报告中指出，我们党来自人民、植根人民、服务人民，一旦脱离群众，就会失去生命力。加强作风建设，必须紧紧围绕保持党同人民群众的血肉联系，增强群众观念和群众感情，不断厚植党执政的群众基础。凡是群众反映强烈的问题都要严肃认真对待，凡是损害群众利益的行为都要坚决纠正。

2012年《人民警察法》第三条规定："人民警察必须依靠人民的支持，保持同人民的密切联系，倾听人民的意见和建议，接受人民的监督，维护人民的利益，全心全意为人民服务。"第二十一条规定："人民警察遇到公民人身、财产安全受到侵犯或者处于其他危难情形，应当立即救助；对公民提出解决纠纷的要求，应当给予帮助；对公民的报警案件，应当及时查处。人民警察应当积极参加抢险救灾和社会公益工作。"警务辅助人员尽管不具有人民警察的身份，但是应始终协助公安机关及人民警察维护社会治安、打击违法犯罪、开展行政管理和服务人民群众。从这一角度看，2012年《人民警察法》的相关要求，同样适用于警务辅助人员。

二、保密纪律

公安机关的性质和任务决定了在公安工作中产生、使用和管理着大量的国家秘密、警务工作秘密。警务辅助人员在协助执法过程中，要切实增强保密意识，严格保守秘密，做到不该说的不说，不该问的不问，不该看的不看，不该传的不传。

1. 国家秘密

国家秘密，是指关系国家的安全和利益，依照法定程序确定，在一定时间内只限一定范围的人员知悉的事项。按照保密要求的程度高低，国家秘密的密级可分为绝密、机密和秘密三级。

按照有关规定，警务辅助人员不得办理涉及国家秘密的事项。根据2010年《中华人民共和国保守国家秘密法》第四十八条，警务辅助人员应当遵守的保守国家秘密的纪律主要包括：（1）不得非法获取、持有、买卖、转送或者私自销毁国家秘密载体。（2）不得通过普通邮政、快递等无保密措施的渠道传递国家秘密载体。（3）不得邮寄、托运国家秘密载体出境，或者未经有关主管部门批准，携带、传递国家秘密载体出境。（4）不得非法复制、记录、存储国家秘密。（5）不得在私人交往和通信中涉及国家秘密。（6）不得在互联网及其他公共信息网络或者未采取保密措施的有线和无线通信中传递国家秘密。（7）不得将涉密计算机、涉密存储设备接入互联网及其他公共信息网络。（8）不得在未采取防护措施的情况下，在涉密信息系统与互联网及其他公共信息网络之间进行信息交换。（9）不得使用非涉密计算机、非涉密存储设备存储、处理国家秘密信息。（10）不得擅自卸载、修改涉密信息系统的安全技术程序、管理程序。

2. 警务工作秘密

警务工作秘密，是指公安机关在警务活动中产生的，在一定时间内只限一定范围的人员知悉，一旦泄露会给警务工作造成被动或损害的事项。具体来讲，警务工作秘密是在公安机关的警务活动和内部管理中产生的不属于国家秘密而又不宜对外公开的事项。

警务工作秘密的具体范围：警务辅助人员在协助民警执法时，对因工作需要接触的警务工作秘密，必须严格遵守保密制度，履行保密义务，不得通风报信，泄露查禁计划、工作方案；不得透漏在工作中接触到的公民个人信息、机动车信息、住宿信息、车船轨迹信息等；不得为他人打听案件信息及案件进度；不得泄露办案民警个人信息；不得在公共场所、社交网络谈论涉及警务工作秘密的话题。

三、组织纪律

组织纪律是调整警务辅助人员个人与公安机关之间关系的纪律，是保证和提高公安机关执行力和战斗力的行为准则。警务辅助人员遵守组织纪律，应当严格服从命令、坚决听从指挥，确保各项勤务活动有效开展。

1. 严格服从命令

命令是上级对下级下达的权威性指令。服从命令并不意味着盲从或机械地执行命令。警务辅助人员在接到上级的命令之后，应准确理解命令的精神和具体内容，正确分析执行命令的条件、难易程度、方式方法等，确保命令有效执行。

警务辅助人员对决定和命令不理解、不清楚的，应当及时向民警报告，不得自作主张。警务辅助人员认为决定和命令有错误的，可以按照规定提出意见，但不得中止或改变决定和命令的执行；提出的意见不被采纳时，必须服从决定和命令；执行决定和命令的后果由作出决定和命令的上级负责。对超越法律、法规规定的决定和命令，有权拒绝执行，并同时向上级部门报告。

2. 坚决听从指挥

听从指挥，是指听从所属单位领导和民警指挥，步调一致，行动统一，保证执勤执法活动有序开展。警务辅助人员必须坚决服从大局、听从指挥，不得有凌驾于组织之上的行为。

四、工作纪律

警务辅助人员工作纪律，是指警务辅助人员在协助公安机关及人民警察开展警务辅助工作过程中，必须严格遵守的规章制度和程序办法。

参照2021年《公安机关人民警察内务条令》、2012年《人民警察法》等文件对人民警察工作纪律的规定，依据2016年国务院办公厅印发的《关于规范公安机关警务辅助人员管理工作的意见》对警务辅助人员工作纪律的规定，警务辅助人员工作纪律可以分为防护装备配置纪律、接待群众纪律、请假销假纪律、值班备勤纪律、回避纪律和其他工作纪律。

1. 防护装备配置纪律

依据1996年国务院印发的《中华人民共和国人民警察使用警械和武器条例》第3条，武器是指人民警察按照规定装备的枪支、弹药等致命性警用武器。警械是指人民警察按照规定装备的警棍、催泪弹、高压水枪、特种防暴枪、手铐、脚镣、警绳等警用器械。同时，根据2006年公安部印发的《公安单警装备配备标准》，公安机关人民警察基本的配备装备主要包括警服、警棍、手铐、催泪喷射器、强光手电、警用制式刀具等必配项目和枪支、对讲机、警务通等选配项目15种。

2016年国务院办公厅印发的《关于规范公安机关警务辅助人员管理工作的意见》规定，根据工作需要，警务辅助人员可配备必要的执勤及安全防护装备，但不得配备或者使用武器。可见，各级公安机关要为警务辅助人员配备必要的执勤和安全防护装备，严格规范管理和使用。

警务辅助人员必须在公安机关及人民警察的指挥和监督下履行辅助性职责，不能单独执法，虽然可以配备必要的执勤和安全防护装备，但是不具备持有或者使用武器、警械等警用装备的法定资格。警务辅助人员在执行工作任务时，应严格遵守防护装备和武器、警械适用等方面的规定，可以根据履职需要配备强光手电、对讲机、警务通等执勤和安全防护装备，但是，不得持有或使用枪支、弹药等武器以及特种防暴枪、手铐、脚镣等警械。

2. 接待群众纪律

2021年公安部印发的《公安机关人民警察内务条令》第九章专门规定了公安机关及人民警察接待群众的相关工作制度。参照该条令的规定，在接待群众方面，警务辅助人员应当遵守的纪律主要包括：（1）接待前来办事、报警、报案、求助、咨询的群众，应当首先问好并致意，然后认真、热情接待。接待时，应当态度和蔼，语言文明，认真受理，不得以任何借口推诿、扯皮、耍态度，严禁态度冷、硬、横。（2）应当热情为求助的群众提供必要的帮助，解答群众提出的问题，对群众报警、报案应当及时妥善处理。

3. 请销假纪律

参照2021年公安部印发的《公安机关人民警察内务条令》第八十三条、第八十四条、第八十五条关于人民警察请假销假制度的规定，警务辅助人员的请假销假纪律主要包括：（1）警务辅助人员工作时间非因公外出，必须按级请假，按时销假；未经领导批准，不得擅自离岗。（2）执行特殊或者紧急辅助任务时，非因不可抗拒的原因，不得请假。（3）请假人员因特殊情况经批准后，方可以续假；未经批准，不得超假或者逾假不归。

4. 值班备勤纪律

参照 2021 年公安部印发的《公安机关人民警察内务条令》第十章规定的人民警察值班制度，警务辅助人员的值班备勤纪律主要包括以下三个方面。

警务辅助人员值班备勤的职责主要包括：（1）接待报警、报案、检举、控告、投案自首或者其他原因来访的人员。（2）发生案件、事故或者其他紧急情况，立即报告上级，并按照上级指示或者预案作出应急处理。（3）及时、妥善处理公文、电话等。（4）维护本单位工作、学习、生活秩序，承担内部安全保卫工作。（5）完成其他任务。

警务辅助人员值班记录的内容主要包括：（1）记录问题或者事件发生的时间、地点、有关人员的姓名和主要情况。（2）记录向上级报告的时间，接受报告人的姓名和答复的主要内容。（3）记录对上级指示的传达、办理情况和时间。（4）记录负责处理的单位和人员姓名。（5）记录值班人员姓名。

警务辅助人员值班备勤的其他要求主要包括：（1）必须坚守岗位，切实履行职责。（2）因故经批准离开岗位时，应当有人代岗。（3）换班时，应当将工作情况向接班人员交代清楚，并履行交接手续。（4）值班备勤的警务辅助人员在值班备勤之前和期间不得饮酒，值班备勤期间不得进行妨碍值班备勤秩序的娱乐活动。

5. 回避纪律

参照 2012 年《人民警察法》第四十五条和 2018 年《中华人民共和国刑事诉讼法》第二十九条、第三十条、第三十一条、第三十二条对回避制度的有关规定，警务辅助人员在辅助办理相关案件过程中，遇到下列情形之一的，应当回避：（1）是本案的当事人或者是当事人的近亲属的。（2）本人或者其近亲属与本案有利害关系的。（3）接受当事人及其委托的人请客送礼的。（4）与本案当事人有其他关系，可能影响案件公正处理的。

回避方式包括自行回避、申请回避和指定回避：（1）自行回避，是指警务辅助人员基于上述回避情形主动向所在公安机关提出回避申请。（2）申请回避，是指利害关系人向公安机关提出申请，要求具有回避情形的警务辅助人员依法回避。（3）指定回避，是指公安机关依职权指定具有回避情形的警务辅助人员依法回避。警务辅助人员的回避，由其所属的公安机关依法依规决定。

6. 其他工作纪律

其他工作纪律主要包括警务辅助人员工作交接纪律、证件使用纪律等。2021年公安部印发的《公安机关人民警察内务条令》第八十八条至第九十条、第九十六条至第九十八条等详细规定了人民警察工作交接制度、证件使用制度。对此，可以参照上述有关规则，明确警务辅助人员工作交接纪律、证件使用纪律。

警务辅助人员在工作变动、解除劳动合同或被退回劳务派遣、人事代理机构时，需要进行工作交接。参照2021年公安部印发的《公安机关人民警察内务条令》第八十八条至第九十条，警务辅助人员交接工作时应当遵守以下规定：（1）在工作变动、离（退）休、辞职或者被辞退时，必须将自己负责的工作情况和掌管的文件、材料、证件等进行移交。移交工作应当在本人离开工作岗位前完成。（2）因故暂时离开岗位时，应当将自己负责的工作向代理人员交代清楚。

证件是表明警务辅助人员身份的凭证和标志。规范使用工作证件是警务辅助人员工作纪律的具体要求之一。参照2021年公安部印发的《公安机关人民警察内务条令》第九十六条至第九十八条，警务辅助人员使用证件应当遵守以下规定：（1）除工作特殊需要外，警务辅助人员不得使用与实际身份不相符的证件。（2）在依法执行职务时，除法律、法规另有规定外，警务辅助人员应当随身携带证件，并主动出示以表明身份。（3）警务辅助人员应当妥善保管证件，不得涂改、复制、转借、抵押、赠送、买卖。（4）严禁将证件用于非警务辅助活动或者非法活动。（5）警务辅助人员工作单位发生变动的，应当将其原证件交还发证部门，并换发新证件。（6）警务辅助人员发现证件遗失、被盗（抢）或者严重损坏、无法继续使用的，应当及时报告所属公安机关并补办。

五、群众纪律

群众纪律是处理警务辅助人员与群众关系所必须遵循的行为准则。警务辅助人员遵守群众纪律，应当坚持走群众路线，把人民群众的利益放在第一位。在遇到群众人身安全、财产安全受到侵犯或者处于其他危难情形时，应当立即救助；对群众提出解决纠纷的要求，应当给予帮助；对群众的报警案件，应当协助民警及时查处。

【任务实施】

结合相关知识，解答以下试题：

1. 警务辅助人员的纪律规范主要包括哪些内容？
2. 如何牢牢遵守警务辅助人员的纪律规范，更好地实现警务辅助工作目的？

【任务评析】

理论课任务考核标准如表1-2所示。

表1-2　　　　　　　理论课任务考核标准（2）

考核内容		权重（100分）	标准	得分
课后作业	试题解答	100	检查学生对本课程理论知识的掌握	

【拓展练习】

思考完善警务辅助人员纪律规范的重要性。

任务三　警务辅助人员的责任追究

【任务引入】

行政辅助人员是指在各级行政机关或事业单位中承担一定行政辅助职责，但不纳入公务员或事业单位编制管理的人员。广义上，警务辅助人员属于一种行政辅助人员，即在公安机关中辅助人民警察开展警务活动的行政辅助人员。因此，警务辅助工作应当依法进行。警务辅助人员在履行职责过程中，违反法律规定，不履职或违法履职，应当承担相应责任。有权必有责，有责要担当，失责必追究。警务辅助人员履行岗位职责的行为应依法、依规开展，并应受到法律的约束。

【教学场景】

1. 课堂理论讲解。
2. 课后试题巩固。

【相关知识】

职业责任是指特定主体因为不当从事本职工作而应当承受的不利后果或者强制性义务。更进一步来说，由于责任内容的不同，职业责任的具体类型也有差别。

警务辅助人员的责任，是指警务辅助人员在履行职责过程中，因为实施不当行为甚至是违法犯罪行为，依照法律法规或者其他有关规定而应当承担的不利后果或者强制性义务。

需要说明的是，警务辅助人员可能会因为各种行为承担各种形式的责任，但严格地说，警务辅助人员责任规范仅指警务辅助人员因不履行或不正确履行职责而应当承担的责任。因此，从保障警务辅助人员依法履职的角度出发，应当严格界定警务辅助人员责任的合理范围。

责任追究，是指对警务辅助人员违法、违纪、违规、违反社会道德等行为所给予的相应处理。警务辅助人员违反《山西省警务辅助人员条例》等规定的，由公安机关按照警务辅助人员管理相关规定依法处理；构成违反治安管理行为的，依法给予治安管理处罚；构成犯罪的，依法追究刑事责任。对警务辅助人员实施责任追究，应坚持依法依规、实事求是、公正公平、过责相当、教育与惩戒相结合的原则。

一、责任追究的种类

对警务辅助人员实施责任追究，应根据行为事实、行为性质、主观过错、情节轻重、危害大小并结合当事人的认识等，视情给予批评教育或相应的处理。责任追究包括以下四个种类。

1. 谈话告诫

谈话告诫的，影响期为1个月。

2. 黄牌警告

黄牌警告的，影响期为3个月。

3. 留用察看

留用察看的，影响期为12个月。

4. 解除劳动关系

受到解除劳动关系处理的，自批准之日起停发工资，立即解除劳动关系或者退回劳务派遣机构。

受到责任追究处理的警务辅助人员，影响期内不得晋升层级，并可与个人绩效考核奖金挂钩。

警务辅助人员在工作期间，由于违反管理规定、操作规范或者其他个人原因造成公安机关经济损失的，应当视情承担相应的赔偿责任；因故意或者重大过失造成公民、法人或者其他组织合法权益损害的，在公安机关赔偿损失后应当承担部分或者全部赔偿费用。

二、责任追究的程序

1. 责任追究决定的作出

责任追究一般按照"调查情况，提请报批，问责实施，备案察效"的程序进行，做到事实清楚、证据确凿、定性准确、处理恰当、程序合法、手续完备。

责任追究由警务辅助人员所在单位按照管理权限作出，处理结果报本级警务辅助人员主管部门备案。涉及谈话告诫的处理由所在用工单位研究决定；涉及黄牌警告、留用察看的处理由所在用工单位、调查部门、警务辅助人员主管部门共同研究决定；涉及解除劳动关系的处理由所在用工单位、调查部门、警务辅助人员主管部门依法办理。

责任追究决定以书面形式作出。决定书内容包括警务辅助人员姓名、任职单位、违纪违规事实、处理种类及依据、期限和印章。

责任追究决定交被处理警务辅助人员签名后留存。警务辅助人员拒绝签字的，则以见证为据记录在案，责任追究决定仍然有效。

2. 责任追究决定的申诉

警务辅助人员对责任追究决定不服的，应自被告知处理决定之日起 5 日内，向所在单位或警务辅助人员主管部门提出申诉。申诉应当由本人以书面形式提出，并陈述具体理由。

申诉受理单位或部门应在收到申诉申请之日起 15 日内，作出维持、变更或者撤销责任追究决定的申诉决定。除解除劳动关系外，申诉期间责任追究决定不停止执行。申诉决定为最终处理决定。

警务辅助人员不因提起申诉而被加重处理。

警务辅助人员对解除劳动关系处理不服的，可依法申请调解仲裁或提起诉讼。

三、责任追究的情形

警务辅助人员被依法追究刑事责任，或受到行政拘留以及其他不适合在公安机关工作的行政处罚，或者被依法列为失信联合惩戒对象的，一律解除劳动关系。

1. 违反政治纪律行为的责任追究

有下列违反政治纪律行为之一的，予以解除劳动关系；情节轻微的，给予留用察看：

（1）散布有损宪法权威、中国共产党和国家声誉或者公安机关形象的言论，未经批准组织或者参加集会、游行、示威等活动的；

（2）组织或者参加非法组织，组织或者参加旨在反对宪法、反对中国共产党的领导、反对社会主义制度、危害国家安全的活动的；

（3）其他违反政治纪律的行为。

2. 违反组织管理行为的责任追究

有下列违反组织管理行为之一的，给予谈话告诫或者黄牌警告；情节较严重的，给予留用察看；情节严重的，予以解除劳动关系：

（1）拒绝执行上级依法依规作出的决定、命令的；

（2）对工作安排推诿塞责，拒不服从指挥安排或者管理的；

（3）因单位或者部门调整、撤销、合并或者缩减用人额度或者因工作需要调整岗位，无正当理由拒不服从单位作出的岗位分配、交流安排的；

（4）弄虚作假，误导、欺骗领导和管理民警，造成不良后果的；

（5）其他违反组织管理的行为。

3. 违反保密规定行为的责任追究

有下列违反保密规定行为之一的，给予谈话告诫或者黄牌警告；情节较严重的，给予留用察看；情节严重的，予以解除劳动关系：

（1）泄露国家、警务工作秘密或者因履行职责知悉的商业秘密、公民个人隐私和信息的。

（2）未经批准擅自下载、打印或者使用各类存储介质转存公安信息、数据、程序的。

（3）违反公安信息网络安全管理规定，发生公安信息网计算机"一机两用"等违规外联的。

（4）违反公安信息网络安全管理规定，未经许可擅自使用他人数字证书或者密码，查询、操作授权范围以外公安信息系统或者程序的。

（5）未经本单位科技信息部门批准，擅自对公安信息网计算机进行重新安装、加装操作系统或者安装黑客类工具的。

（6）违反工作区域管理规定，未经许可进入公安机关重点保密区域和部门的。

（7）有其他违反保密规定的行为。

4. 违反经济方面纪律行为的责任追究

有下列违反经济方面纪律行为之一的，给予留用察看；情节严重的，予以解除劳动关系：

（1）利用工作之便，侵吞、窃取或者以其他手段非法占有公私财物、无主物品的。

（2）利用工作之便，侵占、挪用公款、罚没款物、涉案财物的。

（3）利用工作之便，为谋取私利或者受人请托，有索要、收受财物以及行贿的行为。

（4）利用工作之便，违规从事经商活动，以及插手经济纠纷或者为他人追债讨债的。

（5）其他经济方面违反纪律的行为。

5. 妨碍社会管理秩序或者违反社会道德行为的责任追究

有下列妨碍社会管理秩序或者违反社会道德行为之一的，给予留用察看；情节严重的，予以解除劳动关系：

（1）参与、组织或者支持色情、吸毒、赌博、迷信等活动。

（2）因生活作风问题，造成不良影响的。

（3）散布消极言论、制造传播谣言，对所在单位部门或者其他人员的声誉造成不良影响的。

（4）违反有关规定参与禁止的网络传播行为或者网络活动的。

（5）其他妨碍社会管理秩序或者违反社会道德的行为。

6. 违反工作职责规定行为的责任追究

有下列违反工作职责规定行为之一的，给予谈话告诫或者黄牌警告；情节较严重的，给予留用察看；情节严重的，予以解除劳动关系：

（1）工作中不履行或者不正确履行职责的。

（2）徇私舞弊或者玩忽职守、贻误工作的。

（3）利用工作之便为自己或者他人谋取私利的。

（4）从事或者参与与履行职责相关的营利性活动的。

（5）打听案情、影响公正办案的；为违法犯罪嫌疑人说情开脱或者干扰、妨碍案件查处的。

（6）工作中体罚、虐待违法犯罪嫌疑人或者其他人员的。

（7）在协助勘验、检查、鉴定等工作中严重失职，造成无辜人员被处理或者违法犯罪人员逃避法律追究的。

（8）因工作失职造成被羁押、监管等人员脱逃、致残、致死或者其他不良后果的。

（9）违反规定办理户口、身份证、驾驶证、特种行业许可证、护照、机动车行驶证和号牌等证件、牌照以及其他行政许可事项的。

（10）工作中对群众态度蛮横、行为粗暴、故意刁难或者吃拿卡要查证属实的。

（11）其他失职、渎职的行为。

7. 违反日常管理规定行为的责任追究

有下列违反日常管理规定行为之一的，给予谈话告诫或者黄牌警告；情节较严重的，给予留用察看；情节严重的，予以解除劳动关系：

（1）酒后驾驶机动车辆的。

（2）出入夜总会等陪侍性娱乐场所消费的。

（3）违反所在单位请销假、考勤制度、作息时间以及内务管理有关规定，经批评教育或者责任追究处理后仍不改正，或者无正当理由逾期不归的。

（4）工作时间内饮酒，或者在非工作期间酗酒闹事造成不良影响的。

（5）在工作场所访问、浏览色情网站或者传播色情信息的。

（6）私自接受媒体采访，或者未经批准擅自提供、发布涉警信息的。

（7）工作时间内未按规定规范着装或者佩戴工作标识，擅自将配发的工作证件、制服、标识涂改、复制或者转借他人，着制服在非工作时间或者非履职情况下造成不良影响的。

(8) 工作时间内从事与工作无关活动，经批评教育仍不改正的。

(9) 其他违反日常管理规定的行为。

参见以下有关法律、法规、规章和规范性文件：

《中华人民共和国人民警察法》第六条至第十二条、第十五条、第十七条、第二十条至二十三条、第三十四条、第四十四条等；

《中华人民共和国监察法》第十五条、第四十五条等；

《中华人民共和国保守国家秘密法》第一条、第二条、第十条、第十五条、第十七条、第十九条、第二十一条、第二十四条、第四十八条等；

《公安机关办理行政案件程序规定（2020年修正）》第五十二条等；

《山西省警务辅助人员条例》第三十条、第三十一条等。

【任务实施】

结合相关知识，解答以下试题：

1. 对警务辅助人员的责任追究包括哪些种类？
2. 对警务辅助人员的责任追究包括哪些程序？
3. 对警务辅助人员的责任追究包括哪些情形？

【任务评析】

理论课任务考核标准如表1-3所示。

表1-3　　　　　　　理论课任务考核标准（3）

考核内容		权重（100分）	标准	得分
课后作业	试题解答	100	检查学生对本课程理论知识的掌握	

【拓展练习】

简述对警务辅助人员的违纪违规行为进行责任追究的必要性。

任务四　警务辅助人员协助执法着装要求和行为举止

【任务引入】

警务辅助人员队伍形象建设，是建立规范的工作、学习、生活秩序，推进警务辅助人员队伍正规化、职业化建设的有力保障。警务辅助人员应当严格遵守相关规定，培养优良作风，树立良好形象。

【教学场景】

1. 课堂理论讲解。
2. 课后模拟练习。

【相关知识】

公安机关应当按照有利于工作、易于辨认识别、便于管理监督的原则，结合文职辅警、勤务辅警的岗位特点、人员级别和不同警种部门的特殊需求，依据有关政策规定，研究设计警务辅助人员的工作证件、服装式样和标志标识，制定配备及管理规定，保障警务辅助人员正确履行职责。

根据《山西省警务辅助人员条例》第二十六条的规定，警务辅助人员协助民警执法时，应当按照规定配发统一的工作证件，统一着装、统一标识，持证上岗；根据工作需要，辅警可以配备必要的执勤和安全防护装备，但不得配备或者使用武器、警械；辅警的证件、服装和标识，应当与人民警察的证件、服装和标识在外观上存在显著的区别。

1. 着装要求

警务辅助人员协助民警执法时，着装应当遵守下列规定：

（1）按规定配套穿着，不同制式服装不得混穿，制服与便服不得混穿。着长袖衬衣时，下摆应扎于裤内。制服内着非制式服装时，不得外露。

（2）按规定佩戴肩章、胸牌等标识，不同制式标识不得混戴。不得佩戴、系挂与工作无关的标识、物品。

（3）保持制服干净整洁，不得披衣、敞怀、挽袖、卷裤腿。

（4）除工作需要或者其他特殊情形外，应当穿制式皮鞋、胶鞋或其他深色皮鞋，非工作需要，不得穿凉鞋、拖鞋，不得赤脚或者赤脚穿鞋。男性警务辅助人员鞋跟一般不得高于3厘米，女性警务辅助人员鞋跟一般不得高于4厘米。

（5）不得纹身、化浓妆、染彩发、染指甲、系扎围巾、戴首饰。男性警务辅助人员不得留长发、大鬓角、卷发（自然卷除外）、剃光头或者蓄胡须，女性警务辅助人员发辫（盘发）不得过肩。

（6）除在办公区、宿舍内或者其他不宜戴帽的情形外，应当戴帽，不得歪戴帽。驾驶或乘坐警用摩托车时，应戴头盔。

（7）不得使用人民警察专用标志。

（8）除工作需要或者眼疾外，不得戴有色眼镜。

2. 行为举止

警务辅助人员协助民警执法时，行为举止应当遵守下列规定：

（1）姿态端正。站姿端正、挺拔，两脚挺直，两肩要平，两臂下垂自然伸直，不得袖手、背手、插兜、搭肩、挽臂、揽腰，不得将身体倚靠在物体上，不得双手抱胸或叉腰。

（2）队列整齐

两名以上警务辅助人员着装徒步巡逻执勤或者外出时，应当两人成行、三人成列，威严有序；外出时，必须遵守公共秩序和交通规则，遵守社会公德，自觉维护声誉，等等。

（3）举止文明

着工作服装或者执行公务时，不得边走边吃东西、扇扇子；不得在公共场所或者其他禁止吸烟的场所吸烟；不得嬉笑打闹、高声喧哗、席地而坐；不得酗酒、赌博和打架斗殴；不得参加宗教迷信活动。

参见以下有关法律、法规、规章和规范性文件：

2021年公安部《公安机关人民警察内务条令》第三十二条至第五十八条

《山西省警务辅助人员条例》第二十六条

【任务实施】

通过模拟场景，使学生明确警务辅助人员的着装和行为举止要求。

一、实施步骤

参训学生5人为一组，分角色扮演。由1名学生模拟民警王某，2名同学模拟辅警赵某和张某，2名学生找出扮演者着装和行为举止的不妥之处。

1. 模拟场景：一名民警带领两名辅警维护交通秩序，辅警配合民警进行现场处置。

2. 针对警务辅助人员在执勤时的着装和行为举止，分组进行讨论，时间15分钟。

3. 教师点评。

二、注意事项

1. 注意引导学生把握警务辅助人员正确的着装和行为举止要求。
2. 强调协助执勤执法中树立警务辅助人员职业形象的重要性。

【任务评析】

实训课任务考核标准如表 1-4 所示。

表 1-4　　实训课任务考核标准（1）

考核内容		权重（100 分）	标准	得分
课堂演练	知识目标	20	根据实训中法理、法律及本课知识点的展示给出相应评分	
	能力目标	20	根据实训中参与程度、沟通技巧、操作能力、团队合作能力等表现给出相应评分	
	素养目标	20	根据实际演练整体表现考察对知识技能的掌握程度，及是否具有创新性表现	
课后作业	试题解答	40	检查学生对本课程理论知识的掌握	

【拓展练习】

思考规范警容风纪对警务辅助人员队伍形象建设有什么重要意义？

任务五　警务辅助人员协助执法规范用语

【任务引入】

执法用语作为一种特殊语言，是公安执法活动的重要载体和表现形式，在打击违法犯罪、化解矛盾纠纷、促进社会和谐等方面发挥着基础性、关键性的作用。警务辅助人员应当拥护宪法，遵守法律法规；服从公安机关的管理和人民警察的指挥；忠于职守，文明履职。因此，规范警务辅助人员协助民警执法用语，是深入推进执法规范化建设，构建和谐警民关系的必然要求。

【教学场景】

1. 课堂理论讲解。
2. 学生模拟练习。

【相关知识】

执法用语是警察在警务活动中，以声音为媒介，与民众面对面交流，与违法犯罪嫌疑人面对面交锋时使用的口头语言，是警察了解民众需求、回应民众期待、化解社会矛盾、打击违法犯罪、维护社会稳定的重要工具。

执法用语不同于一般的言语活动，也不同于出于个人目的而进行的语言活动，要求做到：

（1）准确，不随意。执法用语是为实现特定的执法目的而展开的，说什么、怎样说，必须符合法律法规的要求，必须具备充足的法律内涵，在正确理解法律规定的基础上运用法律术语、警务用语进行表达，不能使用普通日常交际中的"大白话"。同时，还要求以具体的警务工作为依据，不能脱离执法情境随意表达。

（2）灵活，不死板。执法对象因其身份、年龄、职业、文化程度、认识水平各不相同，要求警务辅助人员在坚持语言法律性的基础上，善于灵活运用语言，能够根据不同执法对象选择不同的词语、语气、语调，面对不同的执法情境采取不同的语言策略和技巧。

（3）合情理、有温度。话语不是冰冷的，不仅有语义，更有温度。语言的温度主要体现在说话时的语气上。从听话人的角度来说，说话人的语气体现出他对听话人的看法和态度，这个看法和态度有温和、真诚、急躁、严肃、强硬等区别。而词语一旦成为执法用语，就承载起解读法律的功能。因此，要求执法用语既合法也合情，对群众的痛苦情绪作出共情回应，对执法工作打扰到群众表达歉意，对群众的配合和支持表达感谢，切合实际地说明情况等，使当事人既认识到法律的权威，又感受到执法的人性化温暖。

一、协助接出警用语

（一）协助出警前用语

开启执法记录仪，并对着记录仪作如下陈述：我是××公安局辅警×××，现在是×年×月×日×时×分，根据指令，在民警×××的带领下，前往××地点处置××警情。

（二）协助现场处置用语

1. 协助寻找报警人用语

（1）现场人员较多，难以确定报警人的情况。

您好！我们是××公安局辅警，现依法协助民警接出警，请问是谁报的警（谁是报警人）？

（2）现场人员很少，容易确认报警人的情况。

您好！我们是××公安局辅警，现依法协助民警接出警，是您报的警吗？发生了什么事（请问需要我们为您提供什么帮助）？

2. 协助寻找证人、目击者用语

请问刚才××（事件）发生时，谁在现场？谁看到了？

3. 协助采集报警人、证人、目击者及其他涉警人员信息用语

请出示您（你）的有效身份证件（如居民身份证、居住证、社会保障卡、工作证等）。

请告知您（你）的姓名、住址、单位和联系方式。

请摘下您（你）的眼镜（或口罩、帽子、围巾等），我们依法采集您（你）的面部图像进行身份信息核对，请直视执法记录仪（警务通）镜头，谢谢配合。

（三）协助现场制止违法犯罪行为用语

1. 口头协助控制用语

警察，不许动！

立即放下武器（如刀、棍棒、爆炸物等）！立即住手！

待在原地，双手抱头！

走到××，停！

2. 徒手协助控制用语

别动！请立即停止××行为，否则将依法采取强制性措施。

3. 使用防护棍（棒、叉）协助控制用语

使用前：别动！服从命令，否则使用防护棍（棒、叉）！请无关人员躲避（散开）！

使用中：服从命令（停止反抗），否则继续使用防护棍（棒、叉）！

4. 协助民警上铐控制用语

（1）协助背手上铐用语。

别动！高举双手，慢慢转身，两脚分开，脚尖外摆，身体前倾，双手后背，掌心向上，头朝左（右）看。

示意民警：安全（手语），上铐、搜身、带离。

（2）协助倒地上铐用语。

别动！高举双手，慢慢转身，两腿张开，脚尖朝外，双膝着地，双手撑地，趴下！两臂张开，掌心向上，头朝左（右）看。

示意民警：安全（手语），上铐、搜身、带离。

（四）协助维持现场秩序、保护现场用语

1. 案（事）件现场在空间狭小的室内的用语

我们正在依法协助民警执行公务，请大家不要围观，无关人员请退到门外。

请大家不要围观，谢谢合作。

2. 案（事）件现场在人车来往的街道上的用语

我们正在依法协助民警执行公务，请过往人员不要在现场逗留、围观，保证交通顺畅，谢谢合作。

3. 案（事）件现场在开阔繁华的公共场所的用语

我们正在依法协助民警执行公务，请大家不要围观（"请大家散开，不要在现场逗留""请赶紧离开""请马上退后""请退出警戒线"等）。

（五）协助执行现场管制、交通管制用语

1. 协助提醒车辆绕行用语

前方路段已被管制，请绕道行驶，谢谢配合。

（因为××原因，前方临时封闭，禁止通行，谢谢配合）

2. 协助提醒现场安全用语

大家注意，我们正在依法协助民警执行任务，请围观人员退到警戒线外。

对妨碍公务人员，我们将依法配合民警强行带离现场，请大家理解支持。

二、协助盘问、检查用语

协助盘问检查，是指警务辅助人员协助民警发现、识别、判定违法犯罪嫌疑人的重要措施。协助盘问检查的目的是协助民警弄清盘查对象的身份、事件的性质、物品的来源以及被盘查人与他人、他事、他物之间的关系。

（一）协助盘问、检查人员用语

1. 协助拦截用语

您好（同志），我们是××公安局辅警，现依法协助民警对你进行盘问（或现依法协助民警执行公务），请予配合。

2. 协助盘问用语

请出示您（你）的有效身份证件（如居民身份证、居住证、社会保障卡、工作证等）。

请把您（你）的手从口袋里拿出来。

请摘下您（你）的眼镜（或口罩、帽子、围巾等）。

3. 协助检查用语

请高举双手（或双手十指交叉抱头），慢慢转身，双手扶（或面向）墙（或车、栏杆、树等），两脚分开，脚尖外摆（大一点），头朝左（右）看，别动！接受检查。

请把包（或箱子、行李等）放在地上（或其他适当位置），后退（人物分离），我们要进行检查。

（二）协助盘问、检查车辆用语

1. 协助拦截用语

您好！我们是××公安局辅警，现依法协助民警对您进行盘问、检查（或现依法协助民警执行公务），请将车辆靠边并熄火，拔下钥匙，下车接受检查。

（使用喊话器）前面（或旁边、后面）××牌号的××色××车（车型）驾驶员请注意，我们是××公安局辅警，现依法协助民警对您进行盘问、检查，请减速靠右停车，车辆熄火，接受检查。

2. 协助盘问用语

请车内人员依次下车，我们要逐一检查。

请出示您的居民身份证、驾驶证、行驶证等有效证件。

3. 协助检查用语

请高举双手（或双手十指交叉抱头），慢慢转身，双手扶（或面向）墙（或车、栏杆、树等），两脚分开，脚尖外摆（大一点），头朝左（右）看，别动！接受检查。

请打开汽车后备箱（或行李），我们要对车内物品进行检查，请你配合。

（三）协助盘问、检查船舶用语

1. 协助拦截用语

（使用航行频道、喊话器）前面（或旁边、后面）××牌号的××色××船舶驾驶员请注意，我们是××公安局辅警，现依法协助民警对您进行盘问、检查，请在××码头（××泊位或依法公布的××锚地、××停泊区、××作业区）停船，接受检查。

2. 协助盘问用语

请出示您（你）的有效身份证件（如居民身份证、居住证、社会保障卡、工作证等）。

请把您（你）的手从口袋里拿出来。

请摘下您（你）的眼镜（或口罩、帽子、围巾等）。

3. 协助检查用语

请高举双手（或双手十指交叉抱头），慢慢转身，两脚分开，脚尖外摆（大一点），头朝左（右）看，别动！接受检查。

请把包（或箱子、行李等）放在地上（或其他适当位置），后退（人物分离），我们要进行检查。

4. 协助现场处结用语

谢谢配合！您可以离开了。

三、协助开展治安管理用语

1. 表明身份用语

您好，我们是××（单位）辅警，现协助民警依法对您单位进行治安检查，请予以配合。

2. 协助查看台账用语

请提供××台账材料（特种行业许可证、营业日志、从业人员名册、旅馆住宿登记单等）。

3. 协助查验人员身份用语

我们是××（单位）辅警，现协助民警依法例行检查，请大家站在原地不要动，主动出示有效身份证件（如居民身份证、居住证、户口簿、工作证等）。

4. 协助检查结束用语

感谢您对我们工作的支持，再见。

四、协助道路交通安全执勤执法用语

（一）协助指挥路面交通用语

请退到停车线以外，谢谢合作！

请走人行横道（横道线），谢谢合作！

请不要跨越隔离护栏，谢谢合作！

请不要在此处停车，谢谢合作！

请不要逆向骑行，谢谢合作！

请控制好您的车速，谢谢合作！

请系好您的安全带，谢谢合作！

请与前车保持车距，谢谢合作！

请戴好安全头盔，谢谢合作！

请关好车门，谢谢合作！

请清洗车辆，谢谢合作！

请不要在开车时拨打（接听）电话，谢谢合作！请不要在开车时吸烟，谢谢合作！

雾天行驶，请打开雾灯和危险报警闪光灯，谢谢合作！请减速慢行，不要强行超车，谢谢合作！

这里是机动车专用道，非机动车请在非机动车道骑行，谢谢合作！

前方因为××情况，道路暂时封闭，请大家绕行××道路（或耐心等候）。

请您自觉遵守交通法规，谢谢配合。

（二）协助处理道路交通违法用语

1. 协助拦截车辆用语

您好，请将机动车停在××位置（指出停车位置）。

2. 协助登记证件用语

您好，请出示居民身份证、驾驶证或行驶证。

3. 协助提醒违法用语

您好，您驾驶车辆未系安全带。

您好，您已经违法逆行（或违反交通信号指示、违法超车、违法停车等）了。

（三）协助处理道路交通事故用语

1. 协助保护现场用语

您好，我们正在协助民警处置道路交通事故现场，为了便于我们工作和保护您的自身安全，请配合我们的工作，立即离开事故现场到安全和不妨碍交通的地点，谢谢合作。

2. 协助救治伤员用语

您伤在哪里？伤情怎么样？是否已通知人员救助？如未通知，我们马上联系救护人员到达现场，请耐心等待。

根据您现在的情况需要专业救援，否则可能会造成更大的伤害，我们已经通知专业救援机构和人员，他们会尽快赶来，请不要着急，我们会和您一起等待。

请帮一下忙，将伤者抬上车，谢谢！

3. 协助登记证件用语

请出示您的居民身份证、驾驶证、行驶证等有效证件。

4. 协助处置结束用语

请留下您的联系方式，以便及时取得联系，谢谢您的配合和支持，再见！

五、特殊情况下的协助执法工作用语

（一）遇到群众拍照、录像时用语

我们正在协助民警依法执行任务，您可以拍照、录像，但请不要贴近拍照、录像，影响我们依法执行任务（请退到警戒线以外拍摄），如不配合，造成的后果将由您负责。

请保证照片及视频的完整性，不要随意剪辑；上传网络或发表评论的，不要断章取义，造成不良后果，将负法律责任。

（二）遇到群众当场投诉态度不好，经耐心解释后，仍不理解时用语

我们正在协助民警依法执行任务，您认为我们态度不好，可向公安机关警务督察部门举报、反映，或拨打110投诉，或通过其他法律途径维护自身的合法权益。

（三）遇到群众质疑警务辅助人员证件真假时用语

我们的工作证是配合民警执法的证明，若对此有疑问，您可以向××公安局核实，但不能作为拒绝或妨碍我们协助民警执法的借口。

（四）遇到现场有记者要求采访时用语

对不起，我们正在协助民警依法执行任务，不能接受您的采访，请与新闻宣传部门联系。

（五）遇到交通违法行为人以"别人违法为什么不管，偏偏罚我"等借口拒绝接受处罚时用语

民警正在处理您的交通违法行为，结束后才能去查处别人的交通违法行为。如果没有处理完，就去查纠别人的违法行为，不仅显得对您不尊重，而且还耽误了您的时间。您认为别人的交通违法行为应该纠处，这是对的，所以请您配合民警尽快处理完您的交通违法行为。

对每个违法行为人我们都会一视同仁，没有任何偏见。

【任务实施】

结合案例和相关知识，学生明确警务辅助人员在处置各类警情过程中的用语规范。

一、实施步骤

参训学生4人为一组，分角色扮演。由1名学生模拟李某，1名学生模拟派出所民警王某，2名学生模拟派出所辅警张某和赵某。

1. 重现案件现场：一名民警带领两名辅警执行盘问检查，辅警配合民警进行现场处置。

2. 针对警务辅助人员协助处置盘问检查类警情的用语规范，分组进行讨论，时间15分钟。

3. 教师点评。

二、注意事项

1. 注意引导学生把握警务辅助人员处置盘问检查时的规范用语。
2. 强调协助执勤执法用语的功能作用和注意事项。

【任务评析】

实训课任务考核标准如表 1-5 所示。

表 1-5　　　　　　　　实训课任务考核标准（2）

考核内容		权重（100分）	标准	得分
课堂演练	知识目标	20	根据实训中法理、法律及本课知识点的展示给出相应评分	
	能力目标	20	根据实训中参与程度、沟通技巧、操作能力、团队合作能力等表现给出相应评分	
	素养目标	20	根据实际演练整体表现考察对知识技能的掌握程度，及是否具有创新性表现	
课后作业	试题解答	40	检查学生对本课理论知识的掌握	

【拓展练习】

思考协助执勤执法用语的功能作用是什么？

任务六　警务辅助人员协助处置违法犯罪行为的主要措施

【任务引入】

2019 年 3 月 9 日 8 时许，××县公安局××派出所接到县公安局 110 指令：××县××镇××村四组有人阻止修路人员施工，立即出警。××派出所民警杨某带领张某、赵某两名辅警身着警服驾驶警车出警。到达事发地点后，民警随即进行现场调查。民警杨某对阻止修路的孔某进行劝说，孔某不听从，与民警发生争吵。后用手拍打其警服上的肩章，对杨秀明说"你不配戴这个东西（指肩章）！"民警杨某和两名辅警遂对孔某予以强制传唤。在强制传唤过程中，孔某拒绝配合。其间，民警杨某的警服拉链被其扯坏，右手被其抓伤，辅警张某和赵某将其制服。

2019年3月9日8时45分，孔某被强制传唤至××派出所。

根据《中华人民共和国治安管理处罚法》（以下简称《治安管理处罚法》）第五十条第一款第（二）项及第二款之规定，决定对违法行为人孔某处以行政拘留十日的处罚。随后，办案民警将孔某送至××县拘留所执行拘留。

【教学场景】

1. PPT案例展示。
2. 学生模拟案例。

【相关知识】

一、协助制止违法犯罪行为

根据《山西省警务辅助人员条例》第十七条第（二）项的规定，警务辅助人员应当服从公安机关管理，听从人民警察指挥。

警务辅助人员协助制止违法犯罪行为时，应当以制止违法犯罪行为为限度，尽量避免和减少人员伤亡、财产损失；使用较轻处置措施足以制止违法犯罪行为的，应当尽量避免使用较重处置措施。警务辅助人员协助制止违法犯罪行为，可采取相应处置措施，由轻到重依次为口头协助制止、徒手协助制止、使用防护装备协助制止。

（一）口头协助制止

口头协助制止，是指警务辅助人员协助民警为制止违法犯罪行为而发出口头命令的强制手段。

1. 使用条件

（1）对正在以非暴力方式或者以轻微动作实施违法犯罪行为的，警务辅助人员可以口头协助制止。非暴力方式，是指行为人以口头或者逃避等方式拒绝服从命令，或者口头谩骂、侮辱民警、警务辅助人员以及其他在场人员，但未主动与民警、警务辅助人员或者其他在场人员发生肢体冲突。

（2）口头协助制止可能导致违法犯罪嫌疑人逃跑、毁灭证据或者其他严重危害后果的，警务辅助人员可以采取徒手协助制止措施。

2. 内容

（1）命令违法犯罪嫌疑人停止实施违法犯罪行为。

（2）命令违法犯罪嫌疑人按照要求接受检查。

（3）告知违法犯罪嫌疑人拒不服从命令的后果。

（4）根据现场需要，要求在场无关人员躲避。

（5）其他能够达到有效制止目的的口头命令。

3. 用语要求

口头协助制止时，用语应当明确、简洁、易懂，禁止使用侮辱性、歧视性语言。

4. 调整措施

（1）违法犯罪嫌疑人不听从口头制止，民警依法传唤的，警务辅助人员应当协助将其带至公安机关。

（2）违法犯罪嫌疑人不听从口头制止，并实施暴力行为的，警务辅助人员应当徒手或者使用防护装备协助制止。

（3）民警实施强行带离时，警务辅助人员应当徒手协助控制违法犯罪嫌疑人。

（二）徒手协助制止

徒手协助制止，是指警务辅助人员使用身体强制力协助制止违法犯罪行为的强制手段。

1. 使用条件

（1）对正在以轻微暴力方式实施违法犯罪行为，尚未严重危及公民或者民警、警务辅助人员人身安全，经警告无效的，警务辅助人员可以徒手协助制止。

（2）情况紧急，来不及警告或者警告后可能导致更为严重危害后果的，警务辅助人员可以直接徒手协助制止。

2. 使用限度

徒手协助制止时，应当以违法犯罪嫌疑人停止实施违法犯罪行为为限度；除非必要，应当避免直接击打违法犯罪嫌疑人的头部、裆部等要害部位。

3. 调整措施

对徒手无法制止违法犯罪行为的，警务辅助人员可以使用防护装备协助制止。

（三）使用防护装备协助制止

使用防护装备协助制止，是指警务辅助人员使用防护装备协助制止违法犯罪行为的强制手段。

1. 使用条件

遇到下列情形之一，经警告无效的，警务辅助人员可以使用防护装备协助制止：

（1）结伙斗殴、殴打他人、寻衅滋事、侮辱妇女的。

（2）聚众扰乱车站、码头、民用航空站、运动场等公共场所秩序的。

（3）非法举行集会、游行、示威的。

（4）强行冲越公安民警为履行职责设置的警戒线的。

（5）以暴力方法抗拒或者阻碍民警、警务辅助人员依法履行职责的。

（6）袭击民警、警务辅助人员的。

（7）危害公共安全、社会秩序和公民人身安全的其他行为，需要当场制止的。

（8）其他需要使用防护装备协助制止的情形。

2. 使用限度

使用防护装备协助制止时，违法犯罪嫌疑人的攻击尚未危及他人或者民警、警务辅助人员生命安全的，应当尽量避免攻击违法犯罪嫌疑人的头部、裆部等要害部位。

二、协助安全检查

制服违法犯罪嫌疑人或者使用约束措施约束违法犯罪嫌疑人后，警务辅助人员在保证自身安全的前提下，应当协助民警当场对违法犯罪嫌疑人的人身及其携带的物品进行安全检查。在处置过程中，不能减少安全检查的环节和步骤，防止自身受到攻击和伤害，或是对公共安全造成威胁，同时也为案件下一步的正常办理打下良好基础。

1. 协助进行人身安全检查

警务辅助人员协助对违法犯罪嫌疑人进行人身安全检查时，应当遵守下列规定：

（1）应在警戒人员的掩护下进行检查，警惕违法犯罪嫌疑人及现场周边环境异常变化和各种潜在危险，防止违法犯罪嫌疑人及其未被发现的同伙突然袭击以及其他危险。

（2）对女性违法犯罪嫌疑人进行人身安全检查时，应当由女性工作人员进行，可能危及检查民警、警务辅助人员人身安全，或者直接危害公共安全，情况特别紧急的除外。

（3）责令违法犯罪嫌疑人张开双手，伸开双臂高举过头，面向墙、车等，扶墙或者扶车站立，双脚分开尽量后移，检查的民警和警务辅助人员站于其身后并将一只脚置其双脚中间，一只手抵住其后背施加压力，另一只手迅速从上到下、从头到衣领及身体各部位进行检查，完成一侧后再检查另一侧，要特别注意头发内部、衣领、腋下、腰部、裆部及双腿内侧等可能藏匿凶器或者武器的部位。对危险性较大的违法犯罪嫌疑人，站立检查没有把握的，可以要求其双膝跪地进行检查。

（4）必要时，穿戴防护用具或者使用工具进行检查，谨防因接触注射针筒、刀片等物品而感染疾病或者受伤。在保证安全的前提下，可以命令违法犯罪嫌疑人将其衣服口袋翻出、解下腰带、脱掉鞋袜接受检查。

（5）人身安全检查应当彻底，防止遗漏危险物品。

（6）佩带枪支的民警检查时，应当提醒民警避免将佩带枪支一侧靠近违法犯罪嫌疑人。

（7）当违法犯罪嫌疑人有异常举动时，应当立即发出警告，命令其停止动作并做好自身防范，可以视情使用防护棍协助民警予以制止。

（8）不得采取侮辱人格、有伤风化的方式进行检查。

2. 协助进行物品安全检查

警务辅助人员协助检查物品时，应当遵守下列规定：

（1）责令违法犯罪嫌疑人将物品放在安全位置，不得让其自行翻拿。

（2）开启箱包时应当先仔细观察，注意避免接触有毒、爆炸、腐蚀、放射等危险物品。

（3）按照自上而下顺序拿取物品，不得掏底取物或者将物品直接倒出。

（4）对有声、有味的物品，应当谨慎拿取。

（5）发现疑似毒品、淫秽物品、枪支弹药、弩、匕首等违禁品时，应当立即向民警报告，注意安全，由民警依法扣押或者收缴。

（6）发现毒害性、爆炸性、腐蚀性、放射性物品或者传染病病原体等危险物质时，应当立即向民警报告，疏散现场人员，由民警通知专业人员到场处置，不得擅自处置危险物质。

（7）避免损坏或者遗失财物。

3. 协助进行车辆安全检查

警务辅助人员协助检查机动车辆时，应当遵守下列规定：

（1）对行进中的车辆进行拦截检查时，应当手持停车示意牌或者放置停车标志，在被检查车辆侧前方向其作出明确的停车示意等非直接拦截方式；不得站在车辆行进方向的行车道上拦截车辆，不得站在车辆前强行拦截，不得脚踏车辆踏板、将头或者手臂等伸进车辆驾驶室、攀爬车辆。

（2）责令驾驶员将车辆熄火，拉紧手制动，将双手放在方向盘上，确认安全后拉开车门责令其下车，必要时应当暂时收存车钥匙。

（3）对人员进行检查并予以控制。

（4）查验身份证件、驾驶证、行驶证和车辆牌照，条件允许的情况下，可通过公安信息查询系统进行查询比对。

（5）观察车辆外观、锁具和内部装置。

（6）检查车载货物和车内物品。

（7）检查车的后备箱以及车底部，是否藏匿危险品、违禁品。

（8）驾驶员拒检逃逸的，应当立即向民警报告，除驾车逃跑后可能对公共安全和他人生命安全有严重威胁以外，不得驾车追缉，可通知前方执勤点堵截，或者通过记下车牌号，事后追查等方式处理。

4. 协助进行船舶安全检查

警务辅助人员协助检查船舶时，应当遵守下列规定：

（1）除法律、法规另有规定外，不得强行贴靠、攀登在航船舶。

（2）登船时，要检查随身携带物品和装备，是否存在滑落的危险，并注意安全。

（3）登载有危险品的船舶时，应当穿着具有防静电功能的专业服装和鞋。未穿着安全防护服装的，不得擅自登船。

（4）对船上人员进行身份查验和人身、物品安全检查时，应选择在船舱或船楼内安全位置进行。

（5）发现无船名号、无船舶证书和无船籍港的船舶，以及未经注册、登记的船舶从业人员，应当立即向民警报告，并协助对船舶、船舶所有人或者经营者以及船舶从业人员进行信息采集，由民警通知相关行政机关依法处理。

三、协助看管违法犯罪嫌疑人

依据国务院办公厅《关于规范公安机关警务辅助人员管理工作的意见》，警务辅助人员可"协助开展公安监管场所的管理勤务"。公安监管场所是公安机关管辖的，依法对犯罪嫌疑人、被告人、罪犯、违法人员和肇事肇祸不负刑事责任的精神病人进行警戒看管、执行刑罚、行政处罚、教育、特定疾病治疗、心理及行为矫治的监管场所，主要包括看守所、拘留所、强制隔离戒毒所和强制医疗所等。

警务辅助人员协助看管，是指警务辅助人员根据民警安排，对违法犯罪嫌疑人进行看管，防止其脱逃、自伤、自残、吞食异物，或者对民警、警务辅助人员及其他在场人员造成伤害等，保证民警执法活动顺利进行。

警务辅助人员应依据或参照《中华人民共和国看守所条例》《中华人民共和国看守所条例实施办法（试行）》《看守所执法细则》等法律法规开展看守所警务辅助工作；依据或参照《中华人民共和国拘留所条例》《拘留所条例实施办法》《拘留所条例执法细则》等法律法规开展拘留所警务辅助工作；依据或参照《公安机关强制隔离戒毒所管理办法》《戒毒条例》等法律法规开展强制隔离戒毒所警务辅助工作。

（一）协助在现场看管

警务辅助人员协助民警在现场看管违法犯罪嫌疑人时，应当做到对违法犯罪嫌疑人进行有效控制，全程不间断监视、看管。

1. 在现场看管的主要情形

（1）协助在接处警现场看管。

（2）协助在抓捕现场看管。

（3）协助在盘问、检查现场看管。

（4）协助在其他执法活动现场看管。

2. 看管措施

（1）安全检查。制止违法犯罪行为后，应当协助民警对违法犯罪嫌疑人人身及携带的物品进行安全检查，排除安全隐患。

（2）安全防范。在带离现场前，应当全程看管违法犯罪嫌疑人，高度警觉其异常举动和身体状况，防止发生意外。

（3）安全隔离。应当将违法犯罪嫌疑人与其他人员有效隔离，防止其受到侵害。

（二）协助在办案区看管

警务辅助人员协助在办案区看管违法犯罪嫌疑人，应从违法犯罪嫌疑人被带入办案区时开始，至其离开办案区时结束。

1. 在办案区看管的主要情形

（1）协助在人身检查室看管。

（2）协助在信息采集室看管。

（3）协助在讯（询）问室看管。

（4）协助在候问室、等候区看管。

（5）协助在辨认室看管。

（6）协助在办案区其他区域看管。

2. 看管措施

（1）安全检查。违法犯罪嫌疑人被带进办案区后，警务辅助人员应当协助对其人身及携带的物品进行安全检查。因辨认、起赃、就医等需要，将违法犯罪嫌疑人临时带出办案区后再进入办案区的，应当协助对其人身及携带的物品重新进行安全检查。

（2）安全防范。警务辅助人员根据民警安排，应当对进入办案区的违法犯罪嫌疑人实施全程不间断监视、看管，注意观察其神态、动作，一旦有自伤、自残、自杀、实施暴力等苗头时，应当口头制止，并立即向民警报告。

3. 注意事项

（1）同案的违法犯罪嫌疑人应当分开看管，必要时，可佩戴头套，防止互相串供。

（2）讯（询）问前，根据民警安排，将违法犯罪嫌疑人带至指定讯（询）问室，应让违法犯罪嫌疑人走在前面，警务辅助人员跟在后面，保持一定安全距离。进入讯（询）问室，待违法犯罪嫌疑人入座后，将固定挡板反锁。

（3）违法犯罪嫌疑人就餐时，应当提供安全餐具和不含骨、刺等有安全隐患的食物；严禁其食用自带、亲属提供或者其他来源不明的食物。

（4）违法犯罪嫌疑人如厕时，应当贴身看管，防止发生意外。女性违法犯罪嫌疑人如厕时，应当由女性工作人员贴身看管。

（三）协助押送

警务辅助人员协助押送，是指警务辅助人员在协助押送违法犯罪嫌疑人过程中，对其进行全程不间断控制、监视、看管。警务辅助人员协助押送前，应当对违法犯罪嫌疑人人身及携带的物品进行安全检查，防止其利用异物进行自伤、自残。同时，向违法犯罪嫌疑人宣布应当遵守的纪律，使其服从押送看管。

1. 押送的主要情形

（1）将违法犯罪嫌疑人从现场带回至公安机关执法办案区的。

（2）因外出起赃、辨认现场或者尸体、就医等需要，将违法犯罪嫌疑人临时带出公安机关执法办案区的。

（3）将被决定行政拘留的人员送达拘留所执行的。

（4）将被决定刑事拘留或逮捕的犯罪嫌疑人送达看守所执行的。

（5）将被决定强制隔离戒毒、收容教养的人员送达强制隔离戒毒所、收容教养所执行的。

（6）将外地抓获的犯罪嫌疑人押解回本地或者将本地抓获的犯罪嫌疑人押解至外地有管辖权的公安机关的。

（7）将已投送监狱、强制隔离戒毒所、收容教养所执行的对象押解回再审的。

（8）因辨认、起赃、就医等需要，将犯罪嫌疑人提出监管、羁押场所的。

（9）其他需要押送的情形。

2. 押送方式

1）协助徒步押送

徒步押送是指押送过程中所有步行的过程，包括押送违法犯罪嫌疑人上下车、船以及外出辨认、起赃、就医、如厕等徒步过程。

（1）有效控制。警务辅助人员协助徒步押送违法犯罪嫌疑人时，应当全程贴身用胳膊挽住其手臂或抓住手铐连接处等方式予以控制。

（2）安全约束。对民警使用手铐、脚镣、警绳等约束性警械约束违法犯罪嫌疑人的，警务辅助人员要时刻观察手铐、脚镣、警绳等约束性警械宽松适度状况，防止过宽滑脱、过紧致伤。

（3）安全防范。

①尽量避免进入人员密集区、交通要道，或靠近湖泊、河道、崖边、铁路等危险区域，确需进入或靠近上述区域时，应当加强戒备，双人紧紧牵制住违法犯罪嫌疑人，并保持安全距离，防止其猛然挣脱后撞车、跳河、行凶等；

②进入二楼以上楼层以及上、下楼梯时，应当牢牢牵引住违法犯罪嫌疑人，要远离便于坠跳的一侧。进入室内后，要远离窗户、阳台，不得让其靠近现场内可用于脱逃、行凶、自杀、自残的物品；

③在公共场所，要对手铐进行遮掩，避免人员围观和拍照；

④在辨认、搜查现场时，应当协助劝离与辨认、搜查等活动无关人员。不得让违法犯罪嫌疑人动手翻找证物和整理被褥、衣物、洗漱用具等生活用品。对须带走的所有物品应进行全面检查，防止夹带危险物品。

2）协助乘坐车辆押送

（1）车辆检查。警务辅助人员协助乘坐车辆押送时，须对车辆进行安全检查。应重点检查以下内容：

①油表、刹车系统、门、窗、锁等功能是否可以正常使用；

②上车前，须移除车内危险物品，如修理工具、灭火器、座位缝隙处的异物、机油、汽油、防冻液等；

③下车后，须仔细检查车辆内部，尤其是夹缝、边角、座位底下等部位，注意观察违法犯罪嫌疑人有无将相关证物丢弃在车内。

（2）有效控制。

①开车前，要检查车门是否锁好，并开启儿童锁功能，严防违法犯罪嫌疑人脱逃；

②开车途中，应当将违法犯罪嫌疑人安排坐在车辆后排中间位置，位于两名看管人员夹控中间，不得让其靠窗入座，并防止其用手、脚、头或身体等部位突然袭击驾驶员，干扰、威胁驾驶安全；

③同车押送多人时，应当将危险程度较高的违法犯罪嫌疑人安排在最安全的位置。

（3）安全防范。

①不得将违法犯罪嫌疑人单独留在车上；

②要时刻监视违法犯罪嫌疑人双手、双脚，确保手铐、脚镣处于锁闭状态；

③短途押送时，应提前告知违法犯罪嫌疑人途中将不安排如厕，要求其提前解决；

④中、长途押送时,不得让违法犯罪嫌疑人大量喝水;

⑤对违法犯罪嫌疑人有自杀、自残可能的,应当给其加戴头盔;

⑥开车上高速、高架道路的,应当对违法犯罪嫌疑人使用反铐;

⑦押送同案人员时,应采取分批押送、人身隔离、加戴头套等方式防止互相串供。

3) 协助乘坐列车押送

(1) 协助沟通。警务辅助人员应当与列车乘警和列车员联系沟通,尽量将违法犯罪嫌疑人安排在餐车或最后一节车厢的最后两排座位,并将其夹控在中间,不得让其靠近窗口或门口。

(2) 安全防范。途中饮水、用餐要由服务员送至座位,不得允许违法犯罪嫌疑人在车厢走动或者单独行动。因列车行程较长,在确保至少2倍于违法犯罪嫌疑人的警力负责看管的前提下,其他人员可轮流休息。

4) 协助押送的注意事项

(1) 押送女性违法犯罪嫌疑人,一般应由女性工作人员参与押送。

(2) 押送途中,违法犯罪嫌疑人就餐时,应当尽量避免使用金属餐具、筷子等可能造成其自伤、自残的物品,尽量给其提供包子、馒头、面包等便捷、安全的食品。

(3) 违法犯罪嫌疑人如厕的,应事先对厕所进行安全检查,排除安全隐患。如厕时,应至少有2名人员贴身看管,不得脱离视线,严防其突然锁门、袭人、跳窗等。女性违法犯罪嫌疑人如厕的,应由女性工作人员进行贴身看管。因特殊情况,现场没有女性工作人员的,可请求在场女性群众帮助。

(4) 违法犯罪嫌疑人携带未成年人的,应当照看好未成年人,确保其人身安全,并通知其亲属、朋友将未成年人领回,无法通知其亲属、朋友的,应当妥善照看。协助采取措施时,应当采取人性化措施,注意让未成年人回避。

四、协助抓捕

(一) 概述

公安机关抓捕违法犯罪嫌疑人包括两种情形:一种是现场抓捕;另一种是非现场抓捕。现场抓捕,是指在接出警、盘查、办案等工作中,对现场发现的违法犯罪嫌疑人所实施的抓捕。非现场抓捕,是指对身份、特征、出没地点明确,尚未归案的违法犯罪嫌疑人所实施的有组织、有计划的抓捕。

警务辅助人员协助民警抓捕时,应当遵守以下基本要求:

1. 服从命令

要听从指挥,协同作战,不得擅作主张、各行其是。

2. 确保安全

要树立安全意识,保持警力优势,有效控制抓捕对象,尽量减少人员伤亡和财产损失。

3. 保护证据

要注意保护现场发现的证据,立即向民警报告,并注意保密。

(二)**协助现场抓捕的流程**

警务辅助人员接到指令或工作中发现警情,应立即赶赴现场,协助民警采取必要措施,稳控现场局面,有效处置警情。

1. 到达现场

(1)协助执法记录。

到达现场后,应当立即使用现场执法视音频记录设备记录本人陈述:"我是×××公安局辅警×××,于×年×月×日×时×分,根据指令,在民警×××的带领下,到达××地点××警情现场。"对协助处置警情进行全过程视音频记录,至出警结束时停止;从现场带回违法犯罪嫌疑人的,应当记录至将违法犯罪嫌疑人带入公安机关执法办案场所办案区时停止。

(2)表明身份。

到达现场后,向报警人表明身份:"我们是××公安局辅警,正在协助民警处置警情。"在场人员质疑警务辅助人员身份,或要求警务辅助人员出示证件的,应当出示工作证件,但不能将证件交给对方。

(3)报告现场情况。

到达现场后,发现可疑人员、车辆等情况,民警在场的,应立即报告民警。民警尚未赶到的,应立即报告下达出警指令的综合指挥室或民警。

2. 协助及时处置

警务辅助人员应当在民警的带领、指挥下,积极协助做好各类警情处置工作。

(三)**协助处置各类警情**

1. 协助处置救助类警情

(1)提供帮助。

警务辅助人员应当根据现场民警的指令,针对求助事项的性质和具体情况,积极提供帮助。

(2)排除险情。

警务辅助人员在做好自身安全防护的情况下,协助民警立即抢救遇险人员,疏散周边人员至安全地带,做好外围警戒。对爆炸性、腐蚀性、放射性、毒害性、传染性等专业性较强的排险工作，应当等待专业人员到场，不得擅自处置。

（3）救治伤员。

现场有人员受伤的，警务辅助人员应当根据伤势危急程度和所掌握的救护知识，协助民警迅速对受伤人员采取临时急救措施，并根据需要通知120急救人员到场进行救治。

2. 协助处置纠纷类警情

（1）分隔双方。

到现场后，警务辅助人员应当立即协助民警隔离各方当事人，制止过激行为，维护现场秩序。

（2）稳控情绪。

警务辅助人员应当协助民警稳定当事人情绪，防止矛盾激化。

（3）现场处结。

警务辅助人员应当协助民警对简易矛盾纠纷进行现场调解。现场事态未得到有效控制的，应当维持现场秩序，不得擅自离开。

3. 协助处置案件类警情

（1）控制事态。

①对正在发生侵害他人人身权利、损毁公私财物等违法犯罪行为的，警务辅助人员应当立即协助民警制止；

②现场有违法犯罪嫌疑人的，警务辅助人员应当协助民警对其进行有效控制，并保持戒备；

③当事人双方发生肢体冲突的，警务辅助人员应当协助民警有效隔离双方，防止再次发生冲突；

④对可能发生危及生命健康与财产安全的险情，警务辅助人员应当协助民警尽力排除；

⑤因现场群众围观等影响公共场所秩序和道路交通的，警务辅助人员应当协助民警采取措施恢复正常秩序。

（2）保护现场。

警务辅助人员应当根据民警划定的警戒区范围实施警戒，禁止无关人员进入，防止原始现场被破坏。

（3）救治伤员。

现场有人员受伤的，警务辅助人员应当根据伤势危急程度和所掌握的救护知识，协助民警迅速对受伤人员采取临时急救措施，并根据需要通知120急救人员到场救治。救治违法犯罪嫌疑人时，应当贴身看管。

（4）搜寻登记。

警务辅助人员应当协助民警对有关涉案物品和违禁品、管制器具进行现场搜索、保护，由民警进行清点、拍摄、固定和提取。同时，还应协助民警对有关人员的姓名、住址、单位、联系方式等信息进行登记。

（5）协助带离。

对采取传唤等措施的执法对象，警务辅助人员应当协助民警控制、看管、押送其至公安机关办案场所。在协助带离押送过程中，应时刻保持戒备，防止发生袭击、反抗、逃跑、自伤自残等危险行为，随时做好应对突发情况的准备。

4. 协助处置突发事件类警情

（1）控制现场。

警务辅助人员应当协助民警控制危险源，标明危险区域，设置警戒区，封锁危险场所，禁止无关人员进入，并协助民警采取其他防止危害扩大的必要措施。

（2）排除险情。

警务辅助人员在做好自身安全防护的情况下，应立即协助民警营救现场受害人员，疏散、撤离、安置受到威胁的人员，转移重要财产。

（3）救治伤员。

现场有人员受伤的，警务辅助人员应当根据伤势危急程度和所掌握的救护知识，协助民警迅速对受伤人员采取临时急救措施，并根据需要通知120急救人员到场进行救治。

（4）清理现场。

警务辅助人员应当协助民警对现场物品进行清理，对能够证明事件、事故情况的有关物品，予以保护。

（5）协助控制。

警务辅助人员应当协助民警对在场的主要责任人及直接责任人进行监视、控制，防止其逃离、自伤自残，同时防止群众对其造成伤害。

（四）协助非现场抓捕的流程

警务辅助人员协助非现场抓捕的流程如下：

1. 准备工作

（1）知晓抓捕对象。

掌握抓捕对象人数、年龄、体貌、衣着等特征情况。

（2）熟悉抓捕地点。

熟悉抓捕现场的进出路线、进出口、违法犯罪嫌疑人可能藏匿的地点等环境特征。在不暴露身份和意图的情况下，可协助民警事先到现场观察、了解情况。

(3) 明确责任分工。

了解自身所承担的工作任务。

(4) 携带必要装备。

携带执法记录仪、抓捕装备、防护器材、通信设备等。

2. 先期监控

警务辅助人员协助民警先期快速、隐蔽到达现场，确认违法犯罪嫌疑人情况，对其进行监控或跟踪，掌握抓捕现场的情况，及时向带队民警汇报。

3. 接近目标

(1) 接近室内目标。

协助入室抓捕时，要根据带队民警的安排，隐蔽接近，对房屋的门、窗及所有通道进行控制、警戒，按照抓捕方案快速有序进入室内，迅速控制窗户、阳台、厕所等位置，防止抓捕对象逃跑。

①采取诱门时，隐蔽在门的两侧或楼梯隐蔽处，当门打开时，应注意安全；

②采取强行破门、窗时，协助民警在最短的时间内将门、窗打开，避免不必要的伤害；

③室内情况不明时，进入室内身体要放低，可视情况采取交叉法或背绕法方式进入；

④如果室内结构复杂，同伴之间要交替掩护推进。室外控制人员可适当跟进。

(2) 接近室外目标。

协助室外抓捕时，要根据户外特点，利用合理身份作掩护，秘密接近抓捕对象。

①如果现场抓捕人员较少，抓捕对象不易接近时，可根据抓捕目标行走方向，在其必经路口，采用前后夹击设伏突袭的方式实施抓捕。

②在丛林、庄稼地、果园、沟壑等野外搜索抓捕时，可采用平推式搜索，发现目标后，应迅速形成包围圈，逐步缩小包围圈，对其进行围捕。

③在野外搜捕时，要注意相互协同配合，既要防止抓捕对象突然袭击，又要注意自然环境潜在的危险。注意发现抓捕对象遗留的各类痕迹物证、可能藏身的位置及现有生存状况等。

④抓捕对象的具体位置不明的，不得冒险搜捕，在其可能出现的要道、村口、商店、关系人住处等地点提前隐蔽设伏、秘密守候实施抓捕。

⑤在水边抓捕时，应在水边或对岸加强戒备，如发现人员落水，应及时协助民警实施救援，不熟悉水性、水流湍急或水文情况不明的，不得下水施救。

（3）接近驾乘车辆目标。

协助对驾乘机动车人员实施抓捕时，尽量选择在车辆停驶并处于熄火状态下进行。

①车内情况不明时，不要贸然接近车辆实施抓捕；

②对涉枪、涉爆、涉恐的抓捕对象，如其驾乘公交车辆，应待其下车后寻找机会接近；

③在不惊动抓捕对象的前提下，可以对车辆进行跟踪，待其离开机动车或机动车处于停驶状态时，或利用交警查车、运输稽查、道路施工或者制造假交通事故等方法，将车辆截停，并以恰当的理由诱使其下车；

④在公共场所、繁华街区等可能危及公共安全的区域，严禁追截抓捕对象驾驶的车辆。

4. 实施控制

（1）控制外围。

对抓捕现场周围的通道、出入口实施控制。现场有围观群众的，及时疏散人群，防止无辜人员受到伤害。

在高层建筑抓捕时，在现场外围控制窗户位置，发现有人跳窗时，及时警告并采取相应措施。

（2）控制抓捕对象。

快速完成对抓捕对象的控制，并确认抓捕对象身份。控制时，重点控制抓捕对象的双手，保证民警安全上铐。抓捕对象人数较多时，可采用佩戴头套、背对背站立等方式加以隔离，防止其交流、串供。

（3）控制现场。

维持抓捕现场秩序，防止无关人员围观和妨碍抓捕行动。

5. 后续处置

（1）抢救伤员抓捕行动造成人员受伤的，应当协助民警立即采取抢救措施。

（2）现场看管民警对抓捕对象搜身时，警务辅助人员应负责看管戒备。

（3）清理现场抓捕行动结束后，协助清理现场。

（4）带离人员。

协助民警将抓捕对象带至公安机关进行审查。

参见以下有关法律、法规、规章和规范性文件：

《中华人民共和国人民警察法》第六条

《中华人民共和国刑事诉讼法》第六十六条、第一百一十九条、第一百五十五条

《中华人民共和国治安管理处罚法》

《公安机关办理行政案件程序规定》（2020年修正）第五十二条

《公安机关人民警察现场制止违法犯罪行为操作规程》第一条至第二十九条、第三十五条至第四十三条

《公安机关现场执法视音频记录工作规定》

【任务实施】

结合案例和相关知识,学生明确警务辅助人员在处置各类警情过程中的流程及操作规范。

一、实施步骤

参训学生4人为一组,分角色扮演。由1名学生模拟孔某,1名学生模拟派出所民警杨某,2名学生模拟派出所辅警。

(1) 重现案件现场:一名民警带领两名辅警执行传唤,辅警配合民警进行现场处置。

(2) 针对警务辅助人员协助处置案件类警情的流程及操作规范,分组进行讨论,时间15分钟。

(3) 教师点评。

二、注意事项

(1) 注意引导学生把握警务辅助人员处置各类警情的步骤及操作规范。

(2) 强调案情分析方法的重要性。

【任务评价】

实训课任务考核标准如表1-6所示。

表1-6　　　　　　　　实训课任务考核标准(3)

考核内容		权重(100分)	标准	得分
课堂演练	知识目标	20	根据实训中法理、法律及本课知识点的展示给出相应评分	
	能力目标	20	根据实训中参与程度、沟通技巧、操作能力、团队合作能力等表现给出相应评分	
	素养目标	20	根据实际演练整体表现考察对知识技能的掌握程度,及是否具有创新性表现	
课后作业	试题解答	40	检查学生对本课程理论知识的掌握	

【拓展练习】

思考警务辅助人员的实战技能应包括哪些方面？

任务七　警务辅助人员协助执法的权益保障

【任务引入】

2022 年 5 月 19 日，犯罪嫌疑人曹某因其他涉嫌违法行为被依法传唤至××省××市××区公安分局××派出所办案区，后其在办案区内不服从管理，用手对值守辅警倪某的头部、脸部进行暴力殴打，导致倪某等人无法开展正常的工作。5 月 20 日，××区公安分局依法对曹某刑事立案。曹某自称有精神疾病，不负刑事责任。公安机关当日向司法鉴定机构委托对曹某是否属于精神病人、能否负刑事责任能力进行鉴定。8 月底，经鉴定：曹某患有双相情感障碍，涉案时病情稳定，评定为完全刑事责任能力。9 月 1 日，曹某被公安机关刑事拘留。9 月 9 日，检察院作出批准逮捕决定，于 10 月 17 日向法院提起公诉，罪名为妨害公务罪，判处有期徒刑 7 个月。

【教学场景】

1. PPT 案例展示。
2. 学生模拟案例。

【相关知识】

警务辅助人员协助民警依法履行职责的行为受法律保护，公民、法人或者其他组织应当支持和配合。警务辅助人员履行职责行为的后果，由使用警务辅助人员的公安机关承担。任何单位和个人不得因警务辅助人员依法履职的行为，对警务辅助人员及其近亲属实施滋扰、恐吓、威胁、侮辱、殴打、诬告、陷害、侵犯隐私等行为。

一、保障依法履职

公安机关依法查处妨害警务辅助人员协助执法的各种违法犯罪行为，全力维护国家法律尊严和执法权威,为警务辅助人员协助执法营造良好环境。

(一)维护警务辅助人员协助执法的权威

警务辅助人员协助民警在依法履行职责过程中或者因依法履行职责遇到以下情形的,公安机关应当积极维护警务辅助人员协助民警执法的权威:

(1)受到暴力袭击的。

(2)被车辆冲撞、碾轧、拖拽、剐蹭的。

(3)被聚众哄闹、围堵拦截、冲击、阻碍的。

(4)受到扣押、撕咬、拉扯、推搡等侵害的。

(5)本人及其近亲属受到威胁、恐吓、侮辱、诽谤、骚扰的。

(6)本人及其近亲属受到诬告陷害、打击报复的。

(7)被恶意投诉、炒作的。

(8)本人及其近亲属个人隐私被侵犯的。

(9)被错误追究责任或者受到不公正处理的。

(10)执法权威受到侵犯的其他情形。

(二)保障警务辅助人员的合法权益

1. 保护人身安全

警务辅助人员因依法履行职责,本人或者其近亲属遭遇恐吓威胁、滋事骚扰、尾随跟踪,或者人身、财产受到侵害的,公安机关应当及时采取保护措施,依法追究行为人的法律责任。

2. 维护合法权益

警务辅助人员由于行为人的行为遭受人身或者财产损失的,公安机关应当支持警务辅助人员通过提起刑事附带民事诉讼或者民事诉讼等法律途径,维护自身合法权益。

3. 开辟绿色通道

医疗机构对因工负伤的警务辅助人员先救治、后收费,采取积极措施进行救治;对急危重症的,应当畅通绿色通道,及时救治。

4. 纠正不当追责

警务辅助人员因依法履行职责受到公安机关内部不公正处理,经核查属实的,警务督察部门应当督促相关部门限期纠正。

5. 消除负面影响

警务辅助人员因依法履行职责受到不实投诉、诬告诽谤、侮辱、恶意炒作,以及被错误审查调查、追究责任后,相关部门予以纠正的,警务督察部门应当通过公开的形式，在一定范围内澄清事实，消除影响。

（三）依法依规认定责任

公安机关应当根据行为事实、情节、后果，综合考虑主客观因素，客观评价警务辅助人员行为性质，区分协助执法过错、瑕疵、意外，依法依规作出责任认定。

对于警务辅助人员依法履职尽责，受主观认知、客观条件、外来因素影响造成一定损失和负面影响的行为或者出现的失误，以及警务辅助人员非因故意违法违规履职，及时发现并主动纠正错误，积极采取措施避免或者减轻危害后果与影响的，公安机关应当从轻、减轻或免于追究警务辅助人员的责任，或者向检察机关、审判机关提出从轻、减轻或者免于追究警务辅助人员刑事责任的建议。

二、依法履职不承担责任

警务辅助人员协助民警按照法定条件和程序履行职责，对公民、法人或者其他组织合法权益造成损害的，警务辅助人员个人不承担法律责任，由其所属公安机关按照国家有关规定对造成的损害给予补偿。

（一）不予追责

警务辅助人员协助民警执法时，发生人员伤亡等后果或者其他不良影响，具有下列情形之一的，不得追究警务辅助人员个人责任：

1. 合规行为

合规行为是因制止不法行为和控制、羁押违法犯罪嫌疑人，造成损害和影响，或者非主观故意造成损害，没有明显超过必要限度的。

2. 不可抗力

不可抗力是由不能预见或者无法抗拒的原因导致的。

3. 对方因素

对方因素是由执法相对人的过错或者其他原因导致的。

（二）内外有别

具有下列情形之一的，警务辅助人员不对外承担法律责任，需要内部追究责任的，依照有关规定办理：

1. 执法瑕疵

警务辅助人员协助执法因情况紧急判断失误、反应过度，未造成重大后果或影响的，或者对产生的工作失误、执法过错能够积极采取措施及时补正或缩小影响，且不影响处置正确性及效力的。

2. 违反内部规定

警务辅助人员协助执法行为仅违反公安机关内部规定，不违反法律、法规、规章以及其他对外公开发布的规范性文件的规定的。

(三) 坚决维权

1. 个人维权

警务辅助人员及其近亲属或所在单位认为符合依法履职不担责情形和条件的，应当在责任追究调查处理决定作出前向本级公安机关承担维护民警执法权威工作职责的维权办提出免责容错申请。

2. 单位维权

对警务辅助人员协助执法的投诉、举报、信访，经核查，警务辅助人员行为符合规定，或者具有不予追责，不对外承担法律责任情形的，应当坚决维护警务辅助人员合法权益和协助执法权威，不得仅以现场执法产生不良后果、负面影响作为对外承担法律责任的依据。

参见以下有关法律、法规、规章和规范性文件：

《公安机关维护民警执法权威工作规定》第三条、第四条、第七条至第三十一条

【任务实施】

结合案例和相关知识，学生明确警务辅助人员的执法行为受法律保护，并初步掌握运用法律维权的方法和途径。

一、实施步骤

参训学生5人为一组，分角色扮演，模拟庭审场景，展开辩论。由1名学生模拟曹某，1名学生模拟派出所辅警，1名学生模拟派出所法制科民警，1名学生模拟法官。

(1) 围绕"殴打正在执法执勤的辅警是否构成妨害公务罪或者袭警罪"，双方进行陈述，各方陈述时间10分钟。

(2) 控辩双方针对对方观点进行质证并自由辩论，时间15分钟。

(3) 教师点评双方表现。

二、注意事项

(1) 注意引导学生把握合法、违法和犯罪行为的界限。

(2) 强调案情分析方法的重要性。

（3）重点点评强调。

辅警虽然不具有国家机关工作人员的身份，但他们在公安民警指挥下实施的行为亦属于国家公务活动，应视同民警执行公务。民警、辅警的执法行为具有一体性和整体性，不可分割，同样受到《中华人民共和国刑法》（以下简称《刑法》）、《公安机关维护民警执法权威工作规定》等保护。根据《刑法》第二百七十七条之规定，以暴力、威胁方法阻碍国家机关工作人员依法执行职务的，处三年以下有期徒刑、拘役、管制或罚金。

【任务评价】

实训课任务考核标准如表 1-7 所示。

表 1-7　　　　　　　　　　实训课任务考核标准（4）

考核内容		权重（100 分）	标准	得分
课堂演练	知识目标	20	根据实训中法理、法律及本课知识点的展示给出相应评分	
	能力目标	20	根据实训中参与程度、沟通技巧、操作能力、团队合作能力等表现给出相应评分	
	素养目标	20	根据实际演练整体表现考察对知识技能的掌握程度，及是否具有创新性表现	
课后作业	试题解答	40	检查学生对本课程理论知识的掌握	

任务八　警务辅助人员协助现场处置阻碍执法行为

【任务引入】

2021 年 3 月 13 日下午，被告两名民警及一名辅警着制式警服在 7 号线××路站执勤。民警佩戴的执法记录仪显示，民警告知佩戴口罩的王某正在执法，要求原告配合出示身份证以便核查，原告称赶时间。民警再次要求原告配合，原告称"不配合，我今天不配合，赶时间，我不配合"，民警告知原告该理由并非不配合警察执法的正当事由，并劝说其配合执法，原告称"想清楚，不配合"。后辅警配合民警将其带至警务室。当日 18 时 10 分许，因原告涉嫌阻碍执行职务，民警口头传唤原告，后将原告带至××派出所，并代为保管原告随身携带物品。××派出所于当日受理该案，并对原告及相关人员进行了调查。经调查，××派出所认定王某犯有阻碍执行职务的违法行为，于2021年3月13日21时8分许向王某告知了拟对其作出的行政处罚决定认定的事实、理由、依据，并告知其依法享有的权利。原告未提出陈述申辩。同日21时39分，××派出所对王某阻碍人民警察执行职务的违法行为作出处罚200元的行政处罚决定并向王某送达。

【教学场景】

1. PPT案例展示。
2. 学生模拟案例。

【相关知识】

警务辅助人员在协助民警接出警，当场盘问、检查，抓捕，治安行政管理，道路交通安全执勤执法等执法过程中，经常遇到行为人采用吵闹、谩骂、无理纠缠、拒不接受检查、暴力、威胁等方法阻碍执法行为，如果现场处置不当，容易引发社会负面舆情，严重影响公安机关执法形象。警务辅助人员协助民警处置阻碍执法行为时，应做好控制现场、救治伤员、登记信息、快速带离等工作。

一、基本要求

1. 保持克制

警务辅助人员应当理性平和，克制情绪和行为，避免因情绪、行为失控导致工作陷入被动。

2. 果断制止

警务辅助人员应当协助民警及时果断制止阻碍执法行为。警力不足时，由民警请求增援，保证优势警力，形成现场威慑。

3. 全程记录

警务辅助人员应当使用执法视音频记录设备拍摄记录阻碍执法行为全过程，全面反映现场处置情况，为后续处理固定证据，同时防止歪曲炒作。

4. 快速带离

控制违法犯罪嫌疑人后，警务辅助人员应当协助民警尽快将其带离现场，防止再生事端。

5. 安全防范

警务辅助人员在协助民警处置违法犯罪行为时，应当始终注意自身安全，将安全防范意识贯穿在协助执法的全过程。

二、协助现场处置

1. 协助控制现场

（1）口头制止。

明确、严厉、规范警告阻碍执法人员："你的行为涉嫌违法，必须立刻停止，否则依法采取强制性措施。"明示围观人员："我们正在执法，不要围观，避免误伤。"不得使用挑衅性、引诱性语言，避免激化矛盾。

（2）强行制止。

对不听口头制止或者警告无效，继续实施阻碍执法行为，或者来不及口头制止、警告的，警务辅助人员应当协助民警及时采取相应处置措施。

2. 协助救治伤员

现场有人员受伤的，警务辅助人员应当协助民警迅速对受伤人员采取临时急救措施，并根据需要通知120急救人员到场救治。

3. 协助登记信息方便民警事后开展调查取证

警务辅助人员应协助民警做好现场人员的信息登记工作，便于民警事后开展调查取证。

三、协助处置常见阻碍执法行为

1. 言辞阻碍

对以吵闹、侮辱、谩骂、无理纠缠、威胁等言辞方式阻碍执法的，保持冷静，严辞警告，不得与其对骂。经多次口头警告仍拒不配合，民警依法传唤或者强制带离的，警务辅助人员应当协助民警将其迅速带离现场。

2. 不作为阻碍

对以行为挑衅、软对抗等不作为、慢作为方式拒不配合，民警依法传唤或者强制带离的，警务辅助人员应当协助民警将其迅速带离现场。驾驶人在机动车内拒不配合且不开门窗，不立即采取措施可能导致严重后果，经明确告知将采取破门破窗、拖车的措施仍拒不配合的，警务辅助人员可以协助民警破门破窗后带离、拖车带离，或者采取固定车辆的方式迫使其配合执法。拖车时应当防止其自行开动或者跳车造成伤害。

3. 轻微暴力阻碍

对以抓扯衣服、撕抢警号、掀打警帽、抢夺执法装备、拖拽、缠抱、肢体碰撞、泼洒污物等轻微暴力方式阻碍执法或者袭击民警、警务辅助人员的，警务辅助人员可以徒手或者使用防护装备协助民警制止。对冲闯警戒线、警戒区的，警务辅助人员可以使用防护装备协助民警制止。

4. 严重暴力阻碍

对以扇耳光、拳打脚踢、持械殴打、驾车冲撞等暴力方法阻碍执法或者袭击民警、警务辅助人员的，警务辅助人员可以使用防护装备协助制止；危及民警、警务辅助人员生命安全的，民警可以使用武器制止。驾车逃逸的，民警应立即请求部署堵截；除驾车逃逸后可能对公共安全和他人生命安全有严重威胁的以外，不得驾车追缉，可采取通知前方执勤警力堵截，或者记下车号，事后追查等方式处理。

5. 煽动阻碍

对相关人员以喊"警察打人、警务辅助人员打人"等煽动群众的方式阻碍执法的，警务辅助人员应当继续协助民警完成既执法行为，不犹豫停顿，警告煽动者，责令立即停止煽动，否则将依法采取强制性措施。

6. 诬陷阻碍

对以脱衣服诬陷民警、警务辅助人员"耍流氓"的方式阻碍执法的，应责令其立即穿上衣服。对不听劝阻的，利用衣物、约束毯等遮挡约束，尽快带离现场。对女性违法犯罪嫌疑人，尽量由女性工作人员进行遮挡约束，现场没有女性工作人员的，处置时避免接触其敏感部位。

7. 自伤、装病阻碍

对以自伤、自残、自杀的方式阻碍执法的，警务辅助人员应当协助民警立即制止。对以声称有严重疾病、装病、装死方式阻碍执法的，立即通知医疗急救部门到场救治，协助民警以送医方式将其带离现场。

8. 下跪阻碍

对以下跪方式阻碍执法的，口头告诫的同时，绕至下跪人身后搀扶其起身；或者弯腰或下蹲进行劝说和法治教育，促其尽快起身。避免站立在下跪人正面，引起围观群众反感或者被利用炒作。劝说无效、拒不起身的，民警依法传唤或者强制带离，警务辅助人员应当协助民警将下跪人迅速带离现场。

9. 多人阻碍

现场警力不足无法控制局面的，民警应迅速请求增援，在等待增援过程中，警务辅助人员应优先保护民警和自身人身安全，稳住当事人，不得采取过激行为，待增援力量到达现场,再协助民警采取相应的处置措施。

【任务实施】

结合案例和相关知识,学生明确警务辅助人员在协助民警接出警、当场盘问、检查、抓捕、治安行政管理、道路交通安全执勤执法等执法过程中的阻碍执法行为应如何处置,并初步掌握处置的方法和途径。

一、实施步骤

参训学生5人为一组,分角色扮演。由1名学生模拟王某,2名学生模拟派出所民警,1名学生模拟派出所辅警,1名学生模拟派出所领导。

(1) 重现案件现场:不配合民警查验身份证并逃避,辅警配合民警进行现场处置。

(2) 针对"不配合查验身份证并逃避,是否构成阻碍依法执行公务违法行为",分组进行讨论,时间15分钟。

(3) 教师点评。

二、注意事项

(1) 注意引导学生把握合法、违法和犯罪行为的界限。

(2) 强调案情分析方法的重要性。

(3) 重点点评强调:

辅警虽然不具有国家机关工作人员的身份,但他们在公安民警指挥下实施的行为亦属国家公务活动,应视同民警执行公务。根据《人民警察法》等相关规定,人民警察有权查验居民身份证以便身份盘查,公民有义务配合。本案中,民警与王某互不相识,当日对佩戴口罩的原告查验身份证是在履行正常的职务行为,并非故意针对王某。辅警配合民警对王某拒不配合执法的行为进行处置,执法程序合法,处罚得当。

【任务评价】

实训课任务考核标准如表1-8所示。

表 1-8　　　　　　　　　　　实训课任务考核标准（5）

考核内容		权重（100分）	标准	得分
课堂演练	知识目标	20	根据实训中法理、法律及本课知识点的展示给出相应评分	
	能力目标	20	根据实训中参与程度、沟通技巧、操作能力、团队合作能力等表现给出相应评分	
	素养目标	20	根据实际演练整体表现考察对知识技能的掌握程度，及是否具有创新性表现	
课后作业	试题解答	40	检查学生对本课程理论知识的掌握	

【拓展练习】

思考如何协助处置常见阻碍执法行为？

项目二 警务辅助人员的协助巡逻盘查

项 目 导 入

公安机关警务辅助人员,又称辅警、警务辅助人员,是根据社会治安形势发展和公安工作实际需要,面向社会招聘,为公安机关日常运转和警务活动提供辅助支持的非人民警察身份人员。警务辅助人员是公安机关破解任务繁重与警力紧张矛盾的现实选择,是公安机关一支不可或缺的重要力量。在协助民警维护社会治安、打击违法犯罪、开展行政管理和服务人民群众方面发挥了重要作用。

公安机关警务辅助人员,是依照《关于规范公安机关警务辅助人员管理工作的意见》设立的、参照《公安机关人民警察纪律条令》。由公安机关直接指挥和管理,主要用于社会联防巡逻,赋予基本的执法权。

辅警在民警直接指挥监督之下从事从属性行政协助,不仅同社会公众没有直接的法律关系,也几乎不涉及决定权的行使,因此参与的范围较广。在行政执法领域,首先,对一些不涉及行政强制措施实施的领域,无须适用法律保留和公务员保留的原则,如巡逻、看管物品、治安调解等,可以较多地使用辅警协助。其次,对涉及行政强制措施实施的领域,应以辅警有权参与为原则,公务员保留为例外。行政强制措施的实施是一个连续的行政过程,辅警并非全程不得参与,决定是否实施和如何实施是民警的专属权力,但在具体实施和后续控制阶段,辅警在民警指挥下可以实施一些辅助性活动,如协助控制反抗、逃跑的嫌疑人等。笼统地将"其他人员不得实施"理解为辅警不得参与实施行政强制措施,是对行政强制理论的不当解读。因此,在行政执法领域,应以辅警有权参与为原则,公务员保留为例外。在法律规定方式上,也应以概括授权为原则,以排除列举为例外。

在刑事执法领域,由于经常涉及限制公民的人身自由等基本权利,需要更加严格地遵循法律保留原则,并以公务员保留为基本形态。但绝非完全排除辅警的参与，对犯罪分子的抓捕、看管等，辅警可以协助实施。因此，在刑事执法领域应当从组织法的角度明确列举辅警可以参与的范围，也即应以概括排除为原则，明确授权为例外。

辅警主要从事从属性的协助活动，本质上是警察的行政助手，是公安机关的辅助力量和"延长之手"，不具有独立法律地位。其与人民警察的区别在于：人民警察具有执法权，主导开展警务活动；而辅警人员不具有执法权，不得以执法主体的身份直接实施执法行为，作出执法决定，应当在公安机关人民警察的指挥和监督下开展辅助性工作。

辅警人员参与辅助执法活动具有合法性的特征。例如，2018年《公安机关办理行政案件程序规定》第五十二条第二款规定："接报案、受案登记、接受证据、信息采集、调解、送达文书等工作，可以由一名人民警察带领警务辅助人员进行，但应当全程录音录像。"又如协管员独立进行违法车辆的拍照取证、制止违法停靠等，但这种独立协助在理论上并未引起关注，需要进行明确。在警力不足的情况下，一概排除辅警的此类独立协助，是以纯粹的形式要求排斥实质正义。在独立性行政协助领域，辅警同第三人不具有直接的法律关系，仅是为公安机关提供准备性和执行性的辅助活动，且是在公安机关的面纱下进行的。独立性行政协助不仅包括辅警对其所属民警的协助，也包括不以民警为依托的对公安机关的直接协助。在行政执法领域，对于不涉及行政强制的执法勤务领域，辅警能够独立地从事协助，如维持交通秩序、纠正违停、发放警示宣传单等；对某些程序性、准备性工作，可以独立实施协助，如拍照取证、送达法律文书等。对于涉及行政强制的执法勤务领域，根据法律保留的重要性理论，在涉及公民的人身自由或财产权利时，独立协助应当有法律上的明确依据。而在刑事执法领域，除非具有法律特别明确的授权，辅警不得独立从事协助行为。因此，除了一些特殊的警种（如刑警等）或特殊警务外，应从组织法的角度适当地拓展辅警的独立性协助范围，并从行政作用法的角度规范辅警的参与过程。

教 学 目 标

【知识目标】
1. 了解盘查的概念、巡逻民警指定依法盘查的十种情形。
2. 掌握警务辅助人员协助人民警察盘查的几种情形。
3. 掌握巡逻盘查的方式方法。
4. 理解巡逻盘查的注意事项、日常巡逻中识别盗窃摩托车等犯罪嫌疑人的技巧。

【能力目标】

1. 正确运用巡逻盘查的方法。
2. 规范巡逻盘查行为。

【素养目标】

1. 分析问题的能力。
2. 培养耐心、细致、严谨的工作作风。
3. 互相协作、互相沟通能力。

任务一 巡逻盘查

【任务引入】

2014年1月13日下午4时许,付某(女)在北京地铁13号线北苑站站厅内,拒不配合执勤民警李某对其进行身份核查,对李某辱骂、推搡、殴打,造成李某受伤(经鉴定构成轻伤二级),佩戴的眼镜也被摔坏。付某称,事发前,她和丈夫罗某进站准备乘车,执勤民警要求检查其身份证,随后其与民警发生冲突。付某承认,被民警带去警务室的过程中,她用右手打了民警的脸,还把民警的警帽和眼镜打落在地,并把民警推了一个跟头。当时多名目击者证实,付某对执勤民警破口大骂,并大叫"警察抢劫",造成秩序一度混乱。据悉,31岁的付某因妨害公务罪终审被判刑1年6个月。法院审理认为,付某以暴力方法抗拒国家机关工作人员依法执行职务的行为已构成妨害公务罪。一审判处其有期徒刑1年6个月,并赔偿李某各项损失6000余元。付某不服,提出上诉,并申请对李某的伤情进行重新鉴定。二审法院审理认为,付某提出重新鉴定的理由不充分,驳回上诉,维持原判。

问题:
1. 巡逻盘查的依据是什么?
2. 巡逻盘查的方法有哪些?
3. 巡逻盘查过程中应注意哪些问题?

【任务分析】

案例中,我们重点分析以下几个要件:

(1)李某的执法权:执勤民警李某是在身着制服的前提下,并且是在正常执行公务即工作期间，对付某进行必要的盘查，这个决定李某的工作性质及职责，也是法律赋予其的行为。如果是便装执勤的情况下，在盘查之前，首先需要出示自己的身份证明，再进行下一步工作，一般盘查过程中不得少于两人，结论说明李某的行为是合法的行为，并无不当。

（2）付某的行为：我国法律明文规定，公民有配合执勤民警进行必要盘查的义务，应如实陈述自己的身份，如无有效身份证明，相关证明可以由执勤民警查询机读档案予以证实。此案例中，付某不出具有效身份证明，且不配合李某的核查，在带往警务室的过程中，袭击李某，故付某的行为是严重干扰了李某的执法权，并对李某造成了不必要的人身侵害。所以，付某的行为在其发泄的不经意间已经触犯了法律。

（3）社会影响：一般来说，警察在执勤盘查过程中，经常会遇到不配合检查者。被盘查的人普遍心理都是我没有犯法，为什么要检查我；另外就是警察为什么不检查别人，单单要检查我，我就不配合你；还有就是脸面问题，警察检查一个人，这个人就肯定有问题。所以大众百姓对警察的盘查普遍具有排斥心理。加上有些警察在行使盘查权时，对被盘查人的态度非常蛮横恶劣，把自己摆在高高在上的位置，借行使盘问权之名，训斥被盘查人员，也就造成了老百姓不接受盘查的心理。我国警察行使盘查的权利以及公民积极配合检查的义务，都是有明文规定的，但是普通老百姓对法律的熟悉程度有限，才会有许多不配合的情况产生。

【教学场景】

1. PPT 案例展示。
2. 学生模拟案例。

【相关知识】

为维护公共安全，社会秩序，预防、发现、控制违法犯罪活动，根据国务院办公厅《关于规范公安机关警务辅助人员管理工作的意见》的规定，辅警人员在公安机关及其人民警察的指挥和监督下，可以协助公安机关执勤民警开展治安巡逻；协助盘查、堵控有违法犯罪嫌疑的人员。

一、巡逻盘查的概念

（一）盘查的概念

盘查，是指公安机关人民警察在执行勤务过程中，为维护公共安全，预防、发现、控制违法犯罪活动而依法对形迹可疑的人员和有违法嫌疑的人员采取的盘问、检查等行为。

警务辅助人员协助人民警盘查，是指警务辅助人员协助民警发现、识别、判定违法犯罪嫌疑人的重要措施。目的是协助民警弄清盘查对象的身份、事件的性质、物品的来源以及被盘查人与他人、他事、他物的关系。

警务辅助人员协助人民警察盘查，主要包括以下几种情形：

（1）接处警过程中登记盘查。

（2）巡逻执勤中的机动盘查。

（3）道路关卡的定点盘查。

（4）突发事件现场的针对盘查。

（5）公共场所的例行盘查。

（6）重大安保活动的安全盘查。

（7）上级公安机关部署的专项盘查。

（8）其他日常警务工作中的盘查。

（二）巡逻盘查的概念

巡逻盘查指的是通过组织专门人员，在犯罪分子经常出没活动的街巷和角落藏身场所，采取巡逻游动和盘查的方法，发现、制止和抓获现行犯罪分子的一项有力措施，是刑事侦查部门常用的重要手段之一。巡逻的方法可采取夜间与白天相结合、公开与秘密相结合、普遍与重点相结合、乘车与徒步相结合等。

二、巡逻盘查的基本内容

巡逻盘查，既可以发现抓获拦路抢劫、强奸或进行流氓、盗窃活动的现行犯罪分子，及时打击他们的嚣张气焰，又可以查缉流窜犯和逃犯，以维护社会秩序的安全和确保人民生命财产的安全。

（一）巡逻盘查的依据

《公安机关人民警察盘查规范》《中华人民共和国人民警察法》《中华人民共和国人民警察使用警械和武器条例》等。

《人民警察法》第九条规定：为维护社会治安秩序，公安机关的人民警察对有违法犯罪嫌疑的人员，经出示相应证件，可以当场盘问、检查；经盘问、检查，有下列情形之一的，可以将其带至公安机关，经该公安机关批准，对其继续进行盘问：

（1）被指控有犯罪行为的。

（2）有现场作案嫌疑的。

（3）有作案嫌疑身份不明的。

(4) 携带的物品有可能是赃物的。

对被盘问人的留置时间自带至公安机关之时起不超过二十四小时,在特殊情况下,经县级以上公安机关批准,可以延长至四十八小时,并应当留有盘问记录。对于批准继续盘问的,应当立即通知其家属或者其所在单位。对于不批准继续盘问的,应当立即释放被盘问人。

经继续盘问,公安机关认为对被盘问人需要依法采取拘留或者其他强制措施的,应当在前款规定的期间作出决定;在前款规定的期间不能作出上述决定的,应当立即释放被盘问人。

(二) 巡逻盘查方式方法

巡逻的方法可采取夜间与白天相结合、公开与秘密相结合、普遍与重点相结合、乘车与徒步相结合等。巡逻盘查工作需要巡逻队员间有良好的相互配合的意识,配合得当,既能有效控制嫌疑人,又能有效保护队员自身,减少不必要的伤害。

一是合理站位,明确分工。执行盘查时,巡逻队员应明确一个人负责盘问和检查,另一个人负责对周围情况的观察并警戒,防止被盘查对象及同伙突然袭击,其他巡逻队员应负责对盘查对象的控制。巡逻盘查队员与被盘查对象应保持至少1.5米的安全距离。站立姿势应为两脚前后开立,侧身面对被盘查对象,右手扶在警棍上,使身体要害部位暴露面小,既便于拿警棍或其他警械具,也便于快速上前攻击和后退防守。站位形式应根据巡逻队员的人数和盘查地点的障碍物情况而定。两人时,负责主要盘查的巡逻队员应正对被盘查对象,负责控制对象的副手位于被盘查对象的右侧或背后,控制被盘查对象的右手动作;三人以上时,巡逻队员站位应形成包围形式,将被盘查对象夹在巡逻队员中间,盘查的巡逻队员正对被盘查对象,其他的巡逻队员位于被盘查对象四周负责控制和警戒。如果周围有可利用的墙、树等障碍物,可令被盘查对象面对障碍物,巡逻队员将其围住,封锁住其可能逃窜的方向。明确分工、合理站位,可使巡逻队员各司其职,发挥整体协防的功能,避免出现防守遗漏,有利于确保巡逻队员的生命安全。

二是集中精神,加强控制。被盘查对象在对盘查队员进行不法攻击之前总会有一些异常的举动或迹象,如面部表情紧张,两脚不停移动,不能原地站稳等。巡逻盘查队员在对嫌疑人进行盘查时应时刻保持对嫌疑人的警惕。被盘查对象携带箱、包或推自行车、摩托车时,应令其人、物分离,防止被盘查对象利用这些物品或掏取凶器、武器攻击盘查队员。当被盘查对象的手放在兜里或插在怀中以及位于背后时,应令其慢慢放在体侧并高举过头,防止其手中藏有凶器、武器。进行证件检查时,应先问清被盘查对象证件放在何处,观察其放证件的部位是否藏有凶器,再令其慢慢用左手取出,递给盘查队员,用这种反常的动作限制其袭击的可能。查验证件时，盘查队员要将证件高举，在查验证件时用余光保持对嫌疑人的观察，防止被盘查对象突然攻击盘查队员。物品检查时，应令其退后两至三米，在其他巡逻队员对被盘查对象予以监控的情况下，再实施检查，绝不能让被盘查对象自己打开包拿出物品，防止其突然拿出凶器或武器袭击。经盘查发现被盘查对象有重大嫌疑或必须带回派出所进行盘问时，应立即对其进行搜身检查，清除其身上可能隐藏的凶器或武器。搜身时需要加强对被检查对象的控制，令其作出各种被搜身姿势，使其身体处于重心不稳或难以反抗的状态，巡逻队员再上前对其进行搜查。

三是行动迅速，方法得当。在发现各类可疑情况，需要对嫌疑人实施控制时，要观察好时机，主动出击。一旦发起行动，争取一招制敌，不给目标有反应和喘息的机会，并迅速制敌搜身。在追捕犯罪嫌疑人时，巡逻队员追上后，应位于其身体右侧，猛力用手推其肩背部或用脚勾绊、踹其小腿，防止其转身用凶器袭击巡逻队员。

四是注重策略，有效控制。醉酒的人员，其行动已经不受大脑控制，往往会夸大自己的动作，对盘查队员的劝解和命令常常会视而不见，表现出来的现象就是无理取闹，不服从管理，攻击上前劝阻的队员。对于此类人员的控制，巡逻队员要注意方式方法。不要和其进行无休止的纠缠，观察好出击时机，利用警绳、辣椒水等对其进行控制，待其失去反抗能力以后将其控制住，千万不可硬取，和其发生正面冲突，以避免不必要的伤害。巡逻队员有效预防不法侵害的最重要的因素在队员自身，因此巡逻队员要树立良好的配合意识，全面形成主动出击意识以及自我防范意识，最大限度地减少各类侵害人身事件的发生。

三、巡逻盘查应注意的事项

盘查都有其特定的具体对象，而非普通公众。在非特殊情况下，盘查一个行人，必须有前提，这个前提就是该人有涉嫌违法行为。

盘查，是行政强制措施之一，依法由人民警察实施。巡逻队员属于协警的范畴，不具备执法主体资格，没有盘查行人、限制他人人身自由、搜身、扣押他人财物和证件，罚款收费的权力，只能在公安民警的指挥和监督下开展辅助性工作，有关单位和个人应当予以配合，相关法律后果由公安机关承担。

巡逻队员有进行一般例行询问的权利，对他认为值得怀疑的对象可以进行询问，可以进行身份登记，发现有下列情形之一的现行违法犯罪嫌疑人，有权制止和扭送公安机关处理：

（1）寻衅滋事、打架斗殴、赌博、卖淫嫖娼、制贩传播淫秽物品的；

（2）破坏公安设施和故意损坏公私财物的；

(3) 正在进行抢劫、抢夺、强奸、爆炸、杀人、盗窃、伤害、贩卖以及吸食（注射）毒品等违法犯罪活动的；

(4) 公安机关通缉的在逃案犯或者劳改、劳教人员脱逃服刑的；

(5) 有其他违法犯罪的活动的。

(一) 盘查对象"六种人"

(1) 身份可疑。如身份证与本人不符，或一人持几个身份证；与身份证相貌、年龄籍贯、口音等有明显差异的，或不相符者深夜在要害部位周围张望窥视，先自称散步后又探听情况等。

(2) 行为可疑。如行为人有异常表情或异常行为，举止违背日常规律，不符合正常逻辑，例如行为慌张、神情异常故意躲避民警或警务辅助人员；在人群中溜出溜进的，无所事事却在居民区、商场或者银行等地窥测的人；接近妇女、儿童与之同行的人等。

(3) 携物可疑。主要是随身携带的物品可疑或携带物品与衣着、身份不相称的人等。如携带的可能是枪支、弹药、毒品或者管制器具等法定违禁品、疑似作案工具或者在夜间携带数量居多、体积较大、包装无规则的包裹且遮遮掩掩神情紧张，以及无法说清正当来路的车辆、钱物等。

(4) 关系可疑。主要是同行人之间的行为和关系可疑。如男女同行神情异常或互相说不清姓名、住址，双方不能提供有效证明证实其所述关系等。

(5) 痕迹可疑。主要是身负可疑外伤。如衣服有被撕扯痕迹或破损严重，身上染有可疑血迹或污渍等，所推扶的电动车、摩托车、自行车车身有较为明显的撬痕的，驾驶的汽车玻璃被砸破或车身有明显破损的。

(6) 体貌可疑。主要是体貌特征与通缉在逃的嫌疑人员相似或衣着、随身物品相似，面带惊恐之状或神情躲闪，故意遮挡面部戴黑色眼镜或较大的口罩，有意改变面貌，企图蒙混过关者。

(二) 盘查地点"四宜与四不宜"

盘查时首先应选择对警察及警务辅助人员最有利的地方进行。一般来说，应遵循以下四个原则：

(1) 宜明不宜暗。盘查地点应是光照或人工照明条件较好之处。这样有利于看清被盘查对象的一举一动，以便于观察、盘问和检查，确保自身安全。

(2) 宜宽不宜窄。盘查地点应选在视野较为开阔、空间较大之处，尽可能避免在胡同交叉、建筑材料堆积间隙中进行，防止盘查对象利用地形与警察周旋，同时也有利于在盘查中发现重大嫌疑人或者犯罪分子时，可以对目标实施缉捕。

（3）宜直不宜弯。选择盘查地点时应尽可能避免在拐弯抹角的地方盘查，可以主动选择一些地形较为简单，地势少弯，周围没有复杂或者少出入口的建筑物，或者是一些无高农作物或无丛林之处，便于控制盘查对象。

（4）宜有所依托不宜四周无援。尽可能选择在附近有行人和车辆往来的地点盘查。条件许可时，可将嫌疑人带至就近的治安报警亭、治安值班室或企业门卫办公室等地进行盘查。

（三）盘查问话"三要领"

（1）开口用尊称，先问其身份。主要是用使人感到尊重的称呼，先从身份问起，并要求其出示身份证件。

（2）牢牢抓事实，适时给"台阶"。主要是围绕违法犯罪嫌疑点进行盘问，并注意不要在现场造成"顶牛"等不利于把握和处置的情况发生。

（3）分开同时问，仔细找矛盾。对多个嫌疑人要分开同时进行问话，从各自回答问题的过程中找出矛盾之处。

（四）巡逻盘查"三注意"

（1）主动出示证件，消除被盘查对象的疑虑心理。

（2）防止被盘查人逃跑、行凶、抛赃毁证等意外情况的发生。

（3）严密注视被盘查对象的表情、举止以及周围环境。

（五）盘查的步骤

（1）告知。在发现可疑人员或可疑物品后，警务辅助人员应在民警的指挥下，在距离可疑人员2~5米之处举手示意其停止前行或者活动，然后向其表明身份，出示证件，告知内容：您好，我们是××派出所的辅警，稍后民警同志将依据《人民警察法》第九条之规定对你进行盘查，请稍等并予以配合。

（2）分离。如若发现高度可疑或者现行分子，警务辅助人员应协助民警将盘查对象与其携带的包、箱进行分离后，再开始盘查，防止其趁机使用包中凶器或武器进行反抗或行凶。

（3）盘问。在协助民警进行盘问时，警务辅助人员可以协助传递、查验证件、记录信息；注意盘问对象动作、表情等，填补民警的注意力空隙。

（4）处置。巡逻盘查应达到的目的是"四个清楚"，即被盘查人的身份清楚，携带物品的来源清楚，行为清楚，回答事实清楚。盘查后的处置有四种：一是嫌疑排除，没有问题的，此时应感谢其配合并有礼貌地放行；二是被盘查者行为虽然未构成违法，但有违社会公德，不利于社会主义精神文明建设，应予以批评教育；三是经盘查后确有违法犯罪事实，应协助民警进一步检查其随身携带的物品，或进行搜身，协助民警进行信息登记，填写相关文书，办理换或刑事法律手续；四是经盘查原有疑点不能排除，又未发现新的证据，可将其姓名、身份证号码、住址、工作单位、体貌特征等记载下来，协助民警将其带至派出所继续盘问。

（六）着装要求

警务辅助人员在民警的带领下开展警务辅助工作时，应当按有关要求统一着装，佩戴工作证件，依照规定携带执勤、安全防护装备，保持严整作风，做到举止端庄、精神饱满、语言文明、态度严谨。

四、巡逻民警指定依法盘查的情形

（一）针对盗窃机动车案件

（1）车牌颜色与标准车牌颜色有明显差别的。

（2）车窗封条有被撕开的痕迹的。

（3）道路畅通的情况下，驾驶机动车缓慢行驶的或司机驾驶车辆明显不熟练的（如：画龙、熄火、高速低档或低速高档、夜间行驶不开车灯）。

（4）新车挂老牌照或旧车挂新牌照的。

（5）夜间驾驶摩托车、残摩形迹可疑的。

（6）机动车与近期通报的多发被盗车型相符且形迹可疑的。

（二）针对砸撬机动车盗窃车内物品的案件

（1）在餐饮、娱乐、购物、医院、幼儿园等场所周边，停车场或路边停放车辆旁，窥探机动车内部的形迹可疑人员。

（2）在餐饮、娱乐、购物、医院、幼儿园等场所周边，停车场或路边停放车辆，背靠车后备箱处的形迹可疑人员。

（3）故意踢、撞正常停放的机动车的形迹可疑人员。

（4）防盗器闪烁的机动车周边形迹可疑的人员。

（三）针对入室盗窃案件

（1）长时间在居民住宅周边游荡、窥视的形迹可疑人员。

（2）夜间从居民楼群小区或平房院内往外运送物品的形迹可疑人员（如：电脑、电视、空调等）。

（3）携带手套、加力钳、锯条、微型手电等物品的形迹可疑人员。

（四）针对缠车条、拍车门盗窃、抢夺案件

（1）在路口、红绿灯处、立交桥下及交通拥堵路段，三五成群，窥视过往机动车（特别是女司机单独驾驶的车辆）形迹可疑的。

(2) 自行车被异物缠住，骑车人下车查看时，周边形迹可疑的人员。

(3) 尾随单独骑自行车的女性，形迹可疑的人员。

(4) 在路口或路边相互之间打哑语手势，形迹可疑的人员。

（五）针对街头诈骗案件

(1) 两三人主动与路边中老人（妇女）搭讪、闲聊，且相互间明显不熟识，形迹可疑的人员。

(2) 与中老人（妇女）一同出入银行，且相互之间明显不熟识，形迹可疑的人员。

(3) 在车站、医院周边，交通枢纽、地下通道、过街天桥等处有意丢放物品，诱人拣拾，形迹可疑的人员。

(4) 身着尼姑服饰，有意与中老年人搭讪，形迹可疑的人员。

(5) 在路边兜售电脑、电子元件、手表、金银饰品等，形迹可疑的人员。

(6) 与过往行人兑换外币、有价证券，形迹可疑的人员。

(7) 用"金元宝""金佛""人参"等贵重物品和药材做抵押，低价换取现金的人员。

(8) 人员聚集，类似纠纷有"碰瓷"嫌疑的人员。

（六）针对抢包盗窃案件

(1) 男性携带女士坤包形迹可疑的人员。

(2) 在餐饮、购物场所门前或集贸市场、繁华场所周边，行为鬼祟可疑的人员。

(3) 携带大包或用衣物套装、包裹小型手包、挎包的形迹可疑的人员。

（七）针对抢劫、抢夺案件

(1) 夜间单独或三五成群无目的长时间闲逛，形迹可疑的人员。

(2) 驾驶机动车在僻静街道停留，有寻找目标，伺机作案可疑的人员。

(3) 躲避在昏暗偏僻街道、胡同形迹可疑的人员。

(4) 夜间尾随单独行走人员形迹可疑的人员。

（八）针对盗窃自行车案件

(1) 夜间两人骑一辆自行车的形迹可疑的人员。

(2) 穿着、打扮与所骑新自行车不符，形迹可疑的人员（如老农或民工骑山地车或较新的自行车）。

(3) 在小区、地铁口等自行车停放处周边长时间停留、窥视的可疑人员。

（九）巡逻盘查的对象

(1) 穿着、打扮与本人气质不符的人员。

（2）穿着、气质与所携带物品不符的人员。

（3）见警察后有意躲闪、神色慌张的人员。

（4）行为举止有悖于常规，神态异常的人员。

（5）与通缉、通报的在逃犯罪分子体貌特征、年龄相一致，口音相符的可疑人员。

（6）面带惊恐之状和疲劳困倦之意的可疑人员。

（7）故意在面部穿戴或佩戴遮、饰物，或化妆奇特，有意改变容貌的可疑人员。

（8）携带物品数量较多、体积较大或包装不规则的包裹，或身背、肩扛、用自行车、三轮车装运，且遮遮掩掩，怕碰撞，怕触摸，神色不安的人员。

（9）带有明显犯罪迹象的人员：包括身负枪、刀伤，身上有血迹或污迹的，衣服被撕扯破损严重，或手腕、脚腕有械具痕迹的人员。

（10）男女同行，女方表情异常的；成人儿童同行，儿童表情异常，有被强迫控制迹象欲求搭救的人员。

（11）其他需要依法进行盘查的人员。

【任务实施】

熟悉盘查方法，完成两人盘查时的站位队形训练。

通过训练，使学生能熟练辅警协助盘查的步骤及注意事项。

一、实施步骤

（1）教师示范，学生学习。

（2）参训学生6名为一组，分角色扮演，由1名学生模拟嫌疑人员，2名学生模拟盘查民警，3名学生观察、记录、总结盘查中的优缺点并逐一进行点评。

（3）两人盘查，负责主要盘查的巡逻队员应正对被盘查对象，负责控制对象的副手位于被盘查对象的右侧或背后，控制被盘查对象的右手动作；

如果周围有可利用的墙、树等障碍物，可令被盘查对象面对障碍物，巡逻队员将其围住，封住其可能逃窜的方向。明确分工、合理站位，可使巡逻队员各司其职，发挥整体协防的功能，避免出现防守遗漏，有利于确保巡逻队员的生命安全。

二、注意事项

（1）实训期间应有教师现场指导。

（2）实习中要确保人身、设备安全。

（3）盘查依法由人民警察实施。巡逻队员属于协警的范畴，不具备执法主体资格，没有盘查行人、限制他人人身自由，搜身、扣押他人财物和证件，罚款收费的权力，只能在公安民警的指挥和监督下开展辅助性工作。

【任务评价】

实训课任务考核标准如表2-1所示。

表2-1　　　　　　　　　实训课任务考核标准（1）

考核内容	权重（100分）	标准	得分
盘查的步骤	30	盘查步骤达到规范标准	
盘查时人员站位	30	盘查时人员站位达到安全合理	
语言表达	20	用语达到规范	
着装	10	着装达到执勤要求标准	
设备、装备使用	10	设备使用安全、无损坏、归还到位	

任务二　日常巡逻中识别盗窃摩托车等犯罪嫌疑人的技巧

【任务引入】

车辆查控，是指警务辅助人员协助民警依法对嫌疑车辆以及车上人员进行拦截、盘查和追击，以发现案件的线索、获取证据，查明案情。

如何在日常巡逻中识别盗窃摩托车等犯罪嫌疑人？如何盘查可疑人员身份证、检查携带物品？

根据《中华人民共和国居民身份证法》第十五条的规定：人民警察依法执行职务，遇有下列情形之一的，经出示执法证件，可以查验居民身份证：（一）对有违法犯罪嫌疑的人员，需要查明身份的；（二）依法实施现场管制时，需要查明有关人员身份的；（三）发生严重危害社会治安突发事件时，需要查明现场有关人员身份的；（四）在火车站、长途汽车站、港口、码头、机场或者重大活动期间设区的市级人民政府规定的场所，需要查明有关人员身份的；（五）法律规定需要查明身份的其他情形。有前款所列情形之一，拒绝人民警察查验居民身份证的，依照有关法律规定，分别不同情形，采取措施予以处理。任何组织或者个人不得扣押居民身份证。但是，公安机关按照《中华人民共和国刑事诉讼法》执行监视居住强制措施的情形除外。警察在日常执勤工作中，必须严格执行《人民警察法》《公安机关人民警察盘查规范》，在与群众接触中，尽量做到以民为本，有礼有节，忠于职守，严格执法。以保证警察能够顺利行使盘查权，人民群众能够理解配合，从而保障和谐社会的稳定。

【教学场景】

1. PPT 案例展示。
2. 学生模拟案例。

【相关知识】

1. 通过观察驾车人的特征识别法

（1）观察衣着：嫌疑人驾车时，经常穿深色大衣、夹克衫（深色衣着于夜间作案不易发现，又保暖），晴天驾车时穿雨衣（一般为下雨时作案，后天又转晴）。

（2）观察头盔：嫌疑人不可能戴着头盔去偷车子，驾驶嫌疑车一般无头盔，戴墨镜，头发被风吹朝上竖或有头盔也是新买的。

（3）观察驾车姿势：嫌疑人驾车腰成"弓形"，两眼只注意前方，不东张西望，后座人歪着头帮助驾车人向前看，与警车交会后，后座人多次回头看。

（4）观看车速：嫌疑车一般是急速行驶，当发现前方有警察或警车时，往往突然减速，方向摆动又加速冲过，即"见到警察想过又不敢过，想停又不敢停"。

（5）观察号牌：摩托车行驶范围一般较小，短距离为主。如是外地号牌摩托车嫌疑率较高的可能性较大，有的会将号牌涂上机油沾灰来掩盖。

（6）观察车身清洁度：嫌疑人偷得车子后，只顾逃离现场，不顾清洗车身，有的长途行驶，车身很脏。

2. 通过查证件识别法

（1）车辆有号牌，驾车人有驾驶证无行驶证或双证全无。

（2）驾驶证与行驶证的车主姓名、单位、住址不符的。

（3）驾驶证上的照片与持证人不符或有揭换痕迹的。

（4）车辆发动机号、车架号与行驶证上的记载不符或有挫改痕迹的。

（5）证件是伪造的。

3. 通过看迹象识别法

（1）点火线路被剪断的。

（2）点火开关钥匙不是原配的。

（3）油箱锁被撬或重新更换的。

（4）龙头锁被撬或重新更换的。

（5）点火开关锁重新更换的，工具箱锁被撬或有装过工具箱迹象的。

（6）车上无号牌，但有装过号牌的痕迹。

4. 通过观察神情举止识别法

（1）出示证件时，手发抖，记不清证件放在哪里，在口袋里乱摸的。

（2）脸色苍白，目光不敢正视警察，语无伦次的。

（3）与警察保持一定距离的。

（4）当事人有两人时，相互对望等。

（5）在检查过程中，当事人提出要去买东西、打电话或要上厕所，不让他走他偏想走的。

（6）说不出理由，急于要处理的或用钱财贿赂民警的。

【任务实施】

模拟对被盘查对象身份证、携带物品的检查。

通过训练，使学生能熟练辅警协助盘查的步骤及注意事项。

一、实施步骤

（1）教师示范，学生学习。

（2）参训学生6名为一组，分角色扮演，由1名学生模拟嫌疑人员，3名学生模拟盘查民警，2名学生观察、记录、总结盘查中的优缺点并逐一进行点评。

（3）三人以上盘查，巡逻队员站位应形成包围形式，将被盘查对象夹在巡逻队员中间，盘查的巡逻队员正对被盘查对象，其他的巡逻队员位于被盘查对象四周负责控制和警戒。

如果周围有可利用的墙、树等障碍物，可令被盘查对象面对障碍物，巡逻队员将其围住，封住其可能逃窜的方向。明确分工、合理站位，可使巡逻队员各司其职，发挥整体协防的功能，避免出现防守遗漏，有利于确保巡逻队员的生命安全。

二、注意事项

（1）实训期间应有教师现场指导。

（2）实习中要确保人身、设备安全。

（3）盘查依法由人民警察实施。巡逻队员属于协警的范畴，不具备执法主体资格，没有盘查行人、限制他人人身自由、搜身、扣押他人财物和证件，罚款收费的权力，只能在公安民警的指挥和监督下开展辅助性工作。

【任务评价】

实训课任务考核标准如表2-2所示。

表2-2　　　　　　　　　　实训课任务考核标准（2）

考核内容	权重（100分）	标准	得分
盘查的步骤	30	盘查步骤达到规范标准	
盘查时人员站位	30	盘查时人员站位达到安全合理	
语言表达	20	用语达到规范	
着装	10	着装达到执勤要求标准	
设备、装备使用	10	设备使用安全、无损坏、归还到位	

【拓展练习】

一、选择题

1. 盘查是指公安机关人民警察在执行勤务过程中，为维护公共安全，（　　）违法犯罪活动而依法采取的盘问、检查等行为。

　　A. 预防、控制、打击　　B. 预防、发现、打击　　C. 预防、发现、控制

2. 盘查可疑人员时，应当与被盘查人保持适当距离，尽量让其（　　）。

　　A. 背对开阔场地　　　　B. 面对开阔场地　　　　C. 面对狭窄场地

3. 对被拦截车辆进行检查时，执行盘查任务的民警应当从车辆的（　　）接近车辆，迅速控制驾驶员和车内其他人员。

　　A. 副驾驶一侧　　　　　B. 驾驶员一侧　　　　　C. 后备箱方向

二、判断题

1. 民警执行盘查任务时，应当着制式服装；未着制式服装的，应当出示人民警察证。（　　）

2. 盘查过程中应当保持高度警惕，注意被盘查人的身份、体貌、衣着、行为、携带物品等可疑之处，随时做好应对突发情况的准备。（　　）

3. 对女性进行人身检查，应当由女性工作人员进行，可能危及检查民警人身安全或者直接危害公共安全的除外。（　　）

4. 对行进中的车辆进行拦截检查时，应当手持停车标志牌或者放置停车标志，在被检查车辆后方向其作出明确的停车示意。（　　）

项目三　治安管理处罚法相关知识

项 目 导 入

《中华人民共和国治安管理处罚法》由中华人民共和国第十届全国人民代表大会常务委员会第十七次会议于 2005 年 8 月 28 日通过,自 2006 年 3 月 1 日起施行,并根据 2012 年 10 月 26 日第十一届全国人民代表大会常务委员会第二十九次会议《关于修改〈中华人民共和国治安管理处罚法〉的决定》修正。在此之前,我国一直在适用的是《治安管理处罚条例》。从《治安管理处罚条例》到《治安管理处罚法》是社会需求的体现,是广大人民群众法律意识提高的体现,也是我国立法科学化理念的体现。

近年来,随着治安案件数量的增加,以及警力的紧张,警务辅助人员在治安案件的处理过程中成为不可或缺的重要力量。尽管警务辅助人员不具备独立的执法地位,是为公安机关日常运转和警务活动提供辅助支持的非人民警察身份人员,是在民警的指挥监督下从事从属性行政协助工作,但其工作的内容本质上也属于公安工作的一部分。不论是对公安辅助人员的言行举止,还是执法规范都应统一标准,这直接关系到公安队伍的形象及我国法律的权威。

项目三主要是针对《治安管理处罚法》中关于程序部分的规定进行梳理。从案件的受理、调查、决定到执行,以及案件的终结。项目三属于"辅警勤务"中的一部分,考虑到本书的出版目的以及使用群体,所以作出如此安排。

教 学 目 标

【知识目标】

1. 掌握治安案件的地域管辖和级别管辖;掌握治安案件的受理条件及治安案件回避的理由。

2. 掌握治安案件的证据种类及调查方法。
3. 掌握治安案件处罚的一般程序和简易程序。
4. 掌握治安案件各种处罚方式的执行过程。
5. 掌握治安案件结案的情形以及终止调查的情形。

【能力目标】

1. 正确判断治安案件的管辖机关；正确判断实践中发生的案件是否应当作为治安案件受理；正确判断回避的理由是否成立。
2. 区分治安案件证据的种类；独立完成治安案件的调查。
3. 具备正确作出治安案件处罚决定的能力。
4. 具备正确执行各种治安管理处罚种类的能力。
5. 准确判断治安案件可否结案；准确判断治安案件可否终止调查。

【素养目标】

1. 养成执法严谨的职业习惯。
2. 树立正确的法治观念、执法理念。
3. 培养学生相互协作的能力。

任务一　治安案件的管辖、受理和回避

【任务引入】

黄陂籍老板范彪，男，现年 45 岁，现住武汉市汉正街某某社区某某号，多年来一直在汉正街做干货生意。发财之后，他陷入赌博公司泥潭，家产挥霍一空，还欠下近百万元赌债，为此寝食不安。2006 年 9 月 5 日，他流窜到重庆市江北观音桥农贸市场，摆出老板的架子大量收购花椒，承诺先给进货收据，2 天内付清货款。10 多名农民以为来了大买家，纷纷赊货给他。范彪一共收得花椒 12 件，价值 1800 元（人民币）。次日，贩运走货物，哄骗农民说去银行取钱，就此逃回武汉。

同年 10 月 10 日，10 多名重庆农民结伴来汉寻找范彪，追索货款。13 日，他们结伴走进江汉区公安分局报案。民警赶到汉正街干货批发市场，范的门店已转让他人，范去向不明。17 日，民警打通范的手机，佯称有一笔生意要谈。范彪果然中计，兴冲冲地坐的士赶到汉口火车站接头，刚一下车便被民警捕获。范交代，他骗得花椒后，当即低价转卖还了赌债。如何确定该案的主管与管辖权？

【教学场景】

1. PPT案例展示。
2. 学生模拟案例。

【相关知识】

一、治安案件的管辖

治安案件的管辖，是指公安机关在受理、调查、处理治安案件时的权限分工。也可以说是公安机关受理、调查治安案件时在事务、地域和层级等方面的分工，或者说是确定某个违反治安管理行为应当由哪一级和哪一个公安机关受理、调查的法律制度。

《治安管理处罚法》第七条第二款规定："治安案件的管辖由国务院公安部门规定。"公安部《公安机关办理行政案件程序规定》第二章对治安案件的管辖作出了明确规定。治安案件的管辖权是对公安机关办理治安案件的权限进行划分，明确公安机关之间分工的重要措施，是解决公安机关在职权范围内各司其职、各尽其责的主要依据。《治安管理处罚法》第三条规定："治安管理处罚的程序，适用本法的规定；本法没有规定的，适用《中华人民共和国行政处罚法》的有关规定。"明确规定公安机关对治安案件的管辖权，有利于案件的及时处理，提高工作效率，防止公安机关越权查处或者重复查处违反治安管理行为，同时也可以防止因管辖不明而出现互相推诿的现象；有利于保证办案质量，治安案件的管辖是在充分考虑实践中不同案件性质、情节和复杂程度等因素之下的规定，体现了原则性和灵活性相结合的特点，使不同级别的办案机关都能充分发挥其应有的作用，使违反治安管理行为能够得到及时、有效的查处，提高公安机关的工作效率，保障公安机关有效地实施治安管理活动，更好地保护公民、法人和其他组织的合法权益。

根据《中华人民共和国行政处罚法》（以下简称《行政处罚法》）、《治安管理处罚法》及《公安机关办理行政案件程序规定》的规定，治安案件管辖的类别包括地域管辖、级别管辖、专门管辖。

（一）地域管辖

地域管辖，是指按照同级公安机关之间的行政管辖区域划分、确定其办理治安案件权限的地域范围，是横向划分同级公安机关之间及其所属部门在各自辖区内受理、调查治安案件的权限分工。

（1）一般原则。公安机关对治安案件实行属地管辖，即办理治安案件时，公安机关确定地域管辖应当首先遵循"违反治安管理行为发生地"的原则。根据《公安机关办理行政案件程序规定》第十条第一款的规定，行政案件由违法行为发生地的公安机关管辖。同时还规定，如果由违法行为人居住地公安机关管辖更为适宜的，可以由违法行为人居住地公安机关管辖。这一补充规定体现了立法上原则性与灵活性相结合的精神。为了提高行政效率，降低办案成本，规定如果由违法行为人居住地公安机关管辖更为适宜的，可以由违反治安管理行为发现地公安机关管辖，作为属地管辖的补充。

（2）优先管辖。两个或者两个以上公安机关对同一治安案件都有管辖权时，具体由哪个公安机关管辖？《公安机关办理行政案件程序规定》第十四条规定："几个公安机关都有权管辖的行政案件，由最初受理的公安机关管辖。必要时，可以由主要违法行为地公安机关管辖。"这一规定属于地域管辖的一种特殊情况，之所以如此规定是因为最初受理的公安机关已对该案件开展了部分工作，对案情比较了解，由它负责有利于及时、顺利查明案情。同时，也有利于避免公安机关互相争夺管辖权或互相推诿，延误办案。

（3）指定管辖。指定管辖，是指两个或两个以上的公安机关之间因治安案件管辖权问题发生争议无法协商一致，报请共同的上一级公安机关以决定的方式指定其中某一公安机关管辖该案件的情形。《公安机关办理行政案件程序规定》第十五条规定："对管辖权发生争议的，报请共同的上级公安机关指定管辖"。指定管辖适用于两种情况：其一，违法行为发生在两个或两个以上地区，按照一般原则两地均有管辖权，出现争议时由它们的共同上级指定管辖；其二，由于某些原因，有管辖权的公安机关不适宜管辖的，上级公安机关可以指定其他下级公安机关管辖。

（二）级别管辖

级别管辖，是指根据各级公安机关的职责确定其对治安案件的调查管辖范围。它是从纵向上划分上下级公安机关之间对治安案件的管辖分工。级别管辖主要根据违反治安管理行为的危害性、复杂程度，结合公安机关的职能、任务来确定。

（1）县级以上的公安机关，对任何治安案件都有管辖权和处罚裁决权。限期出境、驱逐出境应当由公安部裁决。

（2）公安派出所对涉外治安案件以外的大多数治安案件都有管辖权。同时需要注意的是，派出所只有警告和500元以下罚款的处罚权限。

（3）管辖权转移，是指根据上级公安机关的指定或者经上级公安机关同意，将治安案件的管辖权由下级公安机关转移到上级公安机关。移转管辖是对级别管辖的变通和调整，通常在有直接的上下级关系的公安机关之间进行。上级公安机关在必要的时候，可以依法查处下级公安机关管辖的行政案件。下级公安机关认为案情重大、复杂，需要由上级公安机关查处的，可以请求移送上一级公安机关查处。

（三）专门管辖

专门管辖是相对于一般管辖而言的，是指对具有特定性质的治安案件，规定由特定的公安机关或公安机关的专门部门管辖。划归专门部门管辖的治安案件，有的涉及特殊对象、有的与专门机构的业务有联系、有的发生在特定的场所。本着便于查处的原则，规定由特定机关或部门管辖。

《公安机关办理行政案件程序规定》第十六条规定：铁路公安机关管辖列车上、火车站工作区域内，铁路系统的机关、厂、段、所、队等单位内发生的行政案件，以及在铁路线上放置障碍物或者损毁、移动铁路设施等可能影响铁路运输安全、盗窃铁路设施的行政案件。对倒卖、伪造、变造火车票案件，由最初受理的铁路或者地方公安机关管辖。必要时，可以移送主要违法行为发生地的铁路或者地方公安机关管辖。

交通公安机关管辖港航管理机构管理的轮船上、港口、码头工作区域内和港航系统的机关、厂、所、队等单位内发生的行政案件。

民航公安机关管辖民航管理机构管理的机场工作区域以及民航系统的机关、厂、所、队等单位内和民航飞机上发生的行政案件。

国有林区的森林公安机关管辖林区内发生的行政案件。

海关缉私机构管辖阻碍海关缉私警察依法执行职务的治安案件。

除上述规定之外，还有以下三种特殊情形：

（1）国边境地区发生的治安案件，由具有独立执法主体资格的公安边防机构或边防检查站管辖。

（2）现役军人（包括武警）在社会上违反治安管理构成治安案件的，由行为地的县级以上公安机关移交行为人所在部队保卫部门处理。但退伍军人退伍途中在地方实施的行为，由行为地的公安机关管辖。

（3）外国人在社会上违反治安管理构成治安案件，享有外交特权和豁免权的，通过外交途径处理；不享有外交特权与豁免权的，由县级以上公安机关的治安部门管辖，公安外事（出入境）管理部门配合。

二、治安案件的受理

（一）治安案件受理的概念

治安案件的受理，是指公安机关对报案、控告、举报或者违反治安管理行为人主动投案，以及其他行政主管部门、司法机关移送的违反治安管理案件，表示接受并进行登记和审查的法律活动。

受理是查处违反治安管理行为法律程序中的第一步。治安案件的查处，从受理登记开始。受理就表示公安机关已经审查了报案的材料，认为违反治安管理行为的事实存在，并且需要调查取证、处理，因此决定作为一个治安案件进行查处。

（二）治安案件受理的条件

公安机关在接到公民、组织、单位的报案、控告、举报、投案后，应当区分具体情况，作出是否受理的决定，满足以下条件的应当受理。

（1）有违反治安管理行为事实存在。

（2）必须是需要追究治安行政责任。

根据规定，不需要追究治安行政责任的情形主要有三种：一是没有违法事实。二是违法情节轻微，不需要追究治安行政责任。三是有其他依法不追究治安行政责任的情形。例如，违法行为人未达到14周岁的法定责任年龄，或者不具有责任能力，或者违反治安管理行为已经超过追究时效，或者违法行为人已经死亡等。

（3）必须是属于本公安机关自己管辖的案件。

（三）治安案件受理的程序

1. 接受并审查受理材料

（1）接受报案材料。

公安机关对单位或个人报案或者违法嫌疑人投案的，应当尽快了解案情。详细登记嫌疑人的身份情况；报案人与案件的关系；案件发生的时间、地点、人物、起因、经过、后果等要素，并做好询问笔录，笔录完成后需经报案人确认、签名。如果所报案件是现行行为，应当立即出动警力赶赴现场平息、制止，一方面避免事态扩大，尽量减少侵害行为造成的损失和影响；另一方面也有利于及时查找证人，搜集各种证据。

（2）对材料进行初步审查。

①对报案人主体资格的审查。主要是看报案人有没有民事行为能力。对未成年人和精神病人所报案件，需谨慎对待，不能立即认定，也不能完全否定。

②对报案材料客观性的审查。判断报案材料是否真实、客观，而不是报案人、控告人、举报人的主观臆断和推测。

③对报案材料关联性的审查。判断所报材料是否与案情有直接关系。

④对报案材料合法性的审查。主要强调报案材料取得的程序和手段的合法性，而不是通过暴力、胁迫等非法手段获得的；获取材料的法律手续必须完

备，要有签名等。

通过审查、分析报案材料所证明的事实或提供的线索，初步判断违反治安管理行为是否存在，如果存在违反治安管理行为，应当立即进行调查。如果不认为是违反治安管理行为的，应当告知报案人、控告人、举报人、投案人，并应说明理由。

2. 制作《受案登记表》

对行为性质属于违反治安管理行为，又属于本机关管辖的，应当填写《受案登记表》。由治安案件主管部门的具体承办人员填制，其主要内容包括：

（1）案由。按照有规定的案件名称填写，如某某殴打他人案。

（2）案件来源。指上述的来源方式，如报案、移送等。

（3）报案时间。应尽量具体。

（4）报案方式。指口头报案或者书面报案等方式。

（5）报案人情况。报案个人的情况包括：姓名、性别、年龄、住址、工作单位、联系方式等。报案单位的情况包括：单位名称、地址、负责人姓名。

（6）接报单位。指接受报案的公安机关。

（7）接报人。

（8）简要案情。包括起因、情节、目的、后果等。

（9）受案意见。具体承办人员对本案的初步意见，是受理还是不受理，并签署办案人姓名和日期。

（10）受案审批。办案部门负责人意见，是同意受理还是不受理，并签署负责人姓名和日期。

3. 领导审批，决定是否受理

在决定是否受理调查之前，主管部门的领导对办案人员初步确认的案情材料进行审查，如果认为事实不清，证据不足，可决定不予受理，并告知当事人理由；也可以要求控告人、检举人补充材料或进一步说明情况。通过审查，认为违反治安管理事实确已发生并应当予以治安管理处罚的，应当作出受理决定。办案部门负责人签名。

4. 制作回执单

公安机关接受案件时，应当制作行政案件回执单，一式两份，一份交给报案人、控告人、举报人、扭送人，另一份附卷留存备查。回执单应当填明受案单位名称、受案民警姓名以及相关电话号码，以便报案人了解受案情况，监督受案单位的工作进展情况。其他行政机关或司法机关移送的案件，不必制作回执，应当在《移送案件通知书》等文书或者其他送达回执上签收。

5. 登记材料和物品

对证据材料进行登记并妥善保管，必要时应当拍照、录音、录像。出具《接受证据清单》一式三份。

此外，还需注意，对不愿公开自己姓名和报案行为的公民，公安机关应当为其保密。

三、治安案件的回避

回避制度作为现代程序法的重要制度，其重要性不言而喻。回避制度不仅可以保障案件的公正性，还可以维护法律的权威性；不仅可以维护当事人的合法权益，还可以保障办案人员自身的权益。为此，《行政处罚法》《治安管理处罚法》和《公安机关办理行政案件程序规定》均对治安案件办理程序中的回避制度作出了规定。

（一）治安案件回避的概念

治安案件回避，是指办理治安案件的人民警察因与所办案件或者案件的当事人有利害关系或者其他关系，可能影响案件的公正处理时，依照法律规定不参加办理该案件调查处理的法律制度。建立回避制度的根本目的是更好地保护公民、法人或者其他组织的合法权益，保证人民警察能够客观、公正地查处治安案件，防止人民警察因与案件或者案件当事人存在利害关系或者其他关系而徇私舞弊，影响案件的公正处理。

（二）治安案件回避的理由

根据《治安管理处罚法》第八十一条的规定，公安机关人民警察在办理治安案件过程中，应当回避的法定情形包括：

1. 是本案当事人或者当事人的近亲属的

本案，是指承办的具体案件。当事人，即本案的违反治安管理行为人、被侵害人。近亲属，是指当事人的夫妻、父母、子女、同胞兄弟姐妹。如果与本案有上述关系的，则必须回避。否则，由于案件处理结果与他们有直接或间接的关系，既可能影响案件的公正处理，也会导致社会公众对执法公正的疑虑。

2. 本人或者其近亲属与本案有利害关系的

本人或他的近亲属虽然不是本案当事人或者当事人的近亲属，但与本案有直接或间接的利害关系，在这种情况下也可能会影响案件的公正性，所以应当回避。

3. 与本案当事人有其他关系，可能影响案件公正处理的

这里的其他关系，是指除"1、2"项以外的关系。比如师生关系、同学关系等。需要注意的是仅有这些关系还不足以构成回避的条件，关键要看其是否可能影响案件的公正处理。只有同时具备两个要件，才构成这一回避的理由。

此外，还需要注意的是在同一案件中，证人或鉴定人不能再担任该案件的办案人员。因为在此前他们已经提供过证言或鉴定结论，对某一事实已经形成自己的看法，如果再由他们充当本案的办案人员，容易先入为主，主观臆断，将会影响对案件事实的正确认定和公正处理。

（三）治安案件回避的适用对象

根据《治安管理处罚法》第八十一条和《公安机关办理行政案件程序规定》第二十三条的规定适用回避的对象应当包括以下几种人员：

（1）办理治安案件的公安机关负责人。公安机关负责人虽然不负责具体治安案件的办理，但他们会参与案件的决策，可能会影响对案件的公正处理。

（2）办理治安案件的办案人员。办案人员即具体负责办理治安案件的公安机关人民警察。包括直接办案人员和协助办案人员。

（3）鉴定人和翻译人员。因为鉴定人和翻译人员对治安案件的调查处理也同样具有影响作用。

（四）治安案件回避的种类

根据《行政处罚法》和《公安机关办理行政案件程序规定》的规定，治安案件回避分为自行回避、申请回避和指令回避三种形式。

1. 自行回避

自行回避，是指公安机关负责人、办案人员以及其他适用回避的人员依据法定的回避理由而自行提出回避请求的情形。申请自行回避的应当说明理由。

2. 申请回避

申请回避，是指违反治安管理行为人、被侵害人或者其法定代理人认为公安机关负责人、办案人员以及其他适用回避的人员具有应当回避的法定情形，而公安机关负责人、办案人员没有主动自行回避时，依法提出申请，要求其回避的制度。

申请回避，是当事人及其法定代理人的法定权利，任何机关和个人无权干涉或剥夺。公安机关在办理治安案件时，应当向当事人及其法定代理人告知这一权利。当事人及其法定代理人申请回避，既可以书面方式提出，也可以口头方式提出。对于当事人及其法定代理人口头提出申请的，公安机关应当记录在案。但无论以哪种方式提出申请，均须详细具体地说明回避理由。

3. 指令回避

指令回避，是指公安机关负责人、办案人员具有应当回避的情形，本人没有自行申请回避，当事人及其法定代理人也没有申请其回避的，公安机关负责人有权作出决定，指令他们回避的制度。指令回避体现了加强公安机关内部执法监督的宗旨,有利于保证公安行政执法活动客观、公正地进行,防止出现不必要的失误。

(五) 治安案件回避的决定

《治安管理处罚法》第八十一条第二款规定:"人民警察的回避,由其所属的公安机关决定;公安机关负责人的回避,由上一级公安机关决定。"因此,关于治安案件回避的决定机关,一般办案人员的回避,由其所属公安机关负责人决定;公安机关负责人的回避,由上一级公安机关负责人决定。

《公安机关办理行政案件程序规定》第二十三条第二款规定:"鉴定人、翻译人员的回避,由指派或者聘请的公安机关决定。"

根据《公安机关办理行政案件程序规定》第二十四条的规定,在公安机关作出回避决定前,办案人员不得停止对行政案件的调查。这是由公安执法工作的特殊性决定的。

根据《公安机关办理行政案件程序规定》第二十五条的规定,公安机关办理治安案件过程中,被决定回避的公安机关负责人、办案人员、鉴定人和翻译人员,在回避决定作出以前所进行的与案件有关的活动是否有效,由作出回避决定的公安机关根据案件情况决定。

【任务实施】

结合案例和相关知识,通过训练,使学生能够掌握公安机关受理治安案件的范畴,判断案件是否应由公安机关主管,能够确定应该由公安机关主管的案件,应由哪个地方的公安机关管辖。熟练办理管辖争议相关法律事务。

一、训练方法

参训学生 8 名为一组,分角色扮演。由 4 名学生分别模拟武汉市公安局江汉区公安分局的办案民警和重庆市江北区公安分局的办案民警,1 名学生模拟范彪,3 名学生模拟被骗农民。

二、实施步骤

步骤 1:审查案件基本资料,确定案件争议的性质。

步骤 2:根据《治安管理处罚法》等相关规定,明确案件是否应由公安机关管辖。

步骤 3:根据《治安管理处罚法》等相关规定,明确案件应由武汉市公安局江汉区公安分局管辖还是由重庆市江北区公安分局管辖。

【任务评价】

实训课任务考核标准如表 3-1 所示。

表 3-1　　　　　　　　　实训课任务考核标准（1）

考核内容	权重（100 分）	标准	得分
特殊管辖	40	正确判断案件有无特殊管辖的问题	
级别管辖	30	正确判断案件的级别管辖	
地域管辖	30	正确判断案件的地域管辖	

【拓展练习】

1. 简述治安案件受理的条件。
2. 简述治安案件回避的理由。

任务二　治安案件的证据与调查

【任务引入】

张某，男，23 岁；吴某，男，24 岁。张某与吴某都是无业青年，成天无所事事，到处闲逛。某天下午，张某与吴某在附近买西瓜，称好之后，以未带钱为由，将瓜强行拿走。吃完瓜，两人去市里各买了双皮鞋后来到市中心最大的商场门口，见来往人群熙熙攘攘，两人便想捉弄一下众人。他俩将装有皮鞋的黑色塑料袋扔到众人中间，大喊道："塑料袋里有炸弹"。其他人听到两人喊叫不知所措，也不知道真假但都慌张躲避。张某和吴某的行为恰好被巡逻民警看到，被当场抓获后，由于害怕，两人马上交代了不是炸弹。经检验袋里装的只是普通皮鞋，商场门口经历了短暂的骚乱后很快恢复了正常。

对张某、吴某的违法行为可以用哪些方法进行调查？

【教学场景】

1. PPT 案例展示。
2. 学生模拟案例。

【相关知识】

一、治安案件的证据

证据是认定案件事实的客观依据。没有证据，案件的事实就无法认定，更无法追究违法行为人的法律责任。因此，在治安案件的调查中，证据是极其重要的。没有证据治安案件就无法进行。

(一) 治安案件证据的概念及特征

1. 治安案件证据的概念

证据，是指法律规定能够用来证明案件事实的材料。符合法律规定，能够证明治安案件事实存在与否的客观事实都是治安案件的证据。

2. 治安案件证据的特征

根据证据法学以及治安案件证据的规定和治安案件办理实践，治安案件的证据应具备以下特征：

（1）客观性，也叫真实性，是指治安案件的证据本身必须是客观真实存在的，不是想象和捏造的。它不以人的意志为转移。具体要求证据的存在及表现形式是看得见、摸得着的；证据反映的内容是真实可靠的。强调证据的客观性，有利于揭露案件的事实真相，对违反治安管理行为人作出正确的处罚。

（2）关联性，也叫相关性，是指治安案件的证据本身与治安案件事实具有逻辑联系，能够反映治安案件事实的情况。这种逻辑联系可以是证实关于治安案件的某个待证事实，也可以是证伪关于治安案件的某个待证事实。例如，证人亲眼看到张三盗窃的事实，能够证明案件的真实情况，就可以成为该案的证据。该案件发生的时间段内，李四可以提供不在场证明，该不在场证明也可以证明案件的真实情况，也可以作为该案的证据。

（3）法律性，也叫合法性，是指治安案件的证据本身依法取得并符合法律规定的种类要求。治安案件证据的法律性包括两个内容：一是证据本身依法取得；二是证据本身属于法律规定可以作为证据的事物。

(二) 治安案件证据的种类

根据《公安机关办理行政案件程序规定》第二十六条的规定，公安机关查处治安案件的证据种类主要有：

（1）物证。物证是指以其物质属性或外在表现反映治安案件事实的物品、痕迹。在实践中治安案件的物证多种多样，常见的有违法工具、违法痕迹、违法行为侵害的客体等。

物证是以其本身所具有的物质特征来证明案件的真实情况的，这是物证区别于其他证据的特征。物证具有相对稳定性，对其证明的案件证明作用相较于言词证据而言具有较强的证明力。

（2）书证。书证是指以文字、图画、符号等所表达的内容反映治安案件事实的证据材料。

实践中，书证的载体多以纸张形式出现，需要注意的是，纸张只是证据的载体而已，具体的内容才是可以证明案件真实情况的证据。

物证和书证都是以物质形式表现出来的，有其相似之处。如何区分物证与书证？物证是以其存在的状态、外部特征、物质属性反映治安案件的事实；书证是以其记载的内容反映治安案件的事实。在某些特殊情形下，物证和书证可以有同一个载体。

（3）被侵害人陈述和其他证人证言。被侵害人陈述是指合法权益被违法行为直接侵害的人就其了解的案件事实情况向公安机关所作的陈述。通常被侵害人陈述能较好地反映案件的事实情况，但是，也有可能夸大、隐瞒、失真、失忆。

证人证言是指除了办案人员、违法嫌疑人和被害人之外的其他知情人员，就其直接、间接了解的有关案件事实情况向公安机关所作的陈述。证人证言是实践中应用较为广泛的一种证据，并非所有人都可以成为证人。我们认为证人起码应具备以下条件：了解案件真实情况；具有辨别是非且有正确表达的能力。

（4）违法嫌疑人的陈述和申辩。违法嫌疑人的陈述和申辩是指在案件办理过程中，违法嫌疑人向公安机关所作的关于案件事实情况的陈述和申辩。违法嫌疑人若能够如实陈述和申辩，则其陈述和申辩通常能够全面反映治安案件事实情况。但实际情况是违法嫌疑人的陈述和申辩真假混杂，具有不稳定性。违法嫌疑人的陈述和申辩与被害人陈述和其他证人证言一样容易失真，所以我们需要利用实物证据去补证。

（5）鉴定意见。鉴定意见是指依法具有鉴定资格的专业人员，运用专门知识、专业技能或专业设备和材料，依照法定程序，对案件中涉及的专门性问题所作出的结论性意见。鉴定包括法医鉴定、司法精神鉴定、痕迹鉴定、笔迹鉴定、司法会计鉴定、司法化学鉴定、一般技术鉴定等。

（6）勘验、检查、辨认笔录，现场笔录。勘验、检查笔录，是指公安机关对违法现场和因为事实或者法律的原因不能收存的物证进行就地勘查、检验、分析、测量后所作的勘验、检查实况记录。辨认笔录，是指公安机关人民警察在调查违反治安管理行为过程中进行辨认活动所作的一种记录。案件的辨认现场笔录，是指公安机关人民警察当场向违法嫌疑人及其他证人，就现场发现的违法行为进行调查的文字记录。

笔录是对勘验、检查、辨认和现场对象、过程和结果的机械性描述，不能掺杂笔录人的主观因素。

（7）视听资料、电子证据。视听资料也叫声像资料、音像资料，是指以录音带、录像带等声光技术设备所存储的声音、图像等反映案件事实的材料；电子证据是指以电子形式表现出来的、用于证明案件事实的数据。视听资料和电子证据往往具有直观、形象、准确、科学、综合的特征，但也容易伪造加工，应由专业技术人员运用专门的技术设备进行审查。通常视听资料与电子证据的区别在于：视听资料是凭借声光技术设备产生、储存、利用、消灭，而电子证据是凭借电子设备产生、存储、利用、消灭。

（三）证据的分类

实践中，各种证据的特征、内容及证明作用都不相同，证据证明作用的大小、证明能力的强弱也不尽相同。证据作为认定案件事实的依据极为重要，所以要对证据进行深入分析，便于在实践中正确运用。除了对治安案件证据的上述法定分类之外，我们还可以根据其他标准对治安案件证据进行其他分类。

（1）直接证据与间接证据。根据证据与待证治安案件事实之间的关系不同，治安案件证据可以分为直接证据与间接证据。直接证据，是指能够直接单独反映治安案件事实情况的证据；例如，违法嫌疑人的陈述和申辩；目击了整个案件过程的证人的证人证言等。间接证据，是指不能直接单独反映治安案件事实情况，需借助其他事实，先反映其他事实，通过推理才能反映治安案件事实情况的证据。例如，违法现场留下的痕迹；放在家里的赃物等。

可以说，从直接证据我们能够看到案件的某一全貌，而间接证据只能看到案件的某一部分。因此，如果一个案件只有间接证据的情况下，必须把一定数量的间接证据集合起来，才能够看到事实的全过程。

（2）原始证据与传来证据。根据证据的来源不同，治安案件证据可以分为原始证据与传来证据。原始证据是指直接来源于治安案件事实的证据，也可以称为"第一手材料"。例如，违法现场留下的脚印、指纹等。传来证据是指由原始证据派生的经过中间环节的证据，也可以称为"第二手材料"。例如，物证的复制品、书证的副本等。

一般来讲，原始证据的证明能力要大于传来证据的证明能力，原始证据直接来自案件本身，而传来证据不是直接来源于案件事实，是经过复制、转述的，来源于原始证据。因此，在使用传来证据时必须受到一定的限制。

（3）言词证据和实物证据。根据证据的表现形式不同，治安案件的证据可以划分为言词证据和实物证据。言词证据，是指表现为人的叙述的证据，包括被侵害人陈述和其他证人证言，违法嫌疑人的陈述和申辩，鉴定意见。凡是表现为物品或者痕迹的证据，是实物证据。如物证、书证，勘验、检查、辨认笔录，现场笔录、视听资料、电子数据都是实物证据。

与实物证据相比，言词证据形象、直观，容易辨别出它与案件事实的联系但由于它是对感受到的案件事实的陈述，因而其形成过程比较复杂，要受感受阶段、记忆阶段和表达阶段等诸多因素的影响，其内容很容易失真。因此，我们需要用实物证据来佐证言词证据的真实性。

二、治安案件调查的内容

公安机关要对治安案件作出合法、公正的处理，就必须对有关案件的事实情况进行缜密的调查。根据《公安机关办理行政案件程序规定》第五十条的要求，治安案件需要调查的案件事实包括：

（1）违法嫌疑人的基本情况。主要包括违法嫌疑人的姓名、出生日期、性别、户籍所在地、民族、文化程度、工作单位、现住址、身份证号码等，必要时调查其家庭主要成员情况，是否受到过刑事处罚或行政拘留、强制戒毒等情况。

（2）违法行为是否存在。公安机关处理治安案件的前提是违法事实已经存在，而且需要经过查证属实，违法事实是否存在并不以办案人员的主观意志为转移，办案人员必须经过调查核实。

（3）违法行为是否为违法嫌疑人实施。确定了违法行为的存在，还必须调查确定违法行为是否确为违法嫌疑人实施，即要确认违法事实与违法嫌疑人之间是否有因果联系，违法嫌疑人实施违法行为是否已经有证据证明。

（4）实施违法行为的时间、地点、手段、后果以及其他情节。这是案件事实的关键所在，也是调查工作的主要任务，确定了违反治安管理行为人之后，还必须对其具体实施违法行为的时间、地点、手段、后果以及其他情节等进行查证。

（5）违法嫌疑人有无法定从重、从轻、减轻以及不予行政处罚的情形。为了体现教育和处罚相结合与罚责相适应原则，公安机关在查明案件事实的基础上，还需要查明行为人是否具有法定的从重、从轻、减轻以及不予处罚的情形，并根据法律规定在对其作出处罚决定或者采取其他行政措施时予以充分考虑。

（6）与案件有关的其他事实。一般来说，上述五项案件事实调查清楚后即可以着手对案件依法作出决定或者采取相应的行政强制措施，是否需要调查与案件有关的其他事实，需要办案民警根据案件的具体情况加以确定。

三、治安案件调查中的传唤

在治安案件调查程序中，传唤是不可缺少的重要程序之一。

《治安管理处罚法》第八十二条规定："需要传唤违反治安管理行为人接受调查的，经公安机关办案部门负责人批准，使用传唤证传唤。对现场发现的违反治安管理行为人，人民警察经出示工作证件，可以口头传唤，但应当在询问笔录中注明。公安机关应当将传唤的原因和依据告知被传唤人。对无正当理由不接受传唤或者逃避传唤的人，可以强制传唤。"

传唤，是指治安案件的办案机关和办案人员，对违反治安管理行为人或嫌疑人，限令其在指定时间到指定地点接受询问的一项法律措施。传唤的目的是查明案情，获取证据，便于及时、正确地处理治安案件。

公安机关询问违法嫌疑人，可以到违法嫌疑人住处或者单位进行，也可以将违法嫌疑人传唤到其所在市、县内的指定地点进行。

1. 传唤的方式

（1）口头传唤。口头传唤时，执法人员应当出示工作证件，表明自己的身份，并向违反治安管理的人说明传唤的理由、地点和目的，然后责令被传唤人按指定时间到指定地点接受询问、取证或裁决。

《治安管理处罚法》第八十二条第一款规定，对现场发现的违反治安管理行为人，人民警察经出示工作证件，可以口头传唤，但应当在询问笔录中注明。

《公安机关办理行政案件程序规定》第六十七条规定，对现场发现的违法嫌疑人，人民警察经出示工作证件，可以口头传唤，并在询问笔录中注明违法嫌疑人到案经过、到案时间和离开时间。

（2）书面传唤。书面传唤，是指公安机关对违反治安管理行为人使用《传唤证》命令其于指定时间到达指定地点接受询问的方式。

《公安机关办理行政案件程序规定》第六十七条第一款规定："需要传唤违法嫌疑人接受调查的，经公安派出所、县级以上公安机关办案部门或者出入境边防检察机关负责人批准，使用传唤证传唤。对现场发现的违法嫌疑人，人民警察经出示工作证件，可以口头传唤，并在询问笔录中注明违法嫌疑人到案经过、到案时间和离开时间。"第四款规定："公安机关应当将传唤的原因和依据告知被传唤人，并通知其家属。公安机关通知被传唤人家属适用本规定第五十五条第一款第五项的规定。"第六十八条规定："使用传唤证传唤的，违法嫌疑人被传唤到案后和询问查证结束后，应当由其在传唤证上填写到案和离开时间并签名。拒绝填写或者签名的，办案人民警察应当在传唤证上注明。"

（3）强制传唤。《治安管理处罚法》规定，对无正当理由不接受传唤或者逃避传唤的，公安机关可以强制传唤。强制传唤由公安人员执行。

《公安机关办理行政案件程序规定》第六十七条第三款规定："对无正当理由不接受传唤或者逃避传唤的违反治安管理、出境入境管理的嫌疑人以及法律规定可以强制传唤的其他违法嫌疑人，经公安派出所、县级以上公安机关办案部门或者出入境边防检察机关负责人批准，可以强制传唤。强制传唤时，可以依法使用手铐、警绳等约束性警械。"

强制的方法应以能将被传唤人传唤到公安机关为限度。执行时，应注意不得辱骂、伤害被传唤人。对经传唤、询问的违反治安管理的行为人，如果再次需要查证应当重新履行传唤手续，但不得连续使用传唤手段。

2. 制作《传唤证》和《呈请传唤报告》

3. 传唤与刑事传唤、继续盘问的区别

（1）传唤与刑事传唤的区别。两者之间在适用对象、适用的时间、法律文书的制作要求和适用法律依据等方面存在不同。

（2）传唤与继续盘问的区别。虽然传唤与继续盘问都是公安机关在办理治安案件时可以采用的法律措施，但使用时应注意两者的区别，不得重叠使用。因为盘问和检查是公安机关在维护社会治安秩序或发现犯罪嫌疑人时，立即、当场进行的；而传唤是针对治安案件中特定调查对象（即违反治安管理嫌疑人）的，不能将特定的违法嫌疑人以传唤手段带至公安机关后，将其留置，这不符合《人民警察法》的有关规定。

四、治安案件调查的方法

法律规定能够用来证明治安案件事实存在与否的客观事实、必须经过证据收集与固定保全工作才能转化为治安案件证据，根据《治安管理处罚法》《公安机关办理行政案件程序规定》等规定，治安案件证据的收集与固定保全主要有以下途径：

（一）询问违反治安管理行为人

询问违反治安管理行为人，是指公安机关为了查明和证实治安案件的事实真相，依法对涉嫌违反治安管理的行为人进行询问，以获取其供述和辩解的一种调查方法。根据《治安管理处罚法》第八十二条、第八十三条的规定，需要传唤违反治安管理行为人接受调查的，可以依法使用传唤证传唤、口头传唤或者强制传唤，传唤后公安机关应当及时询问查证。

1. 询问违反治安管理行为人的主要任务

对违反治安管理行为人进行询问的任务，就是通过询问涉嫌违反治安管理的行为人，听取其对自己作案行为的供述和辩解，结合其他调查，查明案件的全部真实情况。其任务主要包括：

（1）复核已掌握的案件事实和案件证据，补充收集没有掌握的事实和证据，以查清全部案件事实真相。

（2）追查共同违反治安管理行为人，发现本案和本案以外的线索，以破获"积案"和"漏案"。

（3）听取其辩解，全面、客观地判断案情，及时发现和纠正办案工作中的疏忽和错误，防止出现错案、假案或不适当的处罚。

（4）了解和掌握作案人或作案嫌疑人的个性特点、行为原因、认错态度，以便确定询问策略和方法。

（5）对违反治安管理行为人进行道德、法律教育，促使其认识错误和改正错误。

2. 询问违反治安管理行为人的主要步骤

（1）询问的准备。

①初步分析案情，确定询问人员。

②制订询问方案，针对不同案情，合理发问。询问方案应当包括以下主要内容：案情分析；被询问人的特点；询问的目的任务；询问人员及分工；询问方法步骤策略。询问发问的常用方法有：命令式、试探式、迂回式、进逼式、追踪式、突发式、劝导式、跳跃式等。

（2）询问的实施。

询问方案制订后，询问人员应当依据询问方案开展询问，一般不要轻易改变原定方案，但是，具体询问工作复杂多样，随着询问工作的进展，若确实需要变更方案的，应当及时变更询问方案，再按照变更后的方案开展询问。

①询问内容。询问违反治安管理嫌疑人的主要内容是：被询问人的基本情况；违反治安管理行为是否存在；违反治安管理行为是否为被询问人实施；被询问人实施违反治安管理行为的时间、地点、起因、手段、对象、后果等情节；有无法定从重、从轻、减轻以及不予处罚的情形；与案件有关的其他事实。

②首次询问前的告知。应当告知其享有的下列权利：有权拒绝回答与案件无关的询问；有权进行陈述和申辩；有权申请执法人员回避；有权请求调查有利于自己的事实和证据。

③陈述、辩解的连贯性。违法嫌疑人进行陈述和没有违法或者进行应当从轻、减轻、不予处罚的辩解时，除内容前后重复或者明显与案件无关外，执法人员应当允许其连贯进行。

④录音录像。询问违法嫌疑人时，可以进行录音、录像，并可以作为证明询问

程序合法性的证据。

（3）询问的要求。

根据《治安管理处罚法》《行政处罚法》和《公安机关办理行政案件程序规定》的有关规定，询问违反治安管理嫌疑人应当注意以下几个问题：

①询问人员和询问对象。询问的人员必须由办案民警担任，且人数不得少于两人，不能由非公安机关民警进行询问，也不能由一名民警自审自问。

询问对象。询问对象是违反治安管理行为人或嫌疑人，对同案中不同的违反治安管理行为人、嫌疑人要分别进行询问。在询问过程中，要保障询问对象的合法权益，主要包括：陈述权和申辩权；申请回避权；拒绝回答与本案无关问题的权利；控告权；休息权。

②询问时间。《治安管理处罚法》第八十三条规定："对违反治安管理行为人，公安机关传唤后应当及时询问查证，询问查证的时间不得超过八小时；情况复杂，依照本法规定可能适用行政拘留处罚的，询问查证的时间不得超过二十四小时。"

询问查证的时间，是指公安机关每一次传唤违反治安管理行为人后对其进行询问的时间，不是指整个治安案件的全部询问查证时间。根据《治安管理处罚法》第八十三条第一款的规定，对违反治安管理行为人询问查证的时间不得超过8小时；情况复杂，依照《治安管理处罚法》的规定可能适用行政拘留处罚的，询问查证的时间不得超过24小时。这里所说的询问查证时间不得超过8小时，是指从被传唤人到案接受调查之时起到其可以自由离开时止，总计时间不能超过8小时。如需延长询问查证的时间到24小时必须同时满足情况复杂和依照《治安管理处罚法》规定可能适用行政拘留处罚两个条件。需要对违反治安管理行为人适用超过8小时询问查证时间的，需口头或者书面报经公安机关或者其办案部门负责人批准。对口头报批的，办案民警应当记录在案。不得以连续传唤的形式变相拘禁违法嫌疑人。非经强制传唤的，不得以限制人身自由的方式进行询问。

③按照规定制作询问笔录。询问笔录是公安机关人民警察在对违反治安管理行为人询问查证活动中，依法制作的如实记载调查人员提问和违反治安管理行为人陈述和辩解的文书。它是一种具有法律效力的书面文件，经过查证属实的询问笔录，是认定案件事实的证据之一，因此，在制作询问笔录时必须依法进行。《治安管理处罚法》第八十四条第一款规定："询问笔录应当交被询问人核对；对没有阅读能力的，应当向其宣读。记载有遗漏或者差错的，被询问人可以提出补充或者更正。被询问人确认笔录无误后，应当签名或者盖章，询问的人民警察也应当在笔录上签名。"如果被询问人拒绝签名或盖章的，询问的人民警察应在笔录上注明情况和原因。为方便保存，在制作询问笔录时应当使用钢笔、签字笔或者能够长期保持笔迹

的墨水书写，不能使用圆珠笔或者铅笔。

④保障被询问人自行提供书面材料的权利。《治安管理处罚法》第八十四条第二款规定："被询问人要求就被询问事项自行提供书面材料的，应当准许；必要时，人民警察也可以要求被询问人自行书写。"人民警察收到违反治安管理行为人的书面陈述后，应当在该书面材料上注明收到的具体时间，并签名。

⑤对特殊违法行为人的保护。《治安管理处罚法》第八十四条第三款规定："询问不满十六周岁的违反治安管理行为人，应当通知其父母或者其他监护人到场。"询问未成年人时，应当通知其父母或者其他监护人到场，其父母或者其他监护人不能到场的，也可以通知未成年人的其他成年亲属，所在学校、单位、居住地基层组织或者未成年人保护组织的代表到场，并将有关情况记录在案。确实无法通知或者通知后未到场的，应当在询问笔录中注明。

⑥按照规定配备翻译人员。公安机关在对违反治安管理行为人进行询问时遇到特殊情况时应为被询问人配备翻译人员。《治安管理处罚法》第八十六条规定："询问聋哑的违反治安管理行为人、被侵害人或者其他证人，应当有通晓手语的人提供帮助，并在笔录上注明。询问不通晓当地通用的语言文字的违反治安管理行为人、被侵害人或者其他证人，应当配备翻译人员，并在笔录上注明。"按照规定配备翻译人员是公安机关的法定义务。在询问笔录中，不仅要注明被询问人的聋哑情况、不通晓当地通用语言文字的情况，而且要注明相关翻译人员的姓名、工作单位、住址、职业等基本情况，并应要求通晓手语、当地通用语言文字的人员在询问笔录上签名。

（二）询问证人、受害人

询问被侵害人或者其他证人，是指公安机关为了查明案件事实，收集、核实证据，而向被侵害人或者其他证人进行查询的一种调查活动。

《治安管理处罚法》第八十五条第一款规定："人民警察询问被侵害人或者其他证人，可以到其所在单位或者住处进行；必要时，也可以通知其到公安机关提供证言。"根据该规定，公安机关的人民警察在询问被侵害人或者其他证人时可以根据案件具体情况和被侵害人或者其他证人的情况确定询问地点。为了保护公民的合法权益，加强对人民警察的监督，《治安管理处罚法》第八十五条第二款规定："人民警察在公安机关以外询问被侵害人或者其他证人，应当出示工作证件。"

询问的有关方面：

（1）询问性质。询问是公安机关办案人员依法对行政违法案件的证人和受害人了解案件情况的调查活动。

（2）询问的对象。询问的对象是证人和受害人。凡是知道案件情况的人，都有作证的义务。生理上、精神上有缺陷或者年幼、不能辨别是非、不能正确表达的人，不能作为证人。

询问证人应个别进行，不能把证人召集在一起让他们互相提示。

（3）询问未成年人。询问未成年的证人、受害人，应当到其住所、学校、单位或者其他适当地点进行。必要时，也可以在公安机关进行。

（4）询问内容的保密。询问内容如果涉及国家秘密、商业秘密以及个人隐私，公安机关办案人员应当注意保密。

（5）办案人员不得向证人、受害人透露案情，办案人员不能表示对案件的倾向性意见，不能引导、暗示证人或者受害人的陈述方向，严禁使用威胁、利诱和其他非法方法询问证人、受害人。

（三）勘验

勘验，是指对治安案件现场或者物证所作的勘察和检验的法律活动，是及时调查取证了解案情的一种方法。违法行为案发现场是治安案件证据的重要来源，因此，对违法行为案发现场的勘验为收集治安案件证据的重要途径。

勘验方法：勘验现场应当拍摄现场照片、制作现场图，必要时可以进行录像。

不适合随卷保存的物证应当拍成照片附在卷后，将原物依法销毁。对赌博案件现场查获的赌具、赌资，应当依法予以收缴。赌资应逐人分清，分别收缴。不能逐人分清的赌资，单独收缴。必要时，对赌博现场进行拍照或者录像。

（四）检查

检查，是指对与违反治安管理行为有关的场所、物品、人身进行查验的法律活动。与违反治安管理行为有关的场所、物品、人身也是治安案件证据的重要来源，因此，对与违反治安管理行为有关的场所、物品、人身进行检查也是收集治安案件证据的重要途径。

检查时，通过制作检查笔录、扣押、登记、收缴、提取电子数据、先行登记保存等措施，可以固定保全检查中发现的治安案件证据。

1. 检查方法

（1）人身及物品检查。公安机关执法人员在巡逻、执勤、出警等现场执法或者日常治安行政管理活动中，经出示执法证件，对当场发现的违法嫌疑人的人身以及随身携带的物品、使用的交通工具进行检查或者进入有关场所进行检查。公安机关人民警察在遇到法定应当履行职责的情形，经出示执法证件后，可以行使前款规定的权力。

（2）人身检查。需要确定受害人、违法嫌疑人的身体特征、伤害情况或者生理状态的，可以对其身体进行检查。违法嫌疑人拒绝检查的，必要时可以进行强制检查；受害人拒绝检查的，致使案件事实不能查清的，对违法嫌疑人不予处理。

（3）身体的检查。对身体的检查，应当由两名同性别警察或者医师进行，不得有侮辱人格或者有伤风化的行为。

（4）场所检查。除现场执法外，执法人员对正在进行违法活动或者可能隐藏违法嫌疑人、证据的场所进行检查时应当持检查证并经县级以上公安机关负责人批准；情况紧急的，除私人住宅外，执法人员可以持执法证件对场所进行检查，紧急情况应当在检查笔录上注明。执法人员经出示执法证件，表明身份和检查意图后，当事人拒绝检查的，可以进行强制检查，但应当避免对人身和财物造成损害。对场所进行检查时，应当有被检查人、成年家属或者其他见证人在场。

2. 持检查证检查的情形

（1）可能隐藏违法嫌疑人或者证据的场所。检查公民住所应当出示县级以上人民政府公安机关开具的检查证明文件。

（2）检查单位。对确有必要立即进行检查的，人民警察经出示工作证件，可以当场检查。

3. 检查笔录的制作

《公安机关办理行政案件程序规定》第八十六条规定："检查情况应当制作检查笔录。检查笔录由检查人员、被检查人或者见证人签名；被检查人不在场或者拒绝签名的，办案人民警察应当在检查笔录中注明。"

《治安管理处罚法》第八十八条规定："检查的情况应当制作检查笔录，由检查人、被检查人和见证人签名或者盖章；被检查人拒绝签名的，人民警察应当在笔录上注明。"

（五）鉴定、检测

鉴定意见和检测结论都是公安行政案件的重要法定证据种类。为了查明治安案件事实，有时必须要解决案件中有争议的专门性问题，因此，公安机关指派或者聘请依法具有鉴定检测资格的专业人员，运用专门知识、专业技能或专业设备和材料，依照法定程序，对治安案件中涉及的专门性问题进行鉴定、检测就成为收集专门性问题证据的重要途径。

1. 鉴定

鉴定是指办案部门为了查明案情，解决案件中的某些专门技术性问题，由办案机关指派或者聘请有专门知识的人或者机构对该专门技术性问题进行鉴别和判断的一种调查活动。例如：伤害程度的鉴定，特别是轻伤与轻微伤的鉴定，赃物价值鉴定、损坏物品价值鉴定、淫秽物品鉴定、精神病人的责任能力鉴定、物证、书证鉴定等。

公安机关应当为鉴定提供必要的条件，及时送交有关检材和比对样本等原始材料，与鉴定有关的情况，并且明确提出要求鉴定解决的问题，但是不得暗示或者强迫鉴定人的某种鉴定意见。

(1) 司法精神病鉴定。对精神病的医学鉴定，应当由省级人民政府指定的医院进行。对违法嫌疑人拒绝接受精神病医学鉴定的，经县级以上公安机关负责人批准，必要时可以进行强制鉴定。进行司法精神病鉴定的，公安机关应当通知被鉴定人的监护人或者近亲属到场。无法通知或者通知后拒不到场的，执法人员应当制作书面记录并由两名执法人员签名。

(2) 人身伤害鉴定。对人身伤害的鉴定，应当由法医或者具有法医学鉴定资格的人员进行。必要时，公安机关也可以委托县级以上具有鉴定资格的医院进行。卫生行政主管部门许可的医疗机构有执业资格的医生出具的诊断证明，可以作为公安机关认定人身伤害程度的依据。

人身伤害案件具有下列情形之一的，公安机关应当进行伤情鉴定：受伤程度较重，可能构成轻伤以上伤害程度的；被侵害人要求作伤情鉴定的；违法嫌疑人、被侵害人对伤害程度有争议的；其他应当作伤情鉴定的情形。

公安机关办理人身伤害案件，在询问时应当告知当事人有权申请伤情鉴定，告知情况应当在询问笔录中注明。当事人要求进行伤情鉴定的，公安机关应当告知伤情鉴定的期限。经公安机关通知，被侵害人无正当理由逾期不作伤情鉴定的，视为拒绝鉴定。因被侵害人拒绝提供医院诊断证明或者拒绝进行伤情鉴定，致使伤害程度无法认定、案件事实无法查清的，公安机关应当将有关情况记录在案，并可以根据已认定的事实作出处理决定。

(3) 涉案物品的价值鉴定。涉案物品价格不明或者价格难以确定的，公安机关应当委托指定的估价机构估价。但根据当事人提供的购买发票等票据能够认定价值的涉案物品，或者价值明显不够刑事立案标准的涉案物品，公安机关可以不进行价格鉴定。

(4) 淫秽物品鉴定。国内正式出版发行的出版物由省级以上新闻出版和音像管理部门鉴定，除此以外的非法出版物由地、市级以上的公安机关的专门部门鉴定。

2. 鉴定意见

鉴定人鉴定后，应当出具鉴定意见。鉴定意见应当载明委托人、委托鉴定的事项、提交鉴定的相关材料、鉴定的时间、依据和结论性意见等内容，并由鉴定人签名或者盖章。通过分析得出鉴定意见的，应当有分析过程的说明。鉴定人对鉴定意见负责，不受任何机关、团体、企业、事业单位和个人的干涉。多人参加鉴定，对鉴定意见有不同意见的，应当注明。

3. 补充鉴定和重新鉴定

补充鉴定是在原鉴定结论的基础上，为了完备原鉴定结论而对其中的个别问题进行再次鉴定，以修补或补充所出具的鉴定结论。鉴定报告不完整或者鉴定结论不明确的，委托机关可以要求进行补充说明或者进行补充鉴定；当事人收到鉴定结论后，对鉴定结论的某些问题有异议并提出适当的理由和有价值的材料时，可以要求补充鉴定。

重新鉴定是委托机关在对原鉴定结论进行审查后，认为原鉴定结论难以取信时，委托原鉴定人以外的鉴定人对经过鉴定的同一专门性问题再次进行鉴定。

公安机关应当及时将鉴定意见告知违法嫌疑人和被侵害人。违法嫌疑人或者被侵害人对鉴定意见有异议的，可以在3日内提出重新鉴定的申请，经公安机关审查批准后，进行重新鉴定。当事人申请重新鉴定的，必须提出充分理由和根据。公安机关认为必要时，也可以直接决定进行重新鉴定。重新鉴定以一次为限。重新鉴定，公安机关应当另行指派或者聘请鉴定人。当事人是否申请重新鉴定，不影响案件的正常办理。

鉴定具有下列情形之一的，公安机关应当进行重新鉴定：鉴定程序违法，可能影响鉴定意见正确性的；鉴定人不具备鉴定所需专门知识的；鉴定意见明显依据不足的；鉴定人故意作虚假鉴定的；鉴定人应当回避而没有回避的；其他应当重新鉴定的情形。

4. 检测

对涉嫌吸毒人员，应当对其进行人体毒品成分检测。当事人对人体毒品成分的检测有异议的，可以申请重新检测。对有酒后驾驶机动车辆嫌疑的人，公安交通人民警察可以对其进行酒精度检测。

5. 鉴定、检测费用的承担

初次鉴定、检测费用由公安机关承担。重新鉴定费用由申请人承担，但原鉴定具有违法鉴定情形的除外。

（六）登记保存、扣押

1. 登记保存

登记保存也称"先行登记保存""证据保全"，是指行政机关将与案件有关的证据当场登记造册，予以暂时封存固定，他人不得动用、转移、损毁、隐匿的一种强制性保全证据的措施。

在证据可能灭失或以后难以取得的情况下，可将证据先行记载下来，并予以保存以备以后案件查证时使用。《治安管理处罚法》第八十九条规定："公安机关办理治安案件，对与案件有关的需要作为证据的物品，可以扣押；对被侵害人或者善意第三人合法占有的财产，不得扣押，应当予以登记。对与案件无关的物品，不得扣押。"《行政处罚法》第五十六条规定:"行政机关在收集证据时,可以采取抽样取证的方法;在证据可能灭失或者以后难以取得的情况下,经行政机关负责人批准,可以先行登记保存,并应当在 7 日内及时作出处理决定,在此期间,当事人或者有关人员不得毁损或者转移证据。"《公安机关办理行政案件程序规定》第一百一十条中规定,逾期不作出处理决定的,视为自动解除。

对证据先行登记保存时,应当会同证据的持有人或见证人对证的名称、数量、特征等进行登记,开具先行登记保存证据清单。必要时,应当对登记保存的证据进行拍照。先行登记保存证据清单由办案人民警察和证据持有人或见证人签名。证据持有人拒绝签名的,办案人民警察应当在先行登记保存证据清单上注明。先行登记保存证据清单一式两份,一份附卷,一份交当事人。

2. 扣押

扣押是指为进一步查明案件事实,对与案件有关的或可疑的财物、违禁品、作案工具等物品,依法采取的暂时性扣留的强制性调查措施。

(1) 扣押适用的条件。

①必须是在案件调查中发现的可用以证明案件事实的物品和文件,即物证和书证。

②扣押的证据必须是适用先行登记保存不足以防止当事人销毁或者转移的证据。

③为了保障受害人、善意第三人的合法权益,与案件无关的物品;公民个人及其所扶养家属的生活必需品以及被侵害人或者善意第三人合法占有的财产不得扣押,应当登记保存。

(2) 扣押的现场程序。

公安机关人民警察扣押物品时,应当会同被扣押物品的持有人查点清楚,当场开列扣押物品清单一式两份,写明扣押的理由,被扣押物品的名称、规格、数量、特征,由办案人民警察和被扣押物品的持有人签名后,一份交给被扣押物品的持有人,一份附卷。有见证人的,还应当由见证人签名。

对可以作为证据使用的录音带、录像带、电子数据存储介质,在扣押时应当予以检查,记明案由、内容以及录取和复制的时间、地点等,并妥善保管。

(3) 扣押的报告及解除。

公安机关人民警察扣押物品,应当在扣押后的 12 小时内向所属公安机关办案部门或者公安派出所负责人报告;公安机关办案部门或者公安派出所负责人认为不宜扣押的,应当立即解除扣押。

(4) 扣押物品的保管处理。

对于扣押的物品,应当妥善保管,不得挪用、调换或者损毁。对容易腐烂变质及其他不易保管的物品，经公安机关负责人批准，在拍照或者录像后变卖或者拍卖，变卖或者拍卖的价款暂予保存，待结案后按有关规定处理。

（5）扣押期限。

扣押期限为 30 日，案情重大、复杂的，经公安机关负责人批准可以延长 30 日；法律、法规另有规定的除外。逾期不作出处理决定的，公安机关应当将被扣押物品退还当事人。但对扣押物品需要进行鉴定、检测、检验的，鉴定、检测、检验期间不计入扣押期间，但应当将鉴定、检测、检验时间告知当事人。

（七）辨认

辨认，是指对与违法行为有关的物品、场所或者违法嫌疑人进行辨别、确认的行为。辨认需在办案人民警察的主持下进行。

1. 辨认前的询问要求

组织辨认前，应当向辨认人详细询问辨认对象的具体特征，以便有针对性地组织辨认。

2. 辨认的组织

（1）辨认应当在办案人员的主持下进行，辨认由 2 名以上办案人民警察主持。组织辨认前，应当向辨认人详细询问辨认对象的具体特征，但应当避免辨认人见到辨认对象。

（2）多名辨认人对同一辨认对象进行辨认时，应当分别进行。辨认时，应当将辨认对象混杂在其他对象中，不得给辨认人任何暗示。辨认违法嫌疑人时，被辨认的人数不得少于 7 人；对违法嫌疑人照片进行辨认的，不得少于 10 人。

（3）对违法嫌疑人的辨认，辨认人不愿意暴露身份的，可以在不暴露辨认人的情况下进行，办案人民警察应当为其保守秘密。

（4）辨认经过和结果，应当制作辨认笔录，由办案人民警察和辨认人签名或捺指印。必要时，应当对辨认过程进行录音、录像。

【任务实施】

结合案例和相关知识，通过训练，使学生加深对治安案件证据的理解，掌握治安案件调查的具体内容、方法和要求，初步具备运用所学知识调查治安案件的能力。

一、训练方法

参训学生 6 名为一组，分角色扮演。由 1 名学生模拟张某，1 名学生模拟吴某，2 名同学模拟派出所办案民警，2 名学生模拟群众。

二、实施步骤

任务一：根据案件基本情况，确定案件的受理及管辖情况。
步骤1：确定张某、吴某的行为的性质。
步骤2：准确判断对该案件有管辖权的公安机关。
步骤3：受理该案并填写相关法律文书。
任务二：对该治安案件进行调查。
步骤1：可以使用询问违反治安管理行为人、询问证人等方式进行调查。
步骤2：制作相关法律文书。

【任务评价】

实训课任务考核标准如表3－2所示。

表3－2　　　　　　　　实训课任务考核标准（2）

考核内容	权重（100分）	标准	得分
主管	10	正确判断案件的性质	
管辖	10	正确判断对案件有管辖权的公安机关	
受理	10	正确实施受理治安案件的程序	
调查案件	30	正确运用治安案件调查的方法查清案件事实	
文书填写	40	正确填写受案登记表等法律文书	

【拓展练习】

1. 简述治安案件证据的种类。
2. 简述治安案件调查的内容。
3. 简述治安案件调查的方式。

任务三　治安管理处罚的决定

【任务引入】

2017年11月27日22时30分，××市公安局××义派出所民警接到群众举报，称有人在××市××区财运大厦楼下夜市出售淫秽物品。派出所民警接到举报后立即赶赴现场，到场后发现龙某（女，1963 年出生，湖南涟源市伏口镇人）出售的光碟中有淫秽片子，随后将龙某传唤到派出所接受调查。经调查，有证据证明龙某涉嫌贩卖淫秽物品。根据《治安管理处罚法》第六十八条之规定，建议对龙某处以行政罚款 500 元人民币，并收缴其出售的淫秽物品。

【教学场景】

1. PPT 案例展示。
2. 学生模拟案例。

【相关知识】

一、治安管理处罚决定概述

（一）治安管理处罚决定的概念

治安管理处罚决定，也称治安案件的裁决，是指公安机关对调查终结的治安案件或当场发现的违反治安管理行为，根据事实和法律规定，依法决定对行为人是否予以处罚和给予何种处罚的法律活动。

理解治安管理处罚决定的含义应从以下几个方面把握：

1. 治安管理处罚决定的主体是法定主体

县级以上人民政府公安机关是职权性行政主体，而公安机关派出所只有授权执行《治安管理处罚法》才拥有警告、500 元以下的罚款的处罚决定权，属于授权性行政主体。

2. 治安管理处罚决定的适用对象是违反治安管理行为人

《治安管理处罚法》第二条规定：扰乱公共秩序，妨害公共安全，侵犯人身权利、财产权利，妨害社会管理，具有社会危害性，依照《刑法》的规定构成犯罪的，依法追究刑事责任；尚不够成刑事处罚的，由公安机关依照本法给予治安管理处罚。

3. 治安管理处罚决定的实质是适用法律的活动

治安管理处罚裁决，是有权主体依据《治安管理处罚法》和有关法律、法规的规定，对违反治安管理的人及其违法行为予以审查，作出相应的处理决定。处理决定实质上是公安机关适用法律的结果。

4. 治安管理处罚决定的内容是关于处罚的决断

处罚决定的内容是对行为人予以或者不予治安管理处罚、给予何种治安管理处罚以及具体的处罚幅度的决断。包括决定处罚的种类、幅度，也包括决定采取的相关法律措施。

（二）治安管理处罚决定的特征

1. 处罚裁决是实体和程序的统一

治安管理处罚裁决对处罚种类、幅度的选择是适用法律的实体内容，而《治安管理处罚法》规定的处罚的程序性规范具体规定了公安机关行使治安管理处罚权的步骤和顺序，由此与治安管理相对人发生程序性权利和义务关系。

2. 治安管理处罚裁决是公安机关的具体行政行为

治安管理处罚裁决，是公安机关运用公安行政管理职权针对具体的违反治安管理行为人作出的处理决定，处理决定的内容产生法律效果，直接影响被处罚人的权益。

3. 治安管理处罚裁决是具有强制力的具体行政行为

处罚裁决送达给被处罚人后，被裁决处罚人就应当在法定期限内履行处罚裁决确定的内容，否则，将导致强制执行的后果。

（三）治安管理处罚决定的条件和标准

1. 治安管理处罚决定的条件

（1）查明证实有违反治安管理行为。《治安管理处罚法》第九十三条规定："公安机关查处治安案件，对没有本人陈述，但其他证据能够证明案件事实的，可以作出治安管理处罚决定。但是，只有本人陈述，没有其他证据证明的，不能作出治安管理处罚决定。"由此可见，决定治安管理处罚的首要前提是查明证实有违反治安管理行为。只有本人陈述，没有其他证据证明，显然从法律的角度不能认定有违反治安管理行为，故不能决定治安管理处罚。与此相反，即使没有本人陈述，但有其他证据能够证明案件事实的，可以作出治安管理处罚决定。

（2）依据《治安管理处罚法》，能够对违法行为人实施处罚。法律无明文规定不违法，行为人的违法事实必须违反《治安管理处罚法》的具体规定，并且依据《治安管理处罚法》的规定应当予以处罚或者承担有关法律责任。如果经过查证，行为人的违法行为不属于违反治安管理行为，就不能决定治安管理处罚。

（3）办案机关和办案人员具有法律授予的决定权。治安管理处罚的决定权，必须由公安机关及其人民警察依法实施。其他任何机关、组织和个人，都无治安管理处罚的决定权。即使公安机关内部，也必须按照治安案件的管辖分工行使决定权。

（4）依法履行相关程序。决定治安管理处罚必须依照法定程序，只有程序公正，才能保证治安管理处罚的合理合法，从而取得良好的社会效益。尤其值得注意的是《治安管理处罚法》第三条规定："治安管理处罚的程序，适用本法的规定；本法没有规定的，适用《中华人民共和国行政处罚法》的有关规定。"治安管理处罚必须按照《治安管理处罚法》和《行政处罚法》设定的程序进行。

2. 治安管理处罚决定的标准

（1）事实清楚。《公安机关办理行政案件程序规定》第一百六十六条规定："违法嫌疑人不讲真实姓名、住址，身份不明，但只要违法事实清楚、证据确实充分的，可以按其自报的姓名并贴附照片作出处理决定，并在相关法律文书中注明。"由此可见，事实清楚是决定治安管理处罚的标准之一，至于违法嫌疑人不讲真实姓名、住址，身份不明的，并不影响处罚的决定。不讲真实姓名、住址，身份不明，是指违法为人谎报或者不报自己的姓名、住址，造成公安机关对其身份难以查证、无法确定。在治安案件查处中，公安机关应当尽力查清违法行为人的身份，但更应当把主要精力放在对行为的调查取证上。

（2）证据确凿。违反治安管理事实、情节的人证、物证等各种证据齐全，并核实鉴定无误，足以证明违反治安管理的事实、情节。证据之间相互印证关联，并形成一致指向违反治安管理事实的证据体系。

（3）定性准确。决定时要在调查取证的基础上，认定行为是否属于违法行为，是犯罪行为还是违反治安管理行为或其他违法行为，是何种违反治安管理行为。只有定性准确，决定才会正确。定性必须以事实为根据，以法律为准绳。

（4）裁量适当。选择的处罚种类、幅度与所认定的违反治安管理行为种类、情形相一致，必须是在法定的处罚种类与幅度内进行决定，同时还应注意是否有法定处罚的情节。

（5）程序合法。经过普通程序裁决治安案件，受理、传唤、调查、告知、听证、审核、决定等均应符合《行政处罚法》和《治安管理处罚法》规定的程序、规则和手续。对适用简易程序处理的治安案件，也应符合法律规定的程序。程序不合法，必然带来决定结果不合法。

（6）法律文书规范。治安案件查处过程中形成的法律文书和案件材料必须符合法律文书制作的要求。法律文书的规范是治安案件查处合法的外在表现。

（四）治安管理处罚的决定权限

治安管理处罚的决定权限，是指公安机关在治安管理处罚决定权上的分工与限制。根据《治安管理处罚法》第二条的规定，治安管理处罚的实施机关是公安机关。《治安管理处罚法》第九十一条规定："治安管理处罚由县级以上人民政府公安机关决定；其中警告、五百元以下的罚款可以由公安派出所决定。"这是对公安机关处罚决定权内部分工的规定。根据这一规定，只有县级以上公安机关才有对违反治安管理行为实施处罚的决定权。公安派出所，只对警告、500元以下罚款有决定权，超过这个限度，必须由县级以上公安机关决定。

县级以上公安机关，既包括县级以上人民政府公安机关，也包括铁路、民航、交通、森林等专业部门的县级以上公安机关。铁路、交通、民航、森林公安派出所、公安科可以行使警告、500元以下罚款处罚的决定权。铁路、交通、民航、森林公安派出所与上一级公安机关不在同一县、市的，对违反治安管理人处罚超过500元的罚款或拘留处罚的，送请所在地的县、市公安局、公安分局决定。

客运列车、客运轮船运行中发生的违反治安管理行为，客运列车乘警和客运轮船乘警可以行使警告、200元以下罚款处罚的当场处罚决定权。超过权限的处罚，可以将违反治安管理的人连同证据材料交到前方站、港或违反治安管理人的终点站、港的公安派出所处理。

此外，根据《治安管理处罚法》第一百条的规定，违反治安管理行为事实清楚，证据确凿，处警告或者200元以下罚款的，可以当场作出治安管理处罚决定。

二、治安管理处罚的简易程序

（一）简易程序的含义

简易程序，是当场处罚的适用程序，是指公安机关的人民警察在依法执行职务中，依照《行政处罚法》《治安管理处罚法》的有关规定，对事实清楚、情节简单、后果轻微的违反治安管理的行为当场进行处罚的程序。

（二）适用简易程序的案件范围

《行政处罚法》第五十一条规定："违法事实确凿并有法定依据，对公民处以二百元以下、对法人或者其他组织处以三千元以下罚款或者警告的行政处罚的，可以当场作出行政处罚决定。法律另有规定的，从其规定。"《治安管理处罚法》第一百条规定："违反治安管理行为事实清楚，证据确凿，处警告或者二百元以下罚款的，可以当场作出治安管理处罚决定。"

依据该规定，适用简易程序时必须具备以下条件：

1. 执法主体是公安机关的执行职务的人民警察

当场处罚是法律赋予人民警察维护社会治安的职权，应当是人民警察在依法执行职务时对当场发现的违反治安管理行为适用。人民警察当场作出治安管理处罚决定时，是由一名人民警察直接作出决定，还是需要两名或者两名以上警察才能作出，《治安管理处罚法》并没有作出具体规定，但是，根据《公安机关办理行政案件程序规定》第三十九条第一款的规定，适用简易程序处罚的，可由人民警察一人作出行政处罚决定。

人民警察如果是在非工作时间发现有违反治安管理行为，应当予以制止，并将违法行为人送交当地公安机关或者正在值勤的人民警察处理。

2. 违法事实确凿

事实确凿即因果关系明确，被处罚人承认违法事实，不用进一步调查取证即可认定。但为了保证事实确凿，能够对被处罚人和公安执法机关负责，应当在当场处罚文书上简要记录违法事实，让被处罚人确认、签字。如果被处罚人不接受当场处罚，对违法事实存在争议，或者违反治安管理事实尚未查清，证据还不够充分、确凿，则不可以适用简易程序对当事人实施当场处罚，必须按一般程序处罚。

3. 处罚有法定依据

即法无明文规定不处罚。属于法定的应当受处罚的行为，符合法定的处罚种类和幅度并符合法定的程序。

4. 对违反治安管理规定的当事人处200元以下罚款或者警告处罚

根据《治安管理处罚法》第一百条的规定，可适用当场处罚的种类是罚款或警告处罚。此外，根据《公安机关办理行政案件程序规定》第三十七条的规定，涉及卖淫、嫖娼、赌博、毒品的案件，不适用当场处罚。

（三）简易程序的步骤

1. 表明身份，出示执法身份证件

执法的人民警察应主动地向违反治安管理行为人出示执法身份证件，以表明自己是合法的执法人员。人民警察主动表明身份有利于取得当事人和周围群众的理解和支持，也便于人民群众对警察的执法行为进行监督。依法执行职务的人民警察在确认违法事实的基础上应当口头告知当事人拟作出行政处罚的事实、理由、依据及其依法享有的权利。

2. 履行口头告知义务

根据《行政处罚法》第四十四条的规定，行政机关在作出行政处罚决定之前，应当告知当事人拟作出的行政处罚内容及事实、理由、依据，并告知当事人依法享有的陈述、申辩、要求听证等权利。例如，告知后当事人对处罚有异议，要尽可能取得充分的证据，必要时可适用一般程序。为避免被处罚人事后进行复议诉讼时执法人员不能提供告知的证据，应当将告知情况简要记录在《当场处罚决定书》等执法文书中并让被处罚人签字。不告知即为重大程序违法，处罚无效。

3. 听取、复核当事人的陈述和申辩。《行政处罚法》第七条第一款规定："公民、法人或者其他组织对行政机关所给予的行政处罚，享有陈述权、申辩权；对行政处罚不服的，有权依法申请行政复议或者提起行政诉讼。"该法第四十五条又规定："当事人有权进行陈述和申辩。行政机关必须充分听取当事人的意见，对当事人提出的事实、理由和证据，应当进行复核；当事人提出的事实、理由或者证据成立的，行政机关应当采纳。行政机关不得因当事人陈述、申辩而给予更重的处罚。"

《行政处罚法》第六十二条规定，拒绝听取当事人的陈述、申辩，不得作出行政处罚决定；当事人明确放弃陈述或者申辩权利的除外。即不听取陈述、申辩也属于重大程序违法，将导致处罚无效的后果。

4. 制作当场处罚决定书并当场交付当事人

处罚是要式的行政行为，当场处罚决定书是公安机关作出治安管理处罚所具备的法律效力的表现形式，其目的在于将当场治安管理处罚告知当事人，同时告知当事人不服处罚决定的法律救济途径。

《治安管理处罚法》第九十六条规定了当场处罚决定书应当载明的事项。当场处罚决定书属填充性文书，一式两份，一份交被处罚人；一份交属公安机关备案。在交所属公安机关备案联上要有被处罚人签名并注明日期。

根据《治安管理处罚法》第一百零一条第一款的规定："当场作出治安管理处罚决定的，人民警察应当向违反治安管理行为人出示工作证件，并填写处罚决定书。处罚决定书应当当场交付被处罚人；有被侵害人的，并将决定书副本抄送被侵害人。"在送达治安管理处罚当场处罚决定书时应当明确告知被处罚人如不服，可以依法申请行政复议或者提起行政诉讼以及提起复议、诉讼的期限和途径。

对于罚款依法可以当场收缴的，办案人员可以当场收缴，同时要填写罚款收据。不当场收缴的，应当告知被处罚人在规定期限内到指定银行缴纳。

5. 执行处罚决定

除了简易程序作出的当场处罚决定在执行地点上可能与违反治安管理行为的行为地点更近，普通程序处理决定所要执行的处罚种类更多之外，简易程序当场处罚决定的执行与普通程序处理决定的执行在法律规定上并没有什么不同。

6. 备案

人民警察适用简易程序查处治安案件事先并不经过审批、审查，为了加强对简易程序当场处罚的执法监督，《治安管理处罚法》第一百零一条第三款规定："当场作出治安管理处罚决定的，经办的人民警察应当在二十四小时内报所属公安机关备案。"实践中，备案应当由经办民警在24小时内以书面形式进行，即以《当场处罚决定书》（备案联）备案。备案的内容应该与处罚决定书所载的内容相同。

三、治安管理处罚的一般程序

（一）一般程序的含义

治安管理处罚的一般程序，又称作普通程序，是治安管理处罚的最基本程序，是指公安机关对于事实比较复杂或者情节比较严重的违法行为给予法定的较重的治安管理处罚所适用的处罚程序。

（二）适用一般程序的条件

根据《行政处罚法》第五十四条的规定，除本法第五十一条规定的可以当场作出的行政处罚外，行政机关发现公民、法人或者其他组织有依法应当给予行政处罚的行为的，必须全面、客观、公正地调查，收集有关证据。公安机关对违法事实比较复杂、情节比较严重、需要调查取证或者可能给予较重的治安管理处罚的案件，应当适用普通程序裁决。

（三）一般程序的具体步骤

1. 受理

公安执法人员在实施检查或日常管理中现场发现治安管理相对人实施了违反治安管理行为，或者通过受理公民的申诉、控告、举报、扭送、违法行为人的自首或由其他渠道知晓治安管理相对人实施了违反《治安管理处罚法》的行为，应当接受，并登记备查，报案人不愿意公开自己的姓名和报案行为的，公安机关应当为其保密。

接受报案的公安机关对当事人的报案均应认真接待受理，对于不属于本单位管辖但属于其他公安机关管辖的案件，应先受理并制作相关文书和笔录材料，然后再移送给有管辖权的公安机关并告知报案的当事人，为当事人提供必要的帮助。不得以任何理由推诿、拖延，否则，将构成不履行法定职责的行为并承担相关法律责任。对于不属于公安机关管辖的案件，不予受理，但应当告知报案人或者违法嫌疑人向有管辖权的机关报案或者投案。

2. 调查取证

公安机关对行政案件进行调查时，应当全面、及时、合法地收集、调取有关证据材料，并予以审查、核实。需要调查的案件事实包括：

①违法嫌疑人的基本情况；②违法行为是否存在；③违法行为是否为违法嫌疑人实施；④实施违法行为的时间、地点、手段、后果以及其他情节；⑤违法嫌疑人有无法定从重、从轻、减轻以及不予处理的情形；⑥与案件有关的其他事实。

3. 审查

案件审查，是指治安案件的审核部门对治安案件的调查处理情况进行审查，根据案件具体情况，核定处理意见，供决定机关决定的工作。办案单位对治安案件应当审查下列内容：①违法嫌疑人的基本情况；②案件事实是否清楚，证据是否确凿；③案件定性是否准确；④适用法律、法规和规章是否正确；⑤办案程序是否合法；⑥拟作出的处理决定是否适当。为此承办案件的执法人员在调查终结后，应就所调查的事实和收集的证据材料认真进行整理，并依法对案件是否需要处罚、是否需要从轻或从重处罚、需要予以何种处罚、处罚的幅度等进行认定，提出自己的处理意见报主管领导审查。公安机关负责人对案件审查的形式可以是听汇报，也可以是书面审查，其审查时间必须在作出治安管理处罚决定之前。

审查部门除了对治安案件的上述调查处理工作进行审查之外，还要对治安案件调查处理的法律文书、手续规范等相关事项进行审查，然后根据审查的情况，核定案件进一步处理的具体意见：

（1）违法嫌疑人基本情况明确；案件事实清楚，证据确凿；案件定性准确；适用法律、法规和规章正确；办案程序合法；拟作出的处理意见适当的，核定处罚意见，在履行行政听证后报决定机关负责人作出治安管理处罚决定。

（2）案件事实不清、证据不足的，提出退查意见，退回原办案单位补充调查。

（3）案件定性不准、适用法律依据不正确、拟作出的处理意见不恰当的，应当进行纠正。

（4）办案程序违法的，退回原办案单位限期补正。

（5）其他处理意见。

（四）履行告知义务

运用一般程序作出治安管理处罚决定的，必须采用书面形式或者笔录形式告知。

1. 告知的含义

告知程序是一种基本的行政程序制度。行政主体作出影响行政相对人权益的行为，应事先告知该行为的内容，包括行为的时间、地点、主要过程，作出该行为的事实根据和法律根据，相对人对该行为依法享有的权利等，以及事后享有的法律救济权利，从而保证行政程序的公正，保护公民的合法权益，防止行政权力的滥用和不当行政行为的发生而妨害社会公正。《治安管理处罚法》第九十四条第一款规定："公安机关作出治安管理处罚决定前，应当告知违反治安管理行为人作出治安管理处罚的事实、理由及依据，并告知违反治安管理行为人依法享有的权利。"《行政处罚法》第六十二条规定："行政机关及其执法人员在作出行政处罚决定之前，未依照本法第四十四条、第四十五条的规定向当事人告知给予行政处罚的事实、理由和依据，或者拒绝听取当事人的陈述、申辩，不得作出行政处罚决定；当事人明确放弃陈述或者申辩权利的除外。"由此可见，公安机关不依法履行告知程序，治安管理处罚无效。

2. 告知的内容

根据《治安管理处罚法》第九十四条的规定，告知的内容包括两方面：一是告知当事人作出行政处罚决定的事实、理由及依据。应当注意的是，这里作出行政处罚决定，应当是具体而明确的决定。二是告知当事人依法享有的权利，即当事人依法享有的陈述、申辩权。

拟作出的治安管理处罚种类和幅度符合听证范围的，公安机关还应向当事人告知其有要求听证的权利。当事人要求听证的，则进入听证程序。

3. 告知的方式

告知的方式有口头告知和书面告知两种。适用简易程序作出治安管理处罚决定的，采取口头方式进行告知；适用一般程序作出治安管理处罚决定的，则必须采取书面形式或笔录形式告知。

当事人收到告知书后，可以以书面或者口头形式对被告知处罚的事实、理由、依据进行陈述、申辩或者提出对自己有利的事实和证据。公安机关办案部门对违反治安管理行为人提出的事实、理由和依据，应当进行复核，能够成立的，公安机关应当采纳，不得因违反治安管理行为人的陈述、申辩而加重处罚。

（五）听取当事人的陈述和申辩及对当事人提出的申辩意见，进行复核

行政机关不得因当事人申辩而加重处罚。当事人的陈述、申辩以及办案人员对当事人提出的事实、理由、证据的复核都应制作笔录。

（六）作出行政处罚决定，制作行政处罚决定书

《治安管理处罚法》第九十五条规定："治安案件调查结束后，公安机关应当根据不同情况，分别作出以下处理：（一）确有依法应当给予治安管理处罚的违法行为的，根据情节轻重及具体情况，作出处罚决定；（二）依法不予处罚的，或者违法事实不能成立的，作出不予处罚决定；（三）违法行为已涉嫌犯罪的，移送主管机关依法追究刑事责任；（四）发现违反治安管理行为人有其他违法行为的，在对违反治安管理行为作出处罚决定的同时，通知有关行政主管部门处理。"

如确认违法事实不存在或不能成立的，不得给予治安管理处罚，应当撤销案件，如认为虽然行为人的违法事实成立，但具有不予处罚的法定情节，依法不需要给予处的案件可以不予处罚的，应当写出结案报告，提出不予处罚的根据和理由，连同调查材料报本单位有审批决定权的领导审查批准，结案报告和调查材料应留存备案。对重大、疑难案件需要对行为人给予较重行政处罚的案件，办案人员应当报所在机关负责人集体讨论，集体讨论的过程应当留有记录。

公安机关作出治安管理处罚决定的，应当制作治安管理处罚决定书。决定书应当载明下列内容：①被处罚人的姓名、性别、年龄、身份证件的名称和号码、住址；②违法事实和证据；③处罚的种类和依据；④处罚的执行方式和期限；⑤对处罚决定不服，申请行政复议、提起行政诉讼的途径和期限；⑥作出处罚决定的公安机关的名称和作出决定的日期；⑦作出处罚决定的公安机关的印章。

（七）送达治安管理处罚决定书

《治安管理处罚法》第九十七条规定："公安机关应当向被处罚人宣告治安管理处罚决定书，并当场交付被处罚人；无法当场向被处罚人宣告的，应当在二日内送达被处罚人。决定给予行政拘留处罚的，应当及时通知被处罚人的家属。有被侵害人的，公安机关应当将决定书副本抄送被侵害人。"该条对治安管理处罚决定书的宣布和送达作出了具体规定。

1. 治安管理处罚决定书的交付

公安机关依法作出治安管理处罚决定后，应当及时按照法律要求制作治安管理处罚决定书。决定书向被处罚人宣告，并将决定书当场交付被处罚人，由被处罚人在决定书附卷联上签名。被处罚人拒绝签名的，由办案人员在决定书附卷联上注明。当场宣告不仅使被处罚人了解自己所受处罚的情况，而且便于其依法履行治安管理处罚决定，同时也为被处罚人不服处罚而申请法律救济提供了条件，是教育与处罚相结合原则的具体体现。

2. 治安管理处罚决定书的送达

关于治安管理处罚决定书的送达在《治安管理处罚法》第九十七条中有所规定，《公安机关办理行政案件程序规定》第三十六条也进行了规定。

（1）直接送达。直接送达是指送达机关派专人将有关法律文书直接交付给受送达人。送达机关直接送达时，被送达人不在，可以交付给和他同住的成年家属签收。

（2）留置送达。受送达人本人或者代收人拒绝接收或者拒绝签名或者盖章的，送达人可以邀请其邻居或者其他见证人到场，说明情况，把文书留在受送达人处，在送达回执上记明拒绝的事由、送达日期，由送达人和见证人签名，即视为送达。

（3）委托送达。委托送达是指无法直接送达的，送达机关可以委托受送达人居住地的公安机关代为送达。

（4）邮寄送达。邮寄送达是指通过邮寄方式进行送达。邮寄送达时，挂号的回执为送达凭证，收件人的签收日期为送达日期。

（5）公告送达。经采取上述送达方式仍无法送达的，可以公告送达。公告的范围和方式应当便于公民知晓，公告期限不得少于60日。

此外，根据规定，决定给予行政拘留处罚的，应当及时通知被处罚人的家属。有被侵害人的，公安机关应当将决定书副本抄送被侵害人。

四、治安管理处罚的听证程序

1. 治安管理处罚裁决听证程序的含义

治安管理处罚裁决听证程序，是公安机关在作出对治安管理相对人的权益有重大影响的治安管理处罚决定之前，告知当事人作出决定的理由，由公安机关的法制部门听取相对人的申辩、质证的程序。

2. 听证程序的适用范围

《治安管理处罚法》第九十八条规定："公安机关作出吊销许可证以及处二千元以上罚款的治安管理处罚决定前，应当告知违反治安管理行为人有权要求举行听证；违反治安管理行为人要求听证的，公安机关应当及时依法举行听证。"

3. 听证程序的具体步骤

（1）听证告知。公安机关作出吊销许可证以及2000元以上的罚款的治安管理处罚之前，应当告知当事人有权要求举行听证。告知应当采取书面的方式，以告知笔录或《告知书》记载告知的内容和被处罚人对听证的明确态度。

（2）听证提出。根据《行政处罚法》第六十四条的规定，当事人要求听证的，应当在行政机关告知后五日内提出。违反治安管理行为人放弃听证或者撤回听证要求后，在治安管理处罚决定作出前，又提出听证要求的，只要在听证申请有效期限内，应当允许。当事人要求听证的，应当以书面或者口头形式向公安机关法制部门或办案单位提出，也可以在听证告知笔录或文书上直接签署意见。执法人员应要求当事人留下确定的联系地址或联系人等候通知，并记入笔录。如果当事人向原办案单位提出，办案单位应将笔录和有关材料于24小时内移送主持听证的法制部门，当事人逾期未提出要求的，视为放弃听证权利。

（3）听证审查和受理。公安机关法制部门应当对当事人提出的听证请求予以审查。法制部门在接到听证案件的有关材料后，应及时就下列内容进行审查：①要求听证是否符合法定的范围、期限。②听证申请人的主体资格。公民个人要求听证的，应由本人或其法定代理人提出；法人或其他组织要求听证的，应由法定代表人提出；委托代理人提出申请的，应提交当事人书写的申请书及委托书。③要求听证案件的事实、证据、程序及法律依据。

法制部门经审阅要求听证的案件材料后，报本单位主管领导批准，分别作出下列决定：①符合听证条件的，举行听证；②不符合听证条件的，告知当事人不予听证及理由，并制作笔录；③违法事实不能成立，不得给予行政处罚的，通知办案单位并告知当事人；④违法行为较轻，不应给予吊销许可证、2000元以上罚款等较重的治安管理处罚的，通知办案单位重新作出处罚决定，并告知当事人。公安机关收到听证申请后，应当在2日内决定是否受理。认为违反治安管理行为人的要求不符合听证条件，决定不予受理的，应当制作不予受理听证通知书，告知听证申请人，逾期不通知听证申请人的，视为受理。

（4）确定听证的主持人和参加人。听证设听证主持人1名，负责组织听证；记录员1名，负责制作听证笔录。必要时，可以设听证员1~2名，协助听证主持人进行听证。听证主持人由公安机关负责人指定。本案调查人员不得担任听证主持人、听证员或者记录员。听证主持人由作出裁决的县级以上公安机关法制部门未参与本案的其他人员负责，当事人认为主持人与本案有直接利害关系的，有权申请回避。听证会组成人员有下列情形之一的，应当主动回避，当事人也有权要求他们回避：①本案的调查取证人员；②本人或者近亲属与本案有利害关系的人员；③与本案当事人有其他关系，可能影响案件公正处理的人员。是否回避，由公安机关负责人决定。

听证参加人包括：①当事人及其代理人；②本案办案人员；③证人、鉴定人、翻译人员；④其他有关人员。与听证案件处理结果有直接利害关系的其他公民、法人或者其他组织，作为第三人申请参加听证的，应当允许。为查明案情，必要时，听证主持人也可以通知其参加听证。要求听证的当事人可亲自参加听证，也可委托1~2人代理。当事人委托他人代理参加听证的，应于听证前向主持听证的法制部门提交书面委托书；法定代理人、法定代表人参加听证的，应向主持人提交证明身份的有效证件。

（5）听证通知。公安机关受理听证后，应当在举行听证的7日前将举行听证通知书送达听证申请人，并将举行听证的时间、地点通知其他听证参加人。公安机关应当在听证的7日前，通知当事人和本案调查人员举行听证的时间、地点、主持人及有关事项。通知当事人应制作通知笔录，并由当事人签名，也可由当事人在通知书送达回证上签字。无法当面通知的，以挂号信的形式向当事人要求举行听证时留下的确定的联系地址邮寄送达。

（6）举行听证。听证应当在公安机关收到听证申请之日起10日内举行。除涉及国家秘密、商业秘密、个人隐私的治安案件外，听证公开举行。举行听证包括以下步骤：①开始听证前的准备；②听证调查；③制作、核对听证笔录。

（7）听证结束后的工作。听证结束后，听证主持人应当写出听证报告书，连同听证笔录一并报送公安机关负责人，公安机关负责人应当根据听证情况、听证主持人的意见和听证笔录，依法作出治安管理处罚裁决。需要注意的是，公安机关负责组织听证所需的场地、设备以及其他便利条件，当事人不承担公安机关组织听证的费用。

【任务实施】

结合案例和相关知识，通过训练，使学生加深对治安案件一般程序的理解，掌握治安案件一般程序的具体步骤、方法和要求，初步具备运用一般程序查处治安案件的能力。

一、训练方法

参训学生 6 名为一组,分角色扮演。由 1 名学生模拟龙某,2 名学生模拟派出所办案民警,2 名学生模拟派出所法制科民警,1 名学生模拟派出所领导。

二、实施步骤

任务一:当事人报案,公安机关决定是否受理。

步骤 1:对报案情况进行处理;

步骤 2:审查报案材料,确定案件性质;

步骤 3:确定是否受案并填写相关法律文书。

任务二:如果该案是治安案件,对违法行为进行调查。

步骤 1:可以使用询问违反治安管理行为人、扣押等方式进行调查;

步骤 2:制作相关法律文书。

任务三:如果该案是治安案件,对违法行为作出处罚决定。

步骤 1:确定案件的性质,认定违反治安管理行为;

步骤 2:根据案件的性质、情节等作出治安管理处罚决定;

步骤 3:制作治安管理处罚决定书等相关法律文书。

任务四:对该案进行审核审批。

步骤 1:对该案的事实、证据以及法律的适用等进行审查;

步骤 2:派出所领导对该案进行审批;

步骤 3:制作相关法律文书。

【任务评价】

实训课任务考核标准如表 3-3 所示。

表 3-3   实训课任务考核标准(3)

考核内容	权重(100分)	标准	得分
受理	10	符合受理的相关程序	
管辖	10	符合管辖的相关程序	
回避	10	符合回避的相关程序	
调查	30	灵活且正确适用多种调查方式,熟练制作相关法律文书	
决定	30	正确认定案件的性质,根据案件的性质、情节等相关因素作出处罚决定,制作相关法律文书	
审核审批	10	正确对案件的事实、证据及法律的适用等进行审查,制作相关法律文书	

【拓展练习】

1. 简述治安管理处罚决定的含义。
2. 简述简易程序适用的条件。
3. 简述简易程序的实施步骤。
4. 简述一般程序的实施步骤。
5. 简述听证程序的实施步骤。

任务四　治安管理处罚的执行

【任务引入】

2017年6月2日17时许，×市公安局××分局××派出所根据群众举报，在××镇东头墟抓获涉嫌利用扑克牌机为赌博提供条件的王某和涉嫌参与赌博的云某，当场扣押王某赌资56元、赌具扑克牌机2部，当场扣押了云某赌资75元，××派出所办案民警将上述两人传唤回派出所调查。经调查，有证据证明王某涉嫌为赌博提供条件，有证据证明云某涉嫌参与赌博。

根据《治安管理处罚法》的有关规定，依法对王某行政拘留15日并处罚款3000元，收缴赌资56元、赌具扑克牌机2部。依法对云某行政拘留15日并处罚款3000元，收缴赌资75元。王某对×市公安局××分局作出的行政处罚不服，向×市公安局申请行政复议，向×市公安局××分局申请行政拘留暂缓执行，按每日行政拘留200元的标准交纳保证金。

2017年6月20日，×市公安局××分局法制科对王某暂缓执行行政拘留申请进行审查，认为符合条件，报分局领导审批，同意对王某暂缓执行行政拘留，责令其按每日200元的标准交纳保证金。

【教学场景】

1. PPT案例展示。
2. 学生模拟案例。

【相关知识】

一、治安管理处罚的一般执行

（一）警告的执行

警告是对违反治安管理行为人进行警戒、教育，责令其承认错误并保证改正违法行为的一种治安管理处罚。

在执行人员向被处罚人送达并宣布警告处罚决定书时，不论当事人是否申请复议或者提起行政诉讼，警告处罚即已执行，即被处罚人的名誉已经依法受到一定的损害。当警告处罚因行政复议或行政诉讼被撤销时，公安机关应当采取恢复名誉的措施，以挽回警告处罚执行对当事人名誉的影响。

对警告的执行绝不是简单的训斥，而是摆事实、讲道理，使被处罚人心服口服，真正受到教育，并决心改正错误。总之，执行警告处罚，切不可简单送达决定书了事，必须同执行拘留、罚款处罚一样，认真对待，只有这样，才能真正体现警告的法律作用。

（二）罚款的执行

罚款是治安行政处罚中适用较为广泛的处罚种类，由于直接涉及被处罚人的经济利益，也是执行过程中难度较大的处罚之一。为了保证罚款的有效执行，《行政处罚法》和《治安管理处罚法》对罚款的执行原则、方式、期限和方法等都做了严格的规定。

《行政处罚法》第六十七条规定："作出罚款的行政机关应当与收缴罚款的机构分离。除依照本法第六十八条、第六十九条规定当场收缴的罚款外，作出行政处罚决定的行政机关及其执法人员不得自行收缴罚款。"《治安管理处罚法》第一百一十五条规定："公安机关依法实施罚款处罚，应当依照有关法律、行政法规的规定，实行罚款决定与罚款收缴分离；收缴的罚款应当全部上缴国库。"罚款决定和执行相分离是《行政处罚法》规定的一项重要制度，也是治安管理处罚执行中必须遵循的基本原则。《行政处罚法》规定的罚款决定与执行相分离是指行政机关对当事人作出处罚决定时只开具罚款决定书，由当事人自己持行政处罚决定书，在规定的时间内到指定的金融机构缴纳罚款的一种制度。

公安机关收缴罚款的方式有委托银行收缴、当场收缴两种方式。另外，《行政处罚法》第六十六条规定了暂缓或分期缴纳的变通执行罚款的方法。

1. 委托银行代收罚款

这是罚款执行的主要方式。《治安管理处罚法》第一百零四条规定："受到罚款处罚的人应当自收到处罚决定书之日起十五日内，到指定的银行缴纳罚款……"指定的银行，是指治安管理处罚决定书上标明的办理代收罚款业务的银行。被处罚人缴纳罚款的期限为自收到罚款决定书之日起15日内。

2. 当场收缴

结合执法实践中的特殊情况，为减少执法成本，方便被处罚人，保证罚款决定的执行，《治安管理处罚法》基本承袭了行政处罚法的规定，设定了当场收缴制度。

（1）当场收缴的条件。根据《治安管理处罚法》第一百零四条的规定，下列三种情况可以当场收缴罚款：

①被处50元以下罚款，被处罚人对罚款无异议的。根据这项规定，人民警察当场收缴罚款必须同时具备两个条件：一是罚款金额只能在50元以下。二是被处罚人对处罚决定无异议。《治安管理处罚法》确定的当场收缴金额高于《行政处罚法》的20元限额，相对于《行政处罚法》来说，《治安管理处罚法》属于特别法，根据特别法效力优于一般法的原则，应当适用《治安管理处罚法》的规定。

②在边远、水上、交通不便地区，公安机关及其人民警察依照《治安管理处罚法》的规定作出罚款决定后，被处罚人向指定的银行缴纳罚款确有困难，经被处罚人提出的。这是针对特殊地区收缴罚款所遇到的特殊情况而作出的特别规定。根据这一规定，人民警察当场收缴罚款必须同时具备三项条件：一是当场收缴只限于边远、水上、交通不便地区。二是被处罚人向指定的银行缴纳罚款确有困难。三是必须由被处罚人提出要求。这是当场收缴罚款的必备条件，三个条件缺一不可。

③被处罚人在当地没有固定住所，不当场收缴事后难以执行的。这项规定是针对在当地，即作出处罚决定的公安机关所在地没有固定住所的临时外来人员。对这类对象如不当场收缴罚款，事后则难以执行。

（2）当场收缴的程序。①将治安管理处罚决定书当场送达被处罚人；②收缴罚款并出具统一制发的罚款收据；③上交罚款；④上缴国库。

3. 暂缓或分期缴纳

《行政处罚法》第六十六条第二款规定："当事人确有经济困难，需要延期或者分期缴纳罚款的，经当事人申请和行政机关批准，可以暂缓或者分期缴纳。"

受处罚的当事人确有经济困难，需要延期或者分期缴纳罚款的，应当向作出罚款决定的行政机关提出申请，说明不能按期缴纳罚款的原因和理由，并提出申请延期的期限或者缴纳罚款的次数。行政机关在收到当事人的申请后，应当进行严格审查，确定其是否有履行罚款的能力。行政机关经过审查，认为当事人申请理由不成立的，应当驳回申请；认为申请理由成立的，应当作出批准延期或者分期缴纳的决定。行政机关作出批准延期或者分期缴纳的决定后，应当制作决定书，银行依照行政机关的决定收缴罚款。

（三）行政拘留的执行

行政拘留直接涉及公民人身权利，所以《治安管理处罚法》对行政拘留处罚执行的方式进行了严格的规定，包括直接执行、不执行和暂缓执行三种。

1. 行政拘留处罚的直接执行

《治安管理处罚法》第一百零三条规定："对被决定给予行政拘留处罚的人，由作出决定的公安机关送达拘留所执行。"由于人口流动规模越来越大，治安案件发案率越来越高，为维护法律的权威性和严肃性，提高行政效率，确保行政拘留决定的执行，《治安管理处罚法》规定对被决定给予行政拘留处罚的人，由作出决定的公安机关派出工作人员直接送达拘留所执行。

根据公安部的解释规定，行政拘留的执行时间从入所的次日起计算。根据《治安管理处罚法》第九十二条的规定，对于在行政拘留前已经采取强制措施限制人身自由的，限制人身自由1日，折抵行政拘留1日。

2. 行政拘留处罚的不执行

为了体现尊重和保障人权的原则和以人为本的现代管理理念，《治安管理处罚法》对几类特殊主体作出了不执行行政拘留的规定。不实际执行，体现了法律的人道主义本质，其目的在于体现对弱势群体的特殊保护。根据《治安管理处罚法》第二十一条的规定，有下列情形之一的，可作出行政拘留的处罚决定，但不执行行政拘留：

（1）已满14周岁不满16周岁的。

这一规定是出于对未成年人的保护和责任承担能力方面的考虑。人的意识和意志能力即辨别控制能力是随着人的年龄、智力的发育而逐渐成熟的，已满14周岁未满16周岁的人还处于未成年阶段，其责任能力还有所欠缺，排除一些较为严厉的行政处罚措施的执行，有利于未成年人的成长。这种责任承担上的限制也有利于给已满14周岁未满16周岁、智力发育尚未成熟的人更多改过自新的机会，避免行政拘留处罚对其成长可能造成的不利影响。

（2）已满16周岁不满18周岁，初次违反治安管理法的。

这一规定同样是基于对未成年人的保护。相对于已满14周岁不满16周岁的人来说，已满16周岁不满18周岁的人对自身行为的性质及其后果的认识和控制能力有所提高，但和成年人相比还是有差距的。另外，对未满18周岁的未成年人实施拘留处罚，对其本人的心理、周围人对他的评价和他今后的人生发展会产生一定的负面影响。因此，《治安管理处罚法》规定对这些初次违反治安管理的行为人，不执行行政拘留处罚。这样做的目的是想将对这些人的负面影响减少到最低程度，又能通过对其给予行政拘留处罚但不实际执行的方式，对其起到警示作用。如果被处罚人不思改正，再次违反治安管理且依法应当行政拘留的，就应当执行行政拘留处罚。

（3）70周岁以上的。

这主要是出于人道主义考虑，年迈的人大多身体较弱，若处以行政拘留，在自由被限制的情况下，有可能进一步引发健康恶化或其他的疾患，给责任人造成超出责任限度之外的不利后果。

（4）怀孕或者哺乳自己不满1周岁婴儿的。

这一规定体现了我国立法保护妇女儿童权益的一贯原则。该规定既是对妇女的保护，也是对胎儿和婴儿成长发育的保护。婴儿在哺乳期对母亲具有生理和心理的双重需要，妇女在孕期和哺乳期也需要特殊的保护，若处以行政拘留，被限制人身自由，其身心健康必然会受到不利影响，进而影响胎儿的发育以及婴儿的健康成长。对在公安机关作出行政拘留决定时流产（包括自然流产和人工流产）的妇女，我们认为参照《刑法》及相关司法解释的规定，如流产不足1个月，应视为"怀孕妇女"按怀孕妇女对待。

3. 行政拘留处罚的暂缓执行

行政拘留处罚的暂缓执行是指被拘留人在申请行政复议、提起行政诉讼期间，向公安机关提出行政拘留暂缓执行申请，公安机关认为对被拘留人暂缓行政拘留不致发生社会危险，在被拘留人或其近亲属提供了担保人或者交纳了保证金后，行政拘留决定可以暂缓执行的法律制度。《行政处罚法》规定了申请行政复议或者提起行政诉讼行政处罚不停止执行的原则。《行政处罚法》第七十三条规定："当事人对行政处罚决定不服，申请行政复议或者提起行政诉讼的，行政处罚不停止执行，法律另有规定的除外。"这样规定主要是考虑到在行政处罚活动中，一方面，为了维护行政机关的权威和保证行政效率，行政处罚一般不停止执行；另一方面，由于任何国家机关在决定处罚时，有可能出现错误，规定暂缓执行，有利于避免执行后造成难以恢复的损害后果。即使经过行政复议或者行政诉讼被认为是错误的，也不可挽回，因此，《行政处罚法》又规定"法律另有规定的除外"。行政拘留区别于其他处罚的显著特征是其处罚结果的不可恢复性，为使被处罚人充分行使法律所赋予的救济权，防止和避免因错误行政拘留被执行而给被处罚人造成难以弥补的精神损失和伤害，更好地保障公民的合法权益，体现尊重和保障人权的原则，《治安管理处罚法》对行政拘留设定了暂缓执行的规定。

(1) 暂缓执行的条件。

《治安管理处罚法》第一百零七条规定:"被处罚人不服行政拘留处罚决定,申请行政复议、提起行政诉讼的,可以向公安机关提出暂缓执行行政拘留的申请。公安机关认为暂缓执行行政拘留不致发生社会危险的,由被处罚人或者其近亲属提出符合本法第一百零八条规定条件的担保人,或者按每日行政拘留二百元的标准交纳保证金,行政拘留的处罚决定暂缓执行。"从这一规定看,暂缓执行必须符合以下条件:

①暂缓执行只限于行政拘留处罚,并由被拘留人提出申请。对于拘留与罚款并处的情形,暂缓执行只适用于拘留,罚款仍须按规定执行。暂缓执行申请必须由被处罚人本人提出,其近亲属和其他人均无权提出。申请既可以在申请行政复议和行政诉讼的同时提出,也可以在复议与诉讼期间提出。

②被处罚人申请了行政复议或者提起了行政诉讼。如果被处罚人没有申请行政复议或者提起行政诉讼的,不得暂缓执行行政拘留处罚。如果公安机关在作出暂缓执行决定前,行政复议机关已经决定或者人民法院已经裁定不予受理的,对被拘留人也不得适用暂缓执行的规定。公安机关决定是否予以暂缓执行,不以复议机关或者人民法院是否受理作为必要条件。

③公安机关认为暂缓执行行政拘留不致发生社会危险。这是适用暂缓执行的关键条件。这里的不致发生社会危险,主要是指决定暂缓执行行政拘留后,被处罚人不会发生逃跑、干扰和阻碍证人作证、串供、毁灭伪造证据、重新实施违法犯罪行为等情形。公安机关需要根据被处罚人的违反治安管理行为的性质、社会危害、一贯表现等各方面情况进行综合考虑,判断其是否具有社会危险性。如果公安机关认为暂缓执行行政拘留可能会发生社会危险的,行政拘留不得暂缓执行。

④被处罚人及其近亲属必须提供一定的保证措施。《治安管理处罚法》规定的保证措施有两种:提供担保人和交纳保证金。被处罚人及其近亲属只需要选择其中的一种即可。

只有同时符合上述四个条件,行政拘留才能暂缓执行。

(2) 担保人的条件。

根据《治安管理处罚法》第一百零八条的规定,担保人必须同时具备以下四个条件:

①与本案无牵连。这是指担保人与被处罚人所涉及的治安案件没有任何利害关系。

②享有政治权利,人身自由未受限制。为了确保担保人能履行担保职责和义务,担保人在为被决定行政拘留处罚人承担担保义务时,其本人必须没有被剥夺政

治权利或者被限制人身自由。

③在当地有常住户口和固定住所。在当地有常住户口，是指担保人在对被担保人作出行政处罚的公安机关所在的县、市、旗被登记为常住户口。在当地有固定住所，是指担保人在对被担保人作出行政处罚的公安机关所在的县、市、旗有赖以生活的合法住所，包括拥有所有权的住所和拥有使用权的出租房。担保人在当地有常住户口和固定住所，便于公安机关与之联系，也有利于担保人履行担保义务，及时配合执法机关的工作，更重要的是使被处罚人顾及担保人的利益而放弃逃避处罚的妄想，使行政复议和行政诉讼活动顺利进行。

④有能力履行担保义务。是否具有履行担保义务的能力，需要对担保人的能力进行综合评判，包括对被担保人是否具有足够的影响力和监督控制能力，担保人的信用程度，担保人的身体状况和是否实际在当地居住足以使他履行监督被处罚人的义务，例如，担保人必须是年满18周岁并具有完全民事行为能力的成年人，无行为能力和限制行为能力的人不能担任担保人。

（3）担保人的义务与责任。

为了保证担保人履行职责，法律规定了担保人的义务和责任。《治安管理处罚法》第一百零九条规定："担保人应当保证被担保人不逃避行政拘留处罚的执行。担保人不履行担保义务，致使被担保人逃避行政拘留处罚的执行的，由公安机关对其处三千元以下罚款。"担保人的义务是指在行政拘留暂缓执行期间，担保被担保人不实施逃避行政拘留处罚执行的行为。保证其既不能阻碍公安机关的调查取证工作、行政复议工作和人民法院的审理工作，也不能以申请暂缓执行为名逃避治安管理处罚。担保人不履行担保义务，致使被担保人逃避行政拘留执行的，由公安机关对其处以3000元以下罚款。

在实践中，认定担保人的行为是否构成不履行法定义务致使被担保人逃避处罚的行为，应当从该行为构成的四个要件进行分析：

①行为侵害的客体是社会管理秩序。不履行法定义务致使被担保人逃避处罚的行为主要是妨害了公安机关执法活动的正常开展，使公安机关作出的治安管理处罚决定不能得到及时有效执行。

②客观方面表现为不履行法定义务，并且造成被担保人逃避行政拘留处罚执行的后果。如果担保人不履行担保义务，但被担保人并未逃避行政拘留处罚执行的，不构成本行为。被担保人逃避行政拘留处罚的执行，包括既遂和未遂。但是，担保人发现被拘留人逃跑后及时报告公安机关而将其抓获归案的，也不构成本行为。

③担保人主观方面是出于故意，即故意不履行担保义务致使被担保人逃避行政拘留处罚的执行。如果担保人因过失使被担保人逃避行政拘留处罚的执行的，则不

能构成本行为。但是，如果担保人发现被担保人逃避行政拘留处罚执行，既不加以制止，也不及时报告公安机关，从而造成被担保人逃避行政拘留处罚的执行的，则可认定为具有主观故意，应当依法处罚。

④行为的主体是特殊主体，即担保人。

（4）保证金的处理。

保证金是指由被拘留人或者其近亲属为了申请暂缓执行而交纳的保证被拘留人不逃避行政拘留执行的一定数量的金钱。根据《治安管理处罚法》第一百零七条的规定，保证金必须按照每日行政拘留200元的标准交纳。这里的每日行政拘留，是指在公安机关通知其交纳保证金时尚未执行的行政拘留，而不是指公安机关依法决定的行政拘留。交纳保证金是为了防止被处罚人逃避行政拘留处罚的执行。《治安管理处罚法》第一百一十条和第一百一十一条分别对保证金的没收与退还作了明确规定。

①关于保证金的没收。《治安管理处罚法》第一百一十条规定："被决定给予行政拘留处罚的人交纳保证金，暂缓行政拘留后，逃避行政拘留处罚的执行的，保证金予以没收并上缴国库，已经作出的行政拘留决定仍应执行。"根据该条的规定，被决定给予行政拘留处罚的人交纳保证金，暂缓行政拘留后，逃避行政拘留处罚的，保证金予以没收。对于没收的保证金，必须按照规定上缴国库。没收被拘留人的保证金，是对其逃避行政拘留处罚执行的一种惩罚。在没收保证金后，行政拘留决定仍应执行。

②关于保证金的退还。《治安管理处罚法》第一百一十一条规定："行政拘留的处罚决定被撤销，或者行政拘留处罚开始执行的，公安机关收取的保证金应当及时退还交纳人。"在暂缓执行行政拘留时，交纳保证金是一种临时性的保障措施。当这种需要不存在时，保证金就应当及时退还。退还保证金包括两种情形：一是经过行政复议、行政诉讼，原先的行政拘留决定被撤销的，原处罚决定不再有效，公安机关不得执行原处罚决定，而是将保证金退还给交纳人。二是原行政拘留处罚决定被维持，或者处罚幅度变更，但公安机关已经开始执行行政拘留，而将保证金退还给交纳人。

（四）吊销公安机关发放的许可证的执行

吊销公安机关发放的许可证的执行，是通过收回由公安机关发放的许可证，剥夺违反治安管理人经营此行政许可事项的资格。吊销许可证是对违法者从事某种活动的权利或享有的某种资格的取消，公安机关作出吊销许可证决定的，应当在被吊销的许可证上加盖"吊销"印章后收缴，并办理注销手续。如果被处罚人拒不交回被吊销的许可证的，公安机关可以公告该证件作废。

（五）驱逐出境与限期出境的执行

驱逐出境和限期出境都是取消违反治安管理人在中国居留资格的处罚，限期出境属于责令自行出境，公安机关可以监督其离开。对逾期未离境的，公安机关可以采取强制措施将其遣送出境。驱逐出境在执行程度上要重于限期出境，需要由负责执行的公安机关将其强制押解出境。对外国人依法作出罚款、行政拘留决定又附加适用限期出境或者驱逐出境处罚的，应当在罚款、行政拘留执行完毕后，再执行限期出境和驱逐出境处罚。由于驱逐出境应当立即执行，而罚款的缴纳期限是15天，在时间上会有冲突。为了保护国家利益，维护国家法律的严肃性，对外国人处以罚款的，如果外国人在作出罚款决定的公安机关所在地没有固定住所或者没有合法证件证明其身份的，人民警察应当当场收缴，然后予以驱逐出境或者限期出境。对于不属于当场收缴情形的，应责令被处罚的外国人尽快缴纳罚款，以便执行驱逐出境、限期出境处罚。

二、治安管理处罚的强制执行

（一）治安管理处罚强制执行的概念及特征

强制执行，是一般执行不能奏效时的特殊后备措施，是一般执行的保障措施。强制执行的特点包括：

（1）强制执行的主体是公安机关及人民法院。

（2）强制执行必须有法律依据。首先，公安机关按照普通程序作出的处罚裁决是强制执行的直接依据，如《公安行政处罚决定书》。公安机关在送达决定书时，有义务向被处罚人宣布并指明执行期限、执行场所及拒不履行义务应承担的法律责任，敦促其在法定期限内自觉履行。其次，公安机关在强制执行中的每一项具体内容也必须有法律依据和法律文书，如罚款的延期或分期交纳、强制执行等，都必须有相应的法律文书。

（3）被执行人主观上确有拒绝履行的故意。被执行人故意拒不履行义务是公安机关实施强制执行措施的必要条件。

（4）执行过程中不得执行和解。强制执行是公安机关警察权的运用，体现了国家强制力，行政相对人必须履行公安机关作出的裁决，公安机关有权强制执行，与民事执行不同的是，在执行过程中，公安机关作为执行主体无权与被执行人进行执行和解。

（5）执行对象的广泛性。强制执行的对象既可以是人身，也可以是金钱和财物、行为。拘留处罚执行的对象是人身，罚款处罚和损害赔偿执行的对象是金钱，没收处罚执行的对象是财物，责令停业处罚、暂扣或吊销证照处罚执行的对象是行为。

（二）治安管理处罚强制执行的种类

根据《行政处罚法》第七十二条的规定："当事人逾期不履行行政处罚决定的，作出行政处罚决定的行政机关可以采取下列措施：（一）到期不缴纳罚款的，每日按罚款数额的百分之三加处罚款，加处罚款的数额不得超出罚款的数额；（二）根据法律规定，将查封、扣押的财物拍卖或者将冻结的存款划拨抵缴罚款；（三）根据法律规定，采取其他行政强制执行方式；（四）依照《中华人民共和国行政强制法》的规定申请人民法院强制执行。行政机关批准延期、分期缴纳罚款的，申请人民法院强制执行的期限，自暂缓或者分期缴纳罚款期限结束之日起计算。"

根据《行政处罚法》《治安管理处罚法》《行政强制法》及其他有关的行政法律、法规，治安管理处罚的强制执行措施主要有以下几种：

（1）加处罚款。根据《行政处罚法》第七十二条的规定，当事人逾期不履行行政处罚决定的，作出行政处罚决定的行政机关可以每日按罚款数额的3%加处罚款。

加处罚款属于执行罚的罚款，而并非行政处罚种类中的罚款，即在《行政处罚法》第五十二条中出现的两个"罚款"性质不同，前者属于行政处罚，后者属于执行罚，执行罚中的"罚款"可以按日反复进行而不受"一事不再罚"原则的限制。

（2）将查封、扣押的财物拍卖。公安机关在依职权取缔违法活动、收集违反治安管理行为证据时，可以依法采取查封、扣押措施，将违法行为人或违法嫌疑人的财产、物品就地或异地扣留，解除当事人对其财产和物品的占有。当裁决罚款的行为人拒不缴纳罚款，而公安机关还掌握着其已经被查封、扣押的财物时，可以根据《行政处罚法》第七十二条的规定，将查封、扣押的财物拍卖，以拍卖所得抵缴罚款。

（3）将冻结的存款划拨抵缴罚款。冻结，又称作暂停支付，是公安机关依法通知当事人的开户银行或其他金融机构等不得提取、动用与违法行为有关的存款、汇款的一种强制措施。当裁决罚款的行为人拒不缴纳罚款，而公安机关还掌握着其已经被冻结的存款时，可以根据《行政处罚法》第七十二条的规定，将冻结的存款划拨抵缴罚款。

（三）治安管理处罚强制执行的程序

在治安管理处罚的强制执行程序中，应重点考虑以下几个环节：

（1）告诫。告诫是治安管理处罚强制执行的必经程序，公安机关的治安管理处罚作出后，该治安管理处罚决定及其所确定的义务只有被义务人知悉，才能对义务人产生法律效力，所以，公安机关在作出治安管理处罚后，要及时告知义务人，使义务人知悉治安管理处罚决定及其义务，但这种告知只属于公安机关具体行政行为成立的必要环节，而不是治安管理处罚执行程序中的告诫。治安管理处罚强制执行中的告诫，是在治安管理处罚决定作出后，义务人自行履行义务的期限届满，并在治安管理处罚强制执行决定作出之前的告诫，其目的是使义务人知悉强制执行的可能性和危险性，并进一步敦促义务人履行义务。也就是说，公安机关在正式实施强制执行手段前，给行政义务人再一次主动履行的机会。

（2）调查。调查意在查明被处罚人是否有抗拒执法的故意。在作出治安处罚强制执行决定前，通过调查查明被处罚人是否有义务不予履行的故意，一旦认定无正当理由，在限定时间内拒不执行处罚决定的，即视为逾期不履行其应履行的义务，而这正是治安管理处罚强制执行的前提。

（3）审查。审查是为了防止义务人的合法权益受到侵害，在治安管理处罚强制执行决定作出之前，严格做到一方面审查公安机关的治安管理处罚决定是否合法与不当；另一方面，审查除治安管理处罚强制执行措施外是否还有其他更适宜的手段。经审查，若公安机关的原始治安管理处罚合法，但除强制执行外，还有其他更为缓和的手段同样可以达到目标，则应采取较缓和手段，而不应采取强制执行措施；对确实需要采取强制措施的，经公安派出所所长以上负责人的批准，作出强制执行决定。执行前审查的内容有：申请执行的材料和手续是否完备，据以执行的法律文书是否已经发生法律效力，治安管理处罚强制执行措施是否有法律依据。

（4）决定。治安管理处罚强制执行的决定，是指作为治安管理处罚强制执行主体的公安机关，经告诫，义务人拒不履行义务，而确定治安管理处罚强制执行方法及相关内容的决定，它是治安管理处罚强制执行程序中不可缺少的环节。其主要内容包括：义务人的自然状况，义务人逾期不履行义务的事实和根据，治安管理处罚强制执行的方法和依据，强制执行的期限等。治安管理处罚的强制执行决定应采取书面形式，并应经过公安机关负责人的批准。

（5）实施。治安管理处罚强制执行的实施，就是治安管理处罚强制执行方式的采取、适用或实行。义务人在限定期限内仍不履行义务时，公安机关依法采取强制措施，以完全实现治安管理处罚决定。治安管理处罚强制执行的实施，是在告诫、决定和通知后，义务人仍不履行义务的情况下，治安管理处罚强制执行决定付诸实现的过程，也是强制执行主体与义务人发生正面冲突之际。对于行政主体的公安机关而言，法律要求其必须按程序使用法定的强制措施外，还要求其完善整个执法过程，包括执行人员出示证件、表明身份、记录执行过程、告知相应权利等，并应制作现场笔录。对义务人而言，法律要求其服从和配合公安机关依法实施的强制措施，暴力抵抗不仅违法，而且也将被公安机关以合法的强制方式予以排除。

【任务实施】

结合案例和相关知识，通过训练，使学生加深对行政拘留暂缓执行的理解，掌握行政拘留暂缓执行的条件，以及行政拘留暂缓执行中担保人条件、责任、保证金的问题，初步具备正确把握和适用暂缓执行程序的能力。

一、训练方法

参训学生7名为一组，分角色扮演。由1名学生模拟王某，1名学生模拟云某，2名学生模拟派出所办案民警，2名学生模拟×市公安局××分局法制科，1名学生模拟×市公安局××分局领导。

二、实施步骤

任务一：当事人报案，公安机关决定是否受理。
步骤1：对报案情况进行处理；
步骤2：审查报案材料，确定案件性质；
步骤3：确定是否受案并填写相关法律文书。
任务二：如果该案是治安案件，对违法行为作出处罚决定。
步骤1：确定案件的性质，认定违反治安管理行为；
步骤2：根据案件的性质、情节等作出治安管理处罚决定；
步骤3：制作治安管理处罚决定书等相关法律文书。
任务三：完成行政拘留暂缓执行程序。
步骤1：违反治安管理行为人申请复议、提出暂缓执行行政拘留申请；
步骤2：分局法制科审查王某暂缓执行行政拘留申请并报分局领导作出决定；
步骤3：制作相关法律文书。

【任务评价】

实训课任务考核标准如表3-4所示。

表 3-4　　　　　　　　实训课任务考核标准（4）

考核内容	权重（100 分）	标准	得分
申请复议	10	语言规范，表达清晰	
提出暂缓执行申请	10	语言规范，表达清晰	
审查	30	正确判断是否符合暂缓执行的相关法律规定	
决定	20	符合法律规定	
文书	30	制作相关法律文书	

【拓展练习】

1. 简述罚款处罚中当场收缴的条件。
2. 简述行政拘留不执行的情形。
3. 简述暂缓执行的条件。
4. 简述治安管理处罚强制执行的种类。

任务五　治安案件的终结

【任务引入】

某日，戚某（男，汉族，1966 年 10 月生）因宅基地纠纷与邻居郑某（女，汉族，1971 年 5 月生）发生争执，遭到郑某破口大骂。次日，戚某叫上自己弟弟到郑某家中，将郑某院中水缸、门窗玻璃等共计 450 余元的东西砸毁。派出所民警接到报案后赶到郑某家中将戚某抓获。后经双方当事人同意，对案件进行调解。经调解，双方达成协议，约定郑某向戚某赔礼道歉，戚某赔偿郑某损失 400 元整，双方当场履行。

【教学场景】

1. PPT 案例展示。
2. 学生模拟案例。

【相关知识】

一、治安案件的结案

治安案件的结案是公安机关办理治安案件的最后一道程序。它是指案件经过依法调查后,案件主要事实已经查清,证据充分、确凿,从而根据不同的情况分别对案件作出不同处理的法律程序。根据《公安机关办理行政案件程序规定》第二百五十八条的规定,行政案件具有下列情形之一的,应当予以结案:

1. 作出不予行政处罚决定的

《治安管理处罚法》第十二条、第十三条、第十四条和第十九条都规定了不予处罚的情形。公安机关受理治安案件后,经过调查取证、案件审核、行政听证等办案程序,在对治安案件作出处理决定时,如果治安案件具备对违反治安管理行为人不予处罚的情形,或者违法行为不能成立,公安机关依法作出不予处罚决定的,就应当予以结案。

2. 适用调解程序的案件已经达成协议并已履行的

《治安管理处罚法》第九条规定,对于因民间纠纷引起的打架斗殴或者损毁他人财物等违反治安管理行为,情节较轻的,公安机关可以调解处理。经公安机关调解,当事人达成协议的,不予处罚。因此,对于符合治安调解条件的治安案件,公安机关经过受理案件、调查取证、教育调停、达成调解协议、协议执行,治安案件就应当予以结案。

3. 作出行政处罚决定,并且已经执行完毕的

经过调查,公安机关依法对违反治安管理行为人作出治安管理处罚决定后,并且已经执行完毕的,违反治安管理行为人已经为自己的违法行为承担了相应的法律责任,因此,治安案件应当予以结案。这种结案方式也是实践中最为常见的一种结案方式。

4. 违法行为涉嫌构成犯罪,转为刑事案件办理的

公安机关在办理治安案件过程中,如果发现违法行为涉嫌触犯《刑法》,构成犯罪的,应当按照公安机关内部的分工,将案件的全部材料移交刑事侦查部门处理,该案由行政程序转为刑事司法程序,此时该治安案件应予结案。

二、治安案件的结案期限

治安案件的结案期限是指公安机关在受理治安案件后,对治安案件进行调查直至作出处理决定的最长时间限期。在查处治安案件的实践中,公安机关对一起治安案件应当在多长时间内结案,《治安管理处罚法》第九十九条对此作出了明确的规定。根据该规定,公安机关办理治安案件的期限,自受理之日起不得超过30日;案情重大、复杂的,经上一级公安机关批准,可以延长30日。这就要求公安机关对受理的治安案件应当及时处理、及时结案,以保护当事人的合法权益,体现法律的公正性和严肃性。

三、治安案件终止调查

终止调查是指治安案件由于各种特殊原因无法使调查工作继续进行或无法进行时,从而终止调查。终止调查是案件调查规律的客观反映,也是遵从客观规律的必然结果。在实践中,并不是所有的治安案件都需要处理完毕,公安机关经过调查,如果发现有些治安案件因为具有某种特殊情形而使案件调查工作无法进行或者不必深入调查,就应当及时终止案件调查工作。终止案件调查属于办案程序中案件终结的范畴。根据《公安机关办理行政案件程序规定》第二百五十九条的规定,具有下列情形之一的,应当终止调查:

(一) 没有违法事实的

由于多种因素的影响,公安机关受理的案件中有的可能与事实出入较大,有的可能是错告或者诬告,有的可能是行为人出于认识上的错误而自首等,公安机关对上述治安案件经过调查后,在没有违法事实的情况下,继续调查已无必要,应当终止案件调查工作。

(二) 违法行为已过追究时效的

追究时效是指对违反治安管理行为人予以治安管理处罚的有效时限。超过法定时限的,不得对违反治安管理行为人予以治安管理处罚。根据《治安管理处罚法》第二十二条的规定,对违反治安管理行为的追究期限是 6 个月。对超过追究时效的违反治安管理行为,公安机关不应再对其作出治安管理处罚,当然也就无须再进行案件调查工作,因此,公安机关应当终止案件调查工作。

(三) 违反治安管理行为人死亡的

公安机关对违反治安管理行为人实施治安管理处罚的目的在于惩罚和教育其本人,如果违反治安管理行为人已经死亡,被处罚对象已经不存在,无从进行调查处理。因此,公安机关对违反治安管理行为人死亡的治安案件,也应当终止案件调查工作。

根据《公安机关办理行政案件程序规定》第二百五十九条的规定,终止案件调查,必须经过公安机关办案部门以上负责人批准,办案人员无权自行决定终止案件调查。同时,决定终止案件调查,必须制作法律文书并通知案件当事人。此外,终止案件调查时,违反治安管理行为人已经被采取行政强制措施的,应当立即解除,不得以任何理由继续对其采取强制措施,否则将构成侵犯公民权利的行为。

四、调查结束后的处理

公安机关对治安案件通过一系列的调查取证活动,完成了证据的收集、查证工作后，在查清全案事实的基础上，结束对案件的调查。根据《治安管理处罚法》第九十五条的规定，公安机关对治安案件调查结束后，应当根据案件的不同情况，分别作出不同的处理：

1. 确有依法应当给予治安管理处罚的违法行为的，根据情节轻重及具体情况，作出治安管理处罚决定

公安机关在对调查结果进行审查后，认定行为人确有依法应当给予治安管理处罚的违反治安管理行为，就应当根据违反治安管理行为的情节轻重及具体情况，根据《治安管理处罚法》和有关法律、法规和规章的规定，对行为人作出相应的处罚决定。

2. 依法不予处罚的，或者违法事实不能成立的，作出不予处罚决定

经过调查，违反治安管理行为人如果具有《治安管理处罚法》所规定的不予处罚情节，公安机关可以在结合违反治安管理的具体情节、案件的具体情况后，对行为人作出不予处罚的决定。同时，公安机关经过调查发现行为人违法事实不成立的，也应当依法对行为人作出不予处罚的决定。所谓违法事实不成立，通常包括经过调查后有充分的证据证明违反治安管理行为不存在，没有充分的证据证明违法事实成立，没有证据证明当事人实施了违反治安管理行为等三种情形。

3. 违法行为已涉嫌犯罪的，移送主管机关依法追究刑事责任

经过调查，公安机关认为行为人的违法行为已涉嫌构成犯罪的，应当根据相关法律、法规的规定，将行为人移送给侦查部门依法追究其刑事责任。

4. 发现违反治安管理行为人有其他违法行为的，在对违反治安管理行为作出处罚决定的同时，通知有关主管部门处理

公安机关在查处治安案件的过程中，发现违反治安管理行为人有其他尚未构成犯罪的违法行为，应当在对其依法作出治安管理处罚决定的同时，将违反治安管理行为人的有关情况通知有关行政主管部门依法处理，如果有相关证据材料的，应当一并移交有关行政主管部门。

【任务实施】

结合案例和相关知识，通过训练，使学生加深对治安案件处理终结的理解，掌握治安案件结案的情形和终止调查的情形，培养学生独立终结案件的能力。

一、训练方法

参训学生 5 名为一组，分角色扮演。由 1 名学生模拟戚某，1 名学生模拟戚某

的弟弟，1名学生模拟郑某，2名学生模拟派出所办案民警。

二、实施步骤

任务：派出所民警对该案件进行处理。
步骤1：判断案件性质，受理该案件；
步骤2：对案件进行调查；
步骤3：对案件进行调解；
步骤4：填写相关法律文书。

【任务评价】

实训课任务考核标准如表3-5所示。

表3-5　　　　　　　　　　实训课任务考核标准（5）

考核内容	权重（100分）	标准	得分
受理	10	正确判断案件的性质，正确实施案件受理的程序	
调查	30	正确运用治安案件调查的方法查清案件事实	
调解	30	正确对该案件进行适当的调解	
文书填写	30	正确填写受案登记表等法律文书	

【拓展练习】

1. 简述治安案件结案的情形。
2. 简述治安案件终止调查的情形。

项目四　道路交通安全法相关知识

项目导入

《中华人民共和国道路交通安全法》（以下简称《道路交通安全法》）是为了维护道路交通秩序，预防和减少交通事故，保护人身安全，保护公民、法人和其他组织的财产安全及其他合法权益，提高通行效率而制定的法律，于2003年10月28日通过，自2004年5月1日起施行。该法包括总则、车辆和驾驶人、道路通行条件、道路通行规定、交通事故处理、执法监督及法律责任等内容。

在现代社会，维护道路交通安全十分重要。改革开放以来，我国的道路交通安全法制取得了较大进展。国务院从1988年开始相继颁布了《中华人民共和国道路交通管理条例》（以下简称《道路交通管理条例》）、《道路交通事故处理办法》等行政法规。与之相配套，公安部陆续制定了《中华人民共和国高速公路交通管理办法》《中华人民共和国机动车驾驶证管理办法》《交通违章处理程序》和《中华人民共和国机动车登记办法》等15部规章制度。另外，各省份也根据其各地的实际情况，出台了一批地方性法规和地方政府规章。上述行政法规、规章以及地方性法规的贯彻落实，为加强道路交通管理、维护道路交通秩序、保障道路交通安全提供了法律保障。

然而，随着改革开放的不断深入发展，我国社会经济和人民生活的各个领域都发生了深刻的变化，道路交通的需求迅猛增长，机动车和交通流量大幅度增加，而城乡道路建设相对滞后，再加上道路交通参与者的法治观念普遍淡薄，交通违法现象十分严重，致使道路交通安全管理工作存在以下几个突出问题：

（1）道路交通安全形势严峻，道路交通事故特别是群死群伤的重特大交通事故逐年上升，给国家财产和人民群众的生命、财产带来严重损害。

（2）大中城市的交通拥堵日趋严重，道路通行效率降低，严重影响人们正常的生产、生活。

（3）办理机动车登记、检验和驾驶证审验等管理环节没有体现管住重点、方便一般的原则，该严管的没管住，该便民的不便民。

（4）现行《道路交通管理条例》和《治安管理处罚条例》规定的管理手段单一、对违法行为的处罚力度不够，难以有效制止和惩罚道路交通违法行为。

（5）公安交通管理部门及其交通警察的执法行为不规范，乱执法、滥执法等现象时有发生。因此，制定《道路交通安全法》，加强道路交通安全管理，保障道路交通安全、畅通，预防和减少交通事故，提高通行效率，规范公安交通管理部门及其交通警察的执法行为，是迫切需要的。

在人大常委会的委员们审议《道路交通安全法》（草案）的过程中，大家对《道路交通安全法》的立法目的都给予很高程度的关注，强调该法要体现以人为本的立法理念，在此基础上，重点突出维护交通秩序，预防和减少交通事故，保护人身安全和财产安全，提高通行效率等道路交通安全管理功能。《道路交通安全法》的全部内容正是围绕着这些立法目的而展开的。

教 学 目 标

【知识目标】

1. 掌握道路交通信号。
2. 理解道路通行规则。
3. 掌握常见道路交通违法行为及其处理。
4. 掌握道路交通事故的构成及处理程序。
5. 理解辅警协助执勤执法过程中的安全防护。

【能力目标】

1. 掌握处理交通事故的方法。
2. 具备判断违法行为的能力。
3. 掌握安全防护理念，具备安全防护能力。
4. 准确识别交通信号、通行规则。

【素养目标】

1. 养成良好的职业习惯。
2. 养成良好的团队合作意识。
3. 培养一定的创新能力。

任务一 交通信号

【任务引入】

交通事故已是世界性的严重社会问题,很多情况是违反交通信号,惨重的交通事故后果使人们不得不对交通安全状况予以高度重视。

2020年9月19日7时,要某军驾驶豫EZ5**6号重型半挂牵引车/豫E6**5挂号重型自卸半挂车,沿G341国道由东向西行驶至安阳县白璧镇岗上村口路段,未按红灯信号指示停车,撞向正在等信号灯的豫ES5**3号小型轿车及豫EHC**8号小型普通客车,后豫EZ5**6号重型半挂牵引车/豫E6**5挂号重型自卸半挂车又冲出道路北侧护栏,撞到路旁的房屋,造成3人死亡、3人受伤、3车损坏、道路护栏及房屋受损的交通事故。

你了解交通信号的分类和作用吗?

【教学场景】

1. PPT案例展示。
2. 学生模拟案例。

【相关知识】

随着道路交通的发展,为方便道路的管理和使用,全国实行统一的道路交通信号。交通信号包括交通信号灯、交通标志、交通标线和交通警察的指挥。

一、交通信号的种类与设置

路网建设和道路改造,完善交通基础设施等具体工作,由各级政府建设部门按照《道路交通安全法》及其实施条例、《道路交通标志和标线》(GB 5768—2009)等法律法规和行政规章,根据道路情况负责组织实施。交通信号的种类规定与设置要求主要有以下几点:

(1)交通信号灯分为:机动车信号灯、非机动车信号灯、人行横道信号灯、车道信号灯、方向指示信号灯、闪光警告信号灯、道路与铁路平面交叉道口信号灯。交通信号灯由红灯、绿灯、黄灯组成。红灯表示禁止通行,绿灯表示准许通行,黄灯表示警示。

(2)交通标志分为:指示标志、警告标志、禁令标志、指路标志、旅游区标志、道路施工安全标志和辅助标志。

(3)道路交通标线分为:指示标线、警告标线、禁止标线。

(4)交通警察的指挥分为:手势信号和使用器具的交通指挥信号。

二、交通信号灯

1. 机动车信号灯

由红色、黄色、绿色三个几何位置分立的无图案圆形单元组成的一组信号灯,指导机动车通行。

绿灯亮时,准许车辆通行,但转弯的车辆不得妨碍被放行的直行车辆、行人通行;

黄灯亮时,已越过停止线的车辆可以继续通行;

红灯亮时,禁止车辆通行。

注:在未设置非机动车信号灯和人行横道信号灯的路口,非机动车和行人应当按照机动车信号灯的表示通行。

2. 非机动车信号灯

由红色、黄色、绿色三个几何位置分立的内有自行车图案的圆形单元组成的一组信号灯,指导非机动车通行。

注:左转非机动车信号灯,由红色、黄色、绿色三个几何位置分立的内有自行车和向左箭头图案的圆形单元组成的一组信号灯,指导左转非机动车通行。

3. 人行横道信号灯

由几何位置分立的内有红色行人站立图案的单元和内有绿色行人行走图案的单元组成的一组信号灯,指导行人通行。

4. 方向指示信号灯

由红色、黄色、绿色三个几何位置分立的内有同向箭头图案的圆形单元组成的一组信号灯,用于指导某一方向上机动车通行。箭头方向向左、向上和向右分别代表左转、直行和右转。绿色箭头:表示车辆允许沿箭头所指的方向通行;红色或黄色箭头:表示仅对箭头所指方向起红灯或黄灯的作用。

5. 车道信号灯

由一个红色交叉形图案单元和一个绿色向下箭头图案单元组成的信号灯。红色交叉形表示本车道不准车辆通行;绿色向下箭头表示本车道准许车辆通行。

6. 闪光警告信号灯

由一个黄色无图案圆形单元构成的信号灯。工作状态闪烁,表示车辆、行人通行时应注意瞭望,在确保安全后通过。

7. 道口信号灯

由两个或一个红色无图案圆形单元构成的信号灯。道路与铁路平面交叉道口有两个红灯交替闪烁或者一个红灯亮时,表示禁止车辆、行人通行;红灯熄灭时,表示允许车辆、行人通行。

三、道路交通标志

1. 交通警告标志(见表4-1)

表4-1　　　　　　　　　　　交通警告标志

十字交叉	T形交叉(1)	T形交叉(2)	T形交叉(3)
除了基本形十字路口外,还有部分变异的十字路口,如:五路交叉路口、变形十字路口、变形五路交叉路口等。五路以上的路口均按十字路口对待	丁字形标志原则上设在与交叉口形状相符的道路上。右侧丁字路口,此标志设在进入T字路口以前的适当位置	丁字形标志原则上设在与交叉口形状相符的道路上。左侧丁字路口此标志设在进入丁字路口以前的适当位置	丁字形标志原则上设在与交叉口形状相符的道路上。此标志设在进入T字路口以前的适当位置
Y形交叉	环形交叉	向左急弯路	向右急弯路
设在Y形路口以前的适当位置	有的环形交叉路口,由于受线形限制或障碍物阻挡,此标志设在面对来车的路口的正面	向左急弯路标志设在左急转弯的道路前方适当位置	向右急弯路标志,设在右急转弯的道路前方适当位置
反向弯路	连续弯路	上陡坡	下陡坡
此标志设在两个相邻的方向相反的弯路前适当位置	此标志设在有连续三个以上弯路的道路以前适当位置	此标志设在纵坡度在7%和市区纵坡度在大于4%的陡坡道路前适当位置	此标志设在纵坡度在7%和市区纵坡度在大于4%的陡坡道路前适当位置

两侧变窄	右侧变窄	左侧变窄	窄桥
车行道两侧变窄主要指沿道路中心线对城缩窄的道路；此标志设在窄路以前适当位置	表示车行道右侧缩窄。此标志设在窄路以前适当位置	车行道左侧缩窄。此标志设在窄路以前适当位置	此标志设在桥面宽度小于路面宽度的窄桥以前适当位置
双向交通	注意行人	注意儿童	注意牲畜
双向行驶的道路上，采用天然的或人工的隔离措施，把上下行交通完全分离，由于某种原因（施工、桥、隧道）形成无隔离的双向车道时，须设置此标志	一般设在郊外道路上画有人行横道的前方。城市道路上因人行横道线较多，可根据实际需要设置	此标志设在小学、幼儿园、少年宫、儿童游乐场等儿童频繁出入的场所或通道处	此标志设在经常有牲畜活动的路段特别是视线不良的路段以前适当位置
注意信号灯	注意落石（1）	注意落石（2）	注意横风
此标志设在不易发现前方位信号灯控制的路口前适当位置	此标志设在左侧有落石危险的傍山路段之前适当位置	此标志设在右侧有落石危险的傍山路段之前适当位置	此标志设在经常有很强的侧风并有必要引起注意的路段前适当位置
易滑	傍山险路（1）	傍山险路（2）	堤坝路（1）
此标志设在路面的摩擦系数不能满足相应行驶速度下要求紧急刹车距离的路段前适当位置。行驶至此路段必须减速慢行	此标志设在山区地势险要路段（道路外侧位陡壁、悬崖危险的路段）以前适当位置	此标志设在山区地势险要路段（道路外侧位陡壁、悬崖危险的路段）以前适当位置	此标志设在沿水库、湖泊、河流等堤坝路以前适当位置

续表

堤坝路（2）	村庄	隧道	渡口
此标志设在沿水库、湖泊、河流等堤坝路以前适当位置	此标志设在不易发现前方有村庄或小城镇的路段以前适当位置	此标志设在进入隧道前的适当位置	此标志设在汽车渡口以前适当位置。特别是有的渡口地形较为复杂、道路条件较差，使用此标志能引起驾驶员的谨慎驾驶、注意安全
驼峰桥	路面不平	过水路面	有人看守铁路道口
此标志设在注意前方是拱度较大，不易发现对方来车，应靠右侧行驶并应减速慢行	此标志设在路面不平的路段以前适当位置	此标志设在过水路面或漫水桥路段以前适当位置	此标志设在不易发现的道口以前适当位置
无人看守铁路道口	注意非机动车	事故易发路段	慢行
此标志设在道口以前适当位置	此标志设在混合行驶的道路并经常有非机动车横穿、出入的地点以前适当位置	此标志设在交通事故易发路段以前适当位置	此标志设在前方需要减速慢行的路段以前适当位置
左右绕行	左侧绕行	右侧绕行	施工
此标志表示有障碍物应左右侧绕行，放置在路段前适当位置	此标志表示有障碍物左侧绕行，放置在路段前适当位置	此标志表示有障碍物右侧绕行，放置在路段前适当位置	此标志可作为临时标志设在施工路段以前适当位置

续表

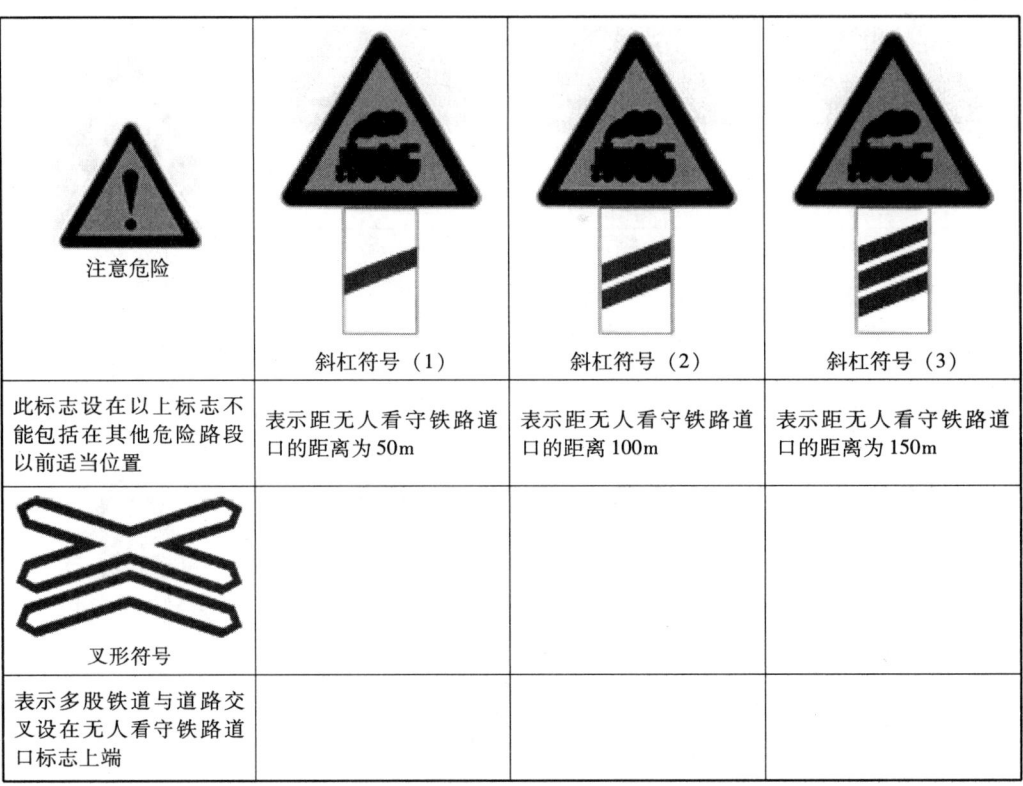

注意危险	斜杠符号（1）	斜杠符号（2）	斜杠符号（3）
此标志设在以上标志不能包括在其他危险路段以前适当位置	表示距无人看守铁路道口的距离为50m	表示距无人看守铁路道口的距离100m	表示距无人看守铁路道口的距离为150m
叉形符号			
表示多股铁道与道路交叉设在无人看守铁路道口标志上端			

2. 交通禁令标志（见表4-2）

表4-2　　　　　　　　　　　交通禁令标志

禁止通行	禁止驶入	除公共汽车外	禁止机动车通行
表示禁止一切车辆和行人通行。此标志设在禁止通行的道路入口处	表示禁止车辆驶入。此标志设在禁止驶入的路段入口处	表示禁止某种机动车通行。此标志设在禁止机动车通行的路段入口处	表示禁止载货机动车通行。此标志设在载货机动车通行的路段入口处
禁止三轮机动车通行	禁止大型客车通行	禁止小型客车通行	禁止汽车拖、挂车通行
表示禁止三轮机动车通行。此标志设在禁止三轮机动车通行的路段入口处	表示禁止大型客车通行。此标志设在禁止大型客车通行的路段入口处	表示禁止小型客车通行。此标志设在禁止小型客车通行的路段入口处	表示禁止汽车拖、挂车通行。此标志设在禁止汽车拖、挂车通行的路段入口处

续表

标志	禁止拖拉机通行	禁止农用车通行	禁止二轮摩托车通行	禁止某两种车通行
说明	表示禁止拖拉机通行。此标志设在禁止拖拉机通行的路段入口处	表示禁止农用运输车通行。此标志设在禁止农用运输车通行的路段入口处	表示禁止两轮摩托车通行。此标志设在禁止两轮摩托车通行的路段入口处	表示禁止某两种车通行。此标志设在禁止某两种车通行的路段入口处
标志	禁止非机动车通行	禁止畜力车通行	禁止人力货运三轮车通行	禁止人力客运三轮车通行
说明	表示禁止非机动车通行。此标志设在禁止非机动车通行的路段入口处	表示禁止畜力车通行。此标志设在禁止畜力车通行的路段入口处	表示禁止人力货运三轮车通行。此标志设在禁止人力货运三轮车通行的路段入口处	表示禁止人力客运三轮车通行。此标志设在禁止人力客运三轮车通行的路段入口处
标志	禁止人力车通行	禁止骑自行车下坡	禁止骑自行车上坡	禁止行人通行
说明	表示禁止人力车通行。此标志设在禁止人力车通行的路段入口处	表示禁止骑自行车下坡通行。此标志设在禁止骑自行车下坡通行的路段入口处	表示禁止骑自行车上坡通行。此标志设在禁止骑自行车上坡通行的路段入口处	表示禁止行人通行。此标志设在禁止行人通行的路段入口处
标志	禁止向左转弯	禁止向右转弯	禁止直行	禁止向左向右转弯
说明	表示前方路口禁止一切车辆向左转弯。此标志设在禁止向左转弯的路口前适当位置	表示前方路口禁止一切车辆向右转弯。此标志设在禁止向右转弯的路口前适当位置	表示前方路口禁止一切车辆直行。此标志设在禁止直行的路口前适当位置	表示前方路口禁止一切车辆向左向右转弯。此标志设在禁止向左向右转弯的路口前适当位置

续表

禁止直行和向左转弯	禁止直行和向右转弯	禁止掉头	禁止超车
表示前方路口禁止一切车辆直行和向左转弯。此标志设在禁止直行和向左转弯的路口前适当位置	表示前方路口禁止一切车辆直行和向右转弯。此标志设在禁止直行和向右转弯的路口前适当位置	表示前方路口禁止一切车辆掉头。此标志设在禁止掉头的路口前适当位置	表示该标志至前方解除禁止超车标志的路段内，不准机动车超车。此标志设在禁止超车的起点
解除禁止超车	禁止车辆临时或长时停放	禁止车辆长时停放	禁止鸣喇叭
表示禁止超车路段结束。此标志设在禁止超车的终点	表示在限定的范围内，禁止一切车辆临时或长时停放。此标志设在禁止车辆停放的地方。禁止车辆停放的时间、车种和范围可用辅助标志说明	禁止车辆长时停放，临时停放不受限制。禁止车辆停放的时间、车种和范围可用辅助标志说明	表示禁止鸣喇叭。此标志设在需要禁止鸣喇叭的地方。禁止鸣喇叭的时间和范围可用辅助标志说明
限制宽度	限制高度	限制质量	限制轴重
表示禁止装载宽度超过标志所示数值的车辆通行。此标志设在最大允许宽度受限制的地方。以图为例：装载宽度不得超过 3 米	表示禁止装载高度超过标志所示数值的车辆通行。此标志设在最大允许高度受限制的地方。以图为例：装载高度不得超过 3.5 米	表示禁止总质量超过标志所示数值的车辆通行。此标志设在需要限制车辆质量的桥梁两端。以图为例：装载总质量不得超过 10 吨（t）	表示禁止轴重超过标志所示数值的车辆通行。此标志设在需要限制车辆轴重的桥梁两端。以图为例：限制车辆轴重量不得超过 7 吨（t）
限制速度	解除限制速度	停车检查	停车让行
表示该标志至前方限制速度标志的路段内，机动车行驶速度不得超过标志所示数值。此标志设在需要限制车辆速度的路段的起点。以图为例：限制行驶时速不得超过 40 公里	表示限制速度路段结束。此标志设在限制车辆速度路段的终点	表示机动车必须停车接受检查。此标志设在关卡将近处，以便要求车辆接受检查或缴费等手续。标志中可加注说明检查事项	表示车辆必须在停止线以外停车瞭望，确认安全后，才准许通行。停车让行标志在下列情况下设置：（1）与交通流量较大的干路平交的支路路口；（2）无人看守的铁路道口；（3）其他需要设置的地方

续表

减速让行	会车让行	禁止运输危险物品车辆驶入标志	
表示车辆应减速让行,告告车辆驾驶员必须慢行或停车,观察干路行车情况,在确保干道车辆优先的前提下,认为安全时方可续行。此标志设在视线良好交叉道路的次要路口	表示车辆会车时,必须停车让对方车先行。设置在会车有困难的狭窄路段的一端或由于某种原因只能开放一条车道作双向通行路段的一端	表示禁止运输危险物品车辆驶入。设在禁止运输危险物品车辆驶入路段的入口处	

3. 交通指示标志（见表4-3）

表4-3　　　　　　　　交通指示标志

直行	向左转弯	向右转弯	直行和向左转弯
表示只准一切车辆直行。此标志设在直行的路口以前适当位置	表示只准一切车辆向左转弯。此标志设在车辆必须向左转弯的路口以前适当位置	表示只准一切车辆向右转弯。此标志设在车辆必须向右转弯的路口以前适当位置	表示只准一切车辆直行和向左转弯。此标志设在车辆必须直行和向左转弯的路口以前适当位置
直行和向右转弯	向左和向右转弯	靠右侧道路行驶	靠左侧道路行驶
表示只准一切车辆直行和向右转弯。此标志设在车辆必须直行和向右转弯的路口以前适当位置	表示只准一切车辆向左和向右转弯。此标志设在车辆必须向左和向右转弯的路口以前适当位置	表示只准一切车辆靠右侧道路行驶。此标志设在车辆必须靠右侧行驶的路口以前适当位置	表示只准一切车辆靠左侧道路行驶。此标志设在车辆必须靠左侧行驶的路口以前适当位置

续表

立交直行和左转弯行驶	立交直行和右转弯行驶	环岛行驶	步行
表示车辆在立交处可以直行和按图示路线左转弯行驶。此标志设在立交左转弯出口处适当位置	表示车辆在立交处可以直行和按图示路线右转弯行驶。此标志设在立交右转弯出口处适当位置	表示只准车辆靠右环行。此标志设在环岛面向路口来车方向适当位置	表示该街道只供步行。此标志设在步行街的两端
鸣喇叭	最低限速	单行路向左或向右	单行路直行
表示机动车行至该标志处必须鸣喇叭。此标志设在公路的急转弯处、陡坡等视线不良路段的起点	表示机动车驶入前方道路之最低时速限制。此标志设在高速公路或其他道路限速路段的起点	表示一切车辆向左或向右单向行驶。此标志设在单行路的路口和入口处的适当位置	表示一切车辆单向行驶。此标志设在单行路的路口和入口处的适当位置
干路先行	会车先行	人行横道	右转车道
表示干路先行，此标志设在车道以前适当位置	表示会车先行，此标志设在车道以前适当位置	表示该处为专供行人横穿马路的通道。此标志设在人行横道的两侧	表示车道的行驶方向。此标志设在导向车道以前适当位置
直行车道	直行和右转合用车道	分向行驶车道	公交线路专用车道
表示车道的行驶方向。此标志设在导向车道以前适当位置	表示车道的行驶方向。此标志设在导向车道以前适当位置	表示车道的行驶方向。此标志设在导向车道以前适当位置	表示该车道专供本线路行驶的公交车辆行驶。此标志设在进入该车道的起点及各交叉口入口处以前适当位置

续表

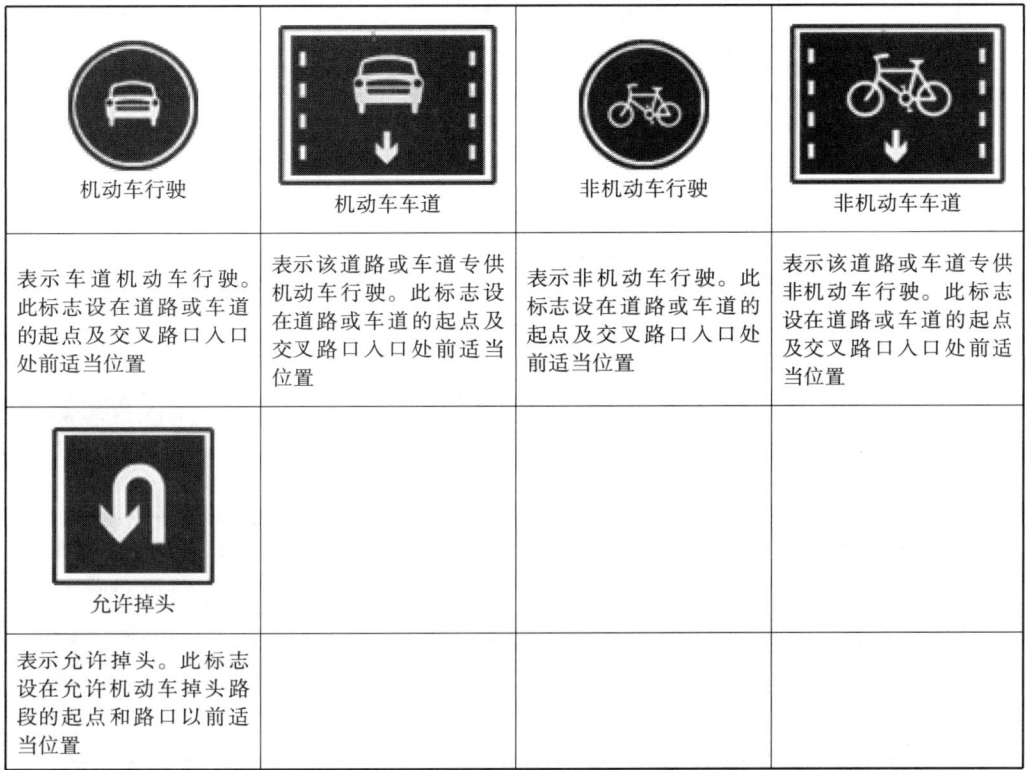

机动车行驶	机动车车道	非机动车行驶	非机动车车道
表示车道机动车行驶。此标志设在道路或车道的起点及交叉路口入口处前适当位置	表示该道路或车道专供机动车行驶。此标志设在道路或车道的起点及交叉路口入口处前适当位置	表示非机动车行驶。此标志设在道路或车道的起点及交叉路口入口处前适当位置	表示该道路或车道专供非机动车行驶。此标志设在道路或车道的起点及交叉路口入口处前适当位置
允许掉头			
表示允许掉头。此标志设在允许机动车掉头路段的起点和路口以前适当位置			

4. 交通指路标志（见表4-4）

表4-4　　　　　　　　　　交通指路标志

地名	著名地点	行政区划分界	道路管理分离（1）	道路管理分离（2）	国道编号
省道编号	县道编号	行驶方向		交叉路口预告（1）	交叉路口预告（2）
十字交叉路口（1）	十字交叉路口（2）	十字交叉路口（3）	十字交叉路口（4）	丁字交叉路口（1）	丁字交叉路口（2）

续表

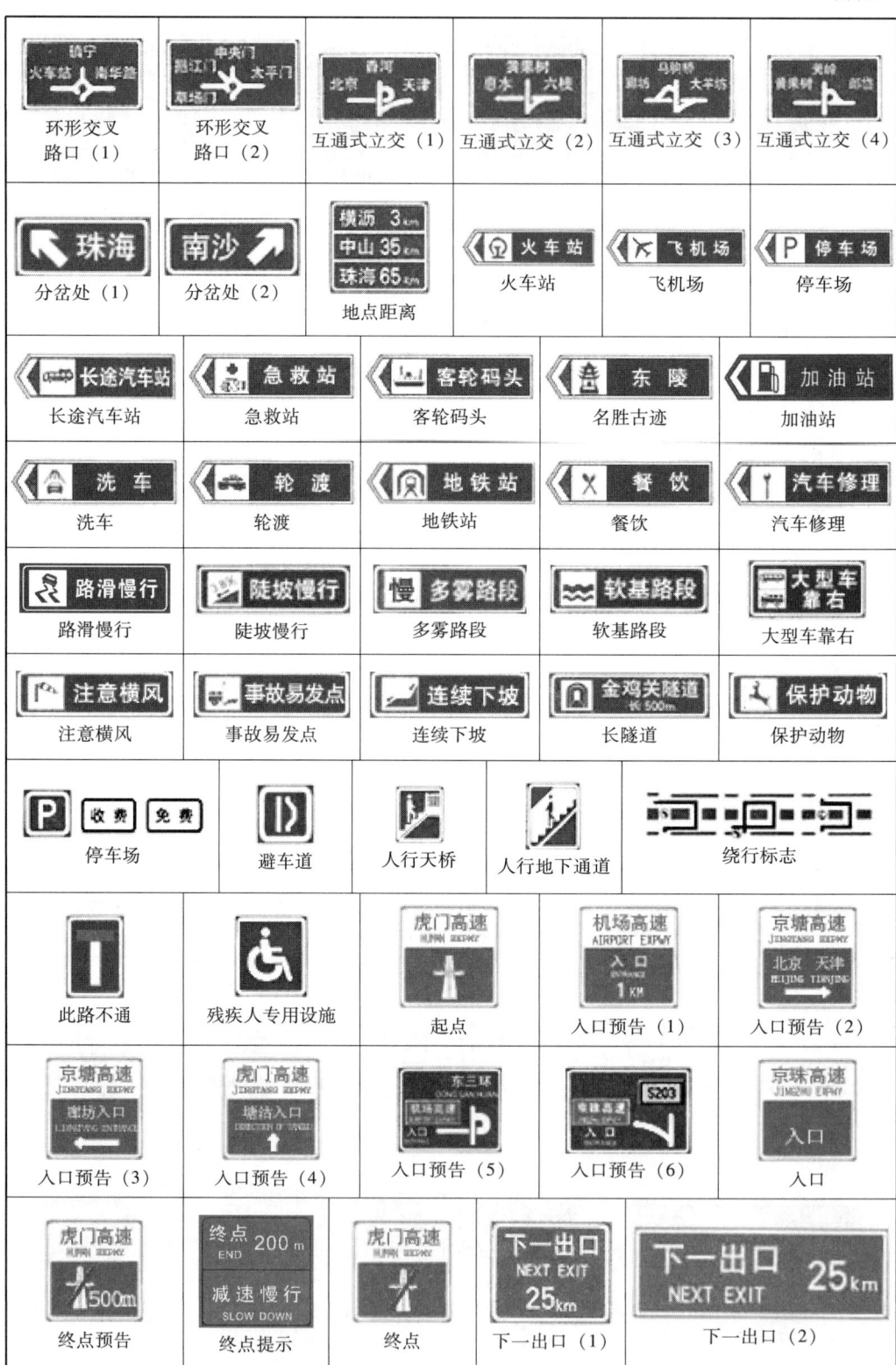

续表

续表

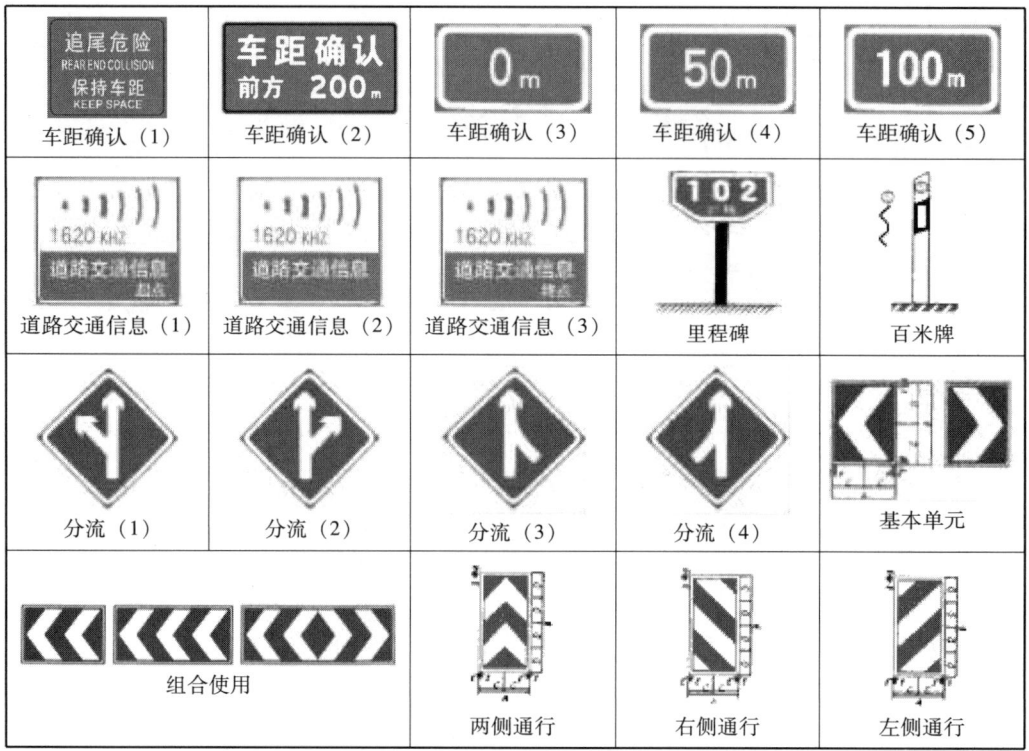

5. 道路施工安全标志（见表4-5）

表4-5　　　　　　　　道路施工安全标志

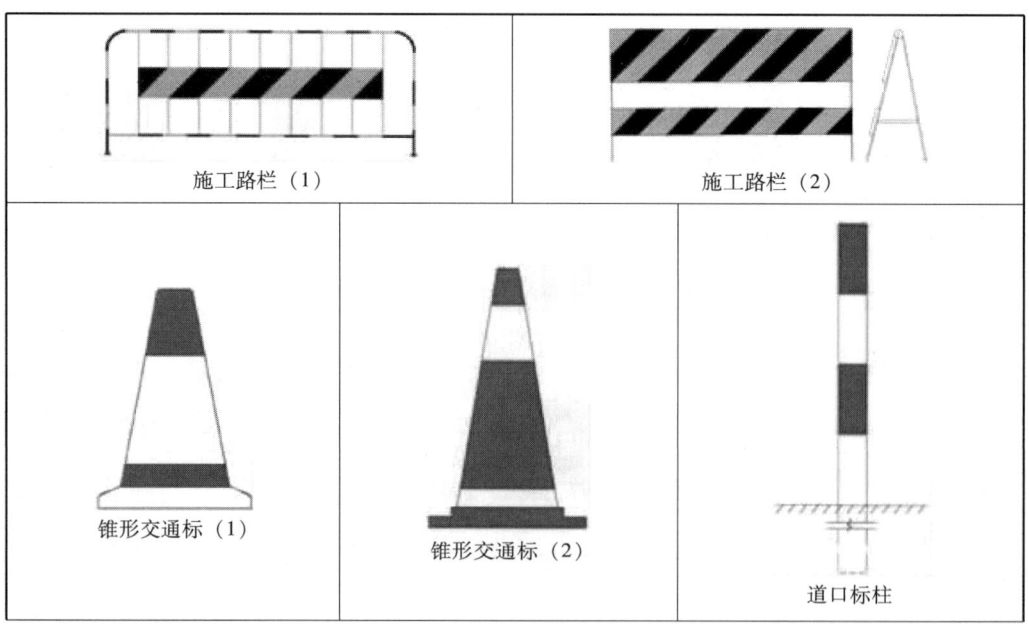

续表

四、道路交通标线

分为指示、警告、禁止标线三种。

1. 实线

中心线、车道线为实线时严禁压实线变道或超车（见图 4-1）。

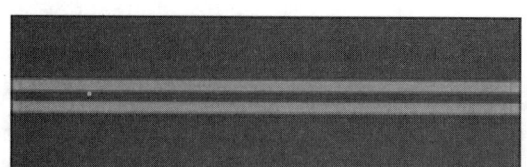

图 4-1

2. 虚线

可以压线后变道或超车，但不能长时间压线行驶（见图 4-2）。

图 4-2

3. 虚实线

虚线一侧准许越线超车或向左转弯，实线一侧严禁轧线（见图 4-3）。

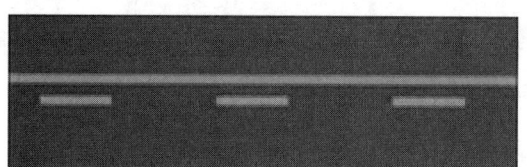

图 4-3

4. 重要的交通标线

（1）中心线：分隔对向车流的交通标线（见图 4-4）。

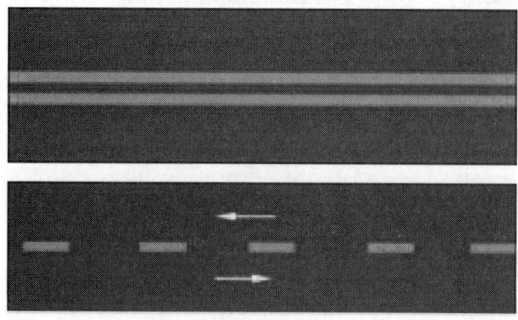

图 4-4

(2) 车道线：分隔同向车流的交通标线（见图 4-5）。

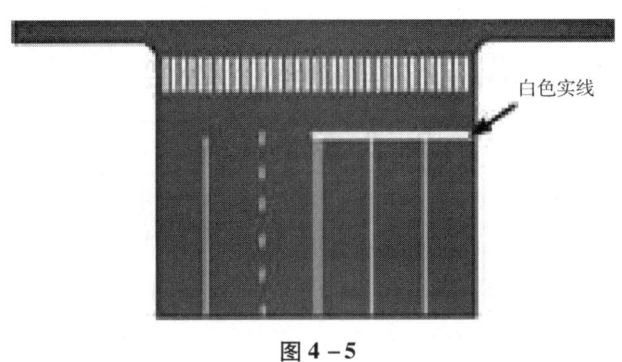

图 4-5

(3) 人行横道线：行人横穿车行道的交通标线（见图 4-6）。

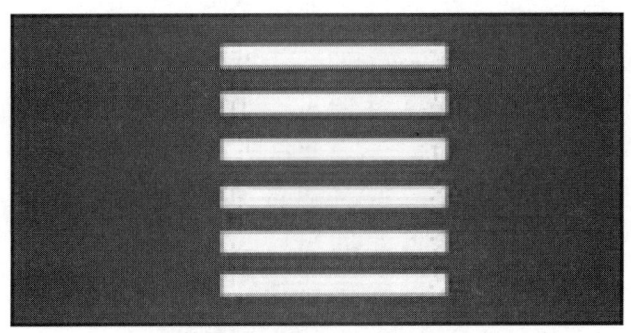

图 4-6

(4) 停止线：垂直于道路中心线的白色实线（见图 4-7）。

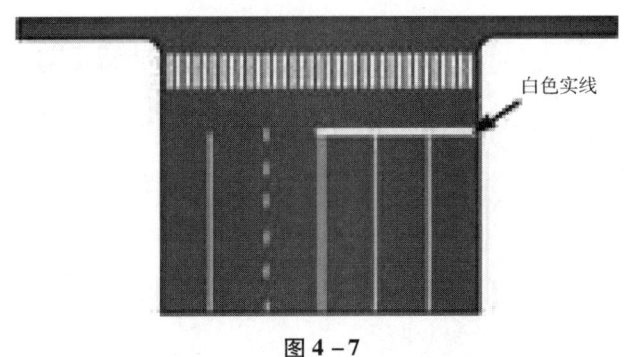

图 4-7

(5) 中心圈：用来区分大、小转弯（见图 4-8）。

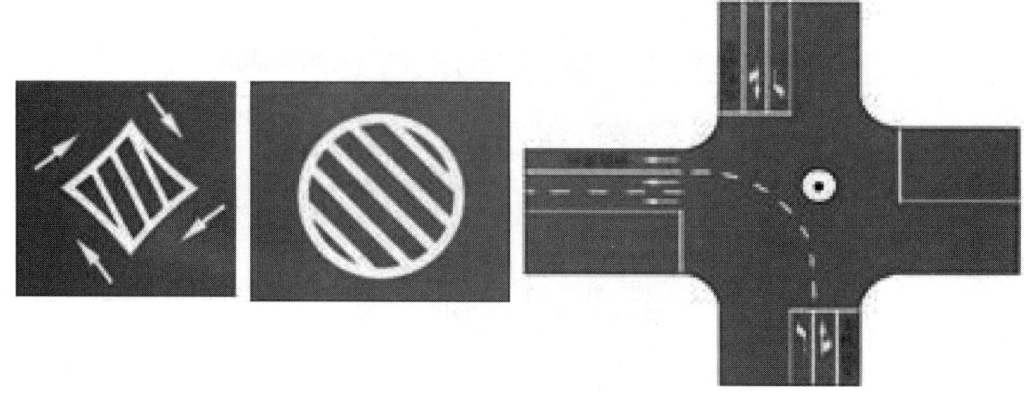

图 4-8

(6) 导向箭头：必须按照箭头指引的方向通行（见图 4-9）。

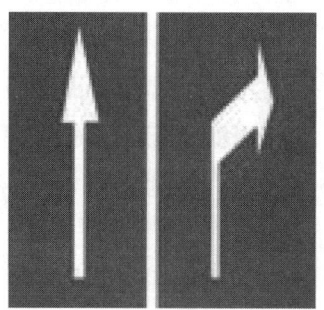

图 4-9

(7) 减速让行线（见图 4-10）。

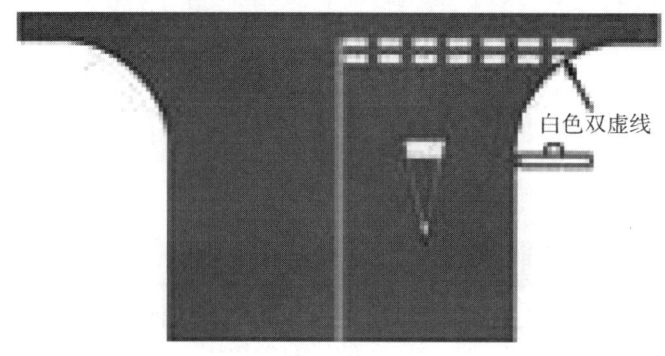

图 4-10

（8）停车让行线（见图 4-11）。

图 4-11

（9）左转弯待转区：直行车辆被放行的前提下，左转弯车可进入待转区等待左转（见图 4-12）。

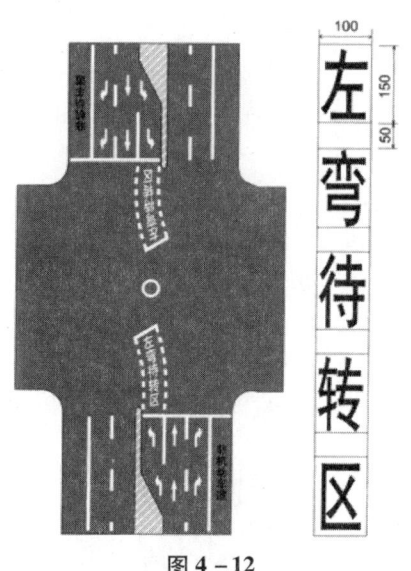

图 4-12

5. 疑难的标线

（1）警告标线（见图 4-13）。

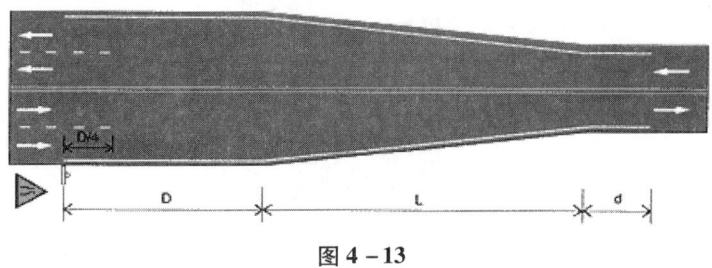

图 4-13

（2）网状线（见图4-14）。告知机动车驾驶人禁止在该区域内临时停车，防止交通阻塞。

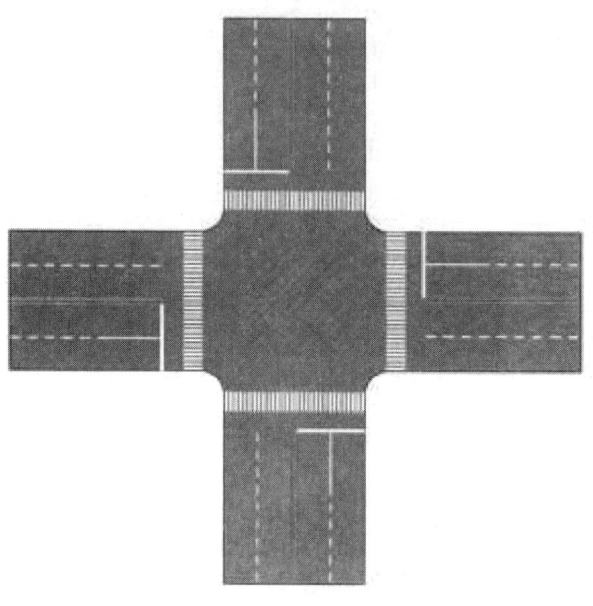

图4-14

（3）路口中心标线：告知非机动车驾驶人禁止进入（为黄色，见图4-15）。

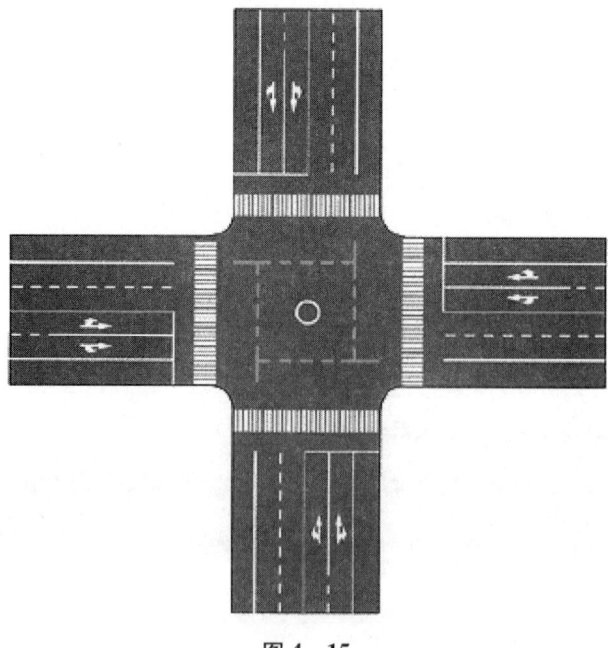

图4-15

五、交通警察的手势信号

(一) 种类

新的八种交通警察手势信号：停止信号、直行信号、左转弯信号、左转弯待转信号、右转弯信号、变道缓行信号、减速慢行信号、示意车辆靠边停车信号。

(二) 口诀大全

左手过头勿前行——停车信号；

右手摆动靠边停——靠边停车；

两手平伸右手摆，警察叔叔让直行——直行信号；

掌心向前你别动，哪手摆动向哪行——左、右转弯信号；

左手侧摆须待转——左转弯待转信号；

右手横摆道变更——变道信号；

变道安全很重要，右手下摆是慢行——慢行信号。

(三) 交警手势信号图解

停止信号：左臂向前上方直伸，掌心向前，不准前方车辆通行。

停车手势口诀：左手过头勿前行。

停止信号如图 4-16 所示。

图 4-16

直行信号：左臂向左平伸，掌心向前；右臂向右平伸，掌心向前，向左摆动，准许右方直行的车辆通行。

直行手势口诀：两手平伸右手摆，警察叔叔让直行。

直行信号如图4-17所示。

图4-17

左转弯信号：右臂向前平伸，掌心向前；左臂与手掌平直向右前方摆动，掌心向右，准许车辆左转弯，在不妨碍被放行车辆通行的情况下可以掉头。

左、右转弯信号口诀：掌心向前你别动，哪手摆动向哪行。

左转弯信号如图4-18所示。

图4-18

右转弯信号：左臂向前平伸，掌心向前；右臂与手掌平直向左前方摆动，手掌向左，准许右方的车辆右转弯。

左、右转弯信号口诀：掌心向前你别动，哪手摆动向哪行。

右转弯信号如图4-19所示。

图4-19

左转弯待转信号：左臂向左下方平伸，掌心向下；左臂与手掌平直向下方摆动，准许左方左转弯的车辆进入路口，沿左转弯行驶方向靠近路口中心，等候左转弯信号。

左转弯待转手势口诀：左手侧摆须待转。

左转弯待转信号如图 4-20 所示。

图 4-20

变道信号：右臂向前平伸，掌心向左；右臂向左水平摆动，车辆应当腾空指定的车道，减速慢行。

变道手势口诀：右手横摆道变更。

变道信号如图 4-21 所示。

图 4-21

减速慢行信号：右臂向右前方平伸，掌心向下；右臂与手掌平直向下方摆动，车辆应当减速慢行。

慢行手势口诀：变道安全很重要，右手下摆是慢行。

减速慢行信号如图 4-22 所示。

图 4-22

示意车辆靠边停车信号：左臂向前上方平伸，掌心向前；右臂向前下方平伸，掌心向左；右臂向左水平摆动，车辆应当靠边停车。

停车手势口诀：左手过头勿前行、右手摆动靠边停。

示意车辆靠边停车信号如图 4-23 所示。

图 4-23

【任务实施】

通过训练，使学生能熟练交通警察的手势信号，能在实践中指挥道路交通参与人。

一、实施步骤

(1) 教师示范，学生学习。

(2) 参训学生 6 名为一组，分角色扮演，由 1 名学生模拟路人，2 名学生模拟机动车驾驶人，2 名学生模拟骑电动车的人，由 1 名学生模拟交通警察。

情景一：机动车驾驶人闯红灯，交警需要让驾驶人靠边停车。

情景二：在没有红绿灯的路口，交警指挥交通。

二、注意事项

(1) 任务实施期间应有教师现场指导。

(2) 新的交通警察手势信号简化了"直行信号""左转辅助信号""左转弯待转信号""减速慢行信号"中交通警察的头部动作，简化了原"前车避让后车信号"的动作，并将其修改为"变道信号"，使手势信号更加简洁明了，提高指挥效能。

(3) 施行新修订的交通警察手势信号还对使用指挥棒指挥提出了明确的要求。规定交通警察在夜间及雨、雪、雾等光线较暗或者照明条件较差等天气条件下执勤时，可以用右手持指挥棒按照手势信号指挥交通，明确了指挥棒指挥交通的法律效能。

【任务评价】

实训课任务考核标准如表 4-6 所示。

表 4-6　　　　　　　　实训课任务考核标准（1）

考核内容	权重（100分）	标准	得分
熟悉交通警察的手势信号	30	熟悉操作动作手势	
能在实践中指挥道路交通参与人	30	熟练操作步骤，动作规范	
指挥用语	20	语言规范，表达清晰	
着装	10	着装达到执勤要求标准	
设备、装备使用	10	设备使用安全、无损坏、按时归还	

任务二　道路通行规则

【任务引入】

道路通行规则是车辆、行人的基本通行准则，是保障有序、安全通行的基础。《道路交通安全法》及其实施条例对此都设专章加以规范，并对各种道路通行行为作出了明确而且具体的详细规定。制定道路通行规则的目的就是要提倡道德、文明的交通习惯，形成良好的交通秩序，保障道路安全畅通，从而构造一个和谐、有序、安全的道路交通环境。

除了"右侧通行""车辆、行人各行其道"你还知道哪些通行原则？

【相关知识】

一、一般规定

1. 右侧通行原则

《道路交通安全法》第三十五条规定，机动车、非机动车实行右侧通行。

机动车、非机动车实行右侧通行。右侧通行的标准是，如果道路上划设有中心线的，以中心线为界；不划设中心线的，以几何中心为界，以面对方向定左右，即左、右手一侧的道路分别为左侧道路和右侧道路，除特殊规定的情况或特殊规定的车辆以外，一律靠右侧道路行驶。在路口内，有岗台或中心圈的，以岗台或中心圈为界，除有特殊规定的车辆外，从其左侧左转弯，右侧通行的原则只适用于机动车和非机动车，行人可不适用右侧通行的原则，自行车推行可视为行人。

2. 车辆、行人各行其道原则

《道路交通安全法》第三十六条规定，根据道路条件和通行需要，道路划分为机动车道、非机动车道和人行道的，机动车、非机动车、行人实行分道通行。没有划分机动车道、非机动车道和人行道的，机动车在道路中间通行，非机动车和行人在道路两侧通行。

道路划设专用车道的，在专用车道内，只准许规定的车辆通行，其他车辆不得进入专用车道内行驶。

3. "确保安全"的通行原则

车辆、行人应当按照交通信号通行；遇有交通警察现场指挥时，应当按照交通警察的指挥通行；在没有交通信号的道路上，应当在确保安全、畅通的原则下通行。

没有交通信号的道路多是在车辆流量较少的城市郊区道路和乡、村公路等道路。此时车辆通过时，应当注意避让行人，根据自己的判断，在确保安全和畅通的情况下才可以通行。行人也应当注意来往车辆，不要与车辆抢行，在确保安全的情况下通行。

二、机动车通行规定

（一）分道行驶的规定

《中华人民共和国道路交通安全法实施条例》（以下简称《道路交通安全法实施条例》）第四十四条规定，在道路同方向有2条以上机动车道的，左侧为快速车道，右侧为慢速车道。在快速车道行驶的机动车应当按照快速车道规定的速度行驶，未达到快速车道规定的行驶速度的，应当在慢速车道行驶。慢速车道内的机动车超越前车时，可以借用快速车道行驶。

（1）摩托车应当在最右侧车道行驶；

（2）有交通标志标明行驶速度的，按照标明的行驶速度行驶；

（3）慢速车道内的机动车超越前车时，可以借用快速车道行驶。

（二）最高行驶速度的规定

《道路交通安全法》第四十二条规定，机动车上道路行驶，不得超过限速标志标明的最高时速。在没有限速标志的路段，应当保持安全车速。

1. 安全车速

指机动车驾驶人根据自身情况，车辆状况，道路条件和交通情况。在法律法规和道路标志、标线规定的限速范围内，选择能够保证安全的行驶车速。

夜间行驶或者在容易发生危险的路段行驶，以及遇有沙尘、冰雹、雨、雪、雾、结冰等气象条件时，应当降低行驶速度。

2.《道路交通安全法实施条例》第四十五条

机动车在道路上行驶不得超过限速标志、标线标明的速度。在没有限速标志、标线的道路上，机动车不得超过下列最高行驶速度：

（1）没有道路中心线的道路，城市道路为 30 公里/小时，公路为 40 公里/小时；

（2）同方向只有 1 条机动车道的道路，城市道路为 50 公里/小时，公路为 70 公里/小时。

（三）限速 30 公里的规定

《道路交通安全法实施条例》第四十六条规定，机动车行驶中遇有下列情形之一的，最高行驶速度不得超过每小时 30 公里：

（1）进出非机动车道，通过铁路道口、急弯路、窄路、窄桥时；

（2）掉头、转弯、下陡坡时；

（3）遇雾、雨、雪、沙尘、冰雹，能见度在 50 米以内时；

（4）在冰雪、泥、泞的道路上行驶时；

（5）牵引发生故障的机动车时。

（四）超车规定

《道路交通安全法实施条例》第四十七条规定，机动车超车时，应当提前开启左转向灯、变换使用远、近光灯或者鸣喇叭。在没有道路中心线或者同方向只有 1 条机动车道的道路上，前车遇后车发出超车信号时，在条件许可的情况下，应当降低速度、靠右让路。后车应当在确认有充足的安全距离后，从前车的左侧超越，在与被超车辆拉开必要的安全距离后，开启右转向灯，驶回原车道。

同车道行驶的机动车，后车应当与前车保持足以采取紧急制动措施的安全距离。有下列情形之一的，不得超车：

（1）前车正在左转弯、掉头、超车的；

（2）与对面来车有会车可能的；

（3）前车为执行紧急任务的警车、消防车、救护车、工程救险车的；

（4）行经铁路道口、交叉路口、窄桥、弯道、陡坡、隧道、人行横道、市区交通流量大的路段等没有超车条件的。

(五) 会车规定

《道路交通安全法实施条例》第四十八条规定，在没有中心隔离设施或者没有中心线的道路上，机动车遇相对方向来车时应当遵守下列规定：

（1）减速靠右行驶，并与其他车辆、行人保持必要的安全距离；

（2）在有障碍的路段，无障碍的一方先行；但有障碍的一方已驶入障碍路段而无障碍的一方未驶入时，有障碍的一方先行；

（3）在狭窄的坡路，上坡的一方先行；但下坡的一方已行至中途而上坡的一方未上坡时，下坡的一方先行；

（4）在狭窄的山路，不靠山体的一方先行；

（5）夜间会车应当在距相对方向来车150米以外改用近光灯，在窄路、窄桥与非机动车会车时应当使用近光灯。

(六) 关于车辆通过交叉路口的规定

（1）《道路交通安全法实施条例》第五十一条规定，机动车通过有交通信号灯控制的交叉路口，应当按照下列规定通行：

①在划有导向车道的路口，按所需行进方向驶入导向车道。

②准备进入环形路口的让已在路口内的机动车先行。

③向左转弯时，靠路口中心点左侧转弯。转弯时开启转向灯，夜间行驶开启近光灯。

④遇放行信号时，依次通过。

⑤遇停止信号时，依次停在停止线以外。没有停止线的，停在路口以外。

⑥向右转弯遇有同车道前车正在等候放行信号时，依次停车等候。

⑦在没有方向指示信号灯的交叉路口，转弯的机动车让直行的车辆、行人先行。相对方向行驶的右转弯机动车让左转弯车辆先行。

（2）《道路交通安全法实施条例》第五十二条规定，机动车通过没有交通信号灯控制也没有交通警察指挥的交叉路口，还应当遵守：

①有交通标志标线的，让优先通行的一方先行；

②没有交通标志标线，让右方道路的来车先行；

③转弯的机动车让直行的车辆先行；

④相对方向行驶的右转弯机动车让左转弯的车辆先行。

(七) 关于车辆遇排队等候或缓慢行驶时通行的规定

《道路交通安全法实施条例》第五十三条规定，机动车遇有前方交叉路口交通阻塞时，应当依次停在路口以外等候，不得进入路口。

机动车在遇有前方机动车停车排队等候或者缓慢行驶时,应当依次排队,不得从前方车辆两侧穿插或者超越行驶,不得在人行横道、网状线区域内停车等候。

(八) 经过人行横道的规定

《道路交通安全法》第四十七条规定,机动车行经人行横道时,应当减速行驶;遇行人正在通过人行横道,应当停车让行。

机动车行经没有交通信号的道路时,遇行人横过道路,应当避让。

(九) 机动车载人的规定

根据《道路交通安全法实施条例》第五十五条,机动车载人应当遵守下列规定:

(1) 公路载客汽车不得超过核定的载客人数,但按照规定免票的儿童除外,在载客人数已满的情况下,按照规定免票的儿童不得超过核定载客人数的10%。

(2) 载货汽车车厢不得载客。在城市道路上,货运机动车在留有安全位置的情况下,车厢内可以附载临时作业人员1~5人;载物高度超过车厢栏板时,货物上不得载人。

(3) 摩托车后座不得乘坐未满12周岁的未成年人,轻便摩托车不得载人。

(十) 机动车发生故障时采取安全措施的规定

《道路交通安全法》第五十二条规定,机动车在道路上发生故障,需要停车排除故障时,驾驶人应当立即开启危险报警闪光灯,将机动车移至不妨碍交通的地方停放,难以移动的,应当持续开启危险报警闪光灯,并在来车方向设置警告标志等措施扩大示警距离,必要时迅速报警。

《道路交通安全法实施条例》第六十条规定,机动车在道路上发生故障或者发生交通事故,妨碍交通又难以移动的,应当按照规定开启危险报警闪光灯并在车后50~100米处设置警告标志,夜间还应当同时开启示廓灯和后位灯。

(十一) 机动车停放和临时停车的规定

《道路交通安全法》第五十六条机动车应当在规定地点停放。禁止在人行道上停放机动车;但是,依照本法第三十三条规定施划的停车泊位除外。在道路上临时停车的,不得妨碍其他车辆和行人通行。《道路交通安全法实施条例》第六十三条规定,机动车在道路上临时停车,应当遵守下列规定:

(1) 设有禁停标志、标线的路段,在机动车道与非机动车道、人行道之间设有隔离设施的路段以及人行横道、施工地段,不得停车。

(2) 交叉路口、铁路道口、急弯路、宽度不足4米的窄路、桥梁、陡坡、隧道以及距离上述地点50米以内的路段,不得停车。

(3) 公共汽车站、急救站、加油站、消防栓或者消防队(站)门前以及距离上述地点 30 米以内的路段，除使用上述设施的以外，不得停车。

（4）车辆停稳前不得开车门和上下人员，开关车门不得妨碍其他车辆和行人通行。

（5）路边停车应当紧靠道路右侧，机动车驾驶人不得离车，上下人员或者装卸物品后，立即驶离。

（6）城市公交汽车不得在站点以外的路段停车上下乘客。

（十二）特殊车辆享受特权的规定

1. 特种车辆

《道路交通安全法》第五十三条规定，警车、消防车、救护车、工程救险车执行紧急任务时，可以使用警报器、标志灯具；在确保安全的前提下，不受行驶路线、行驶方向、行驶速度和信号灯的限制，其他车辆和行人应当让行。

警车、消防车、救护车、工程救护车非执行紧急任务时，不得使用警报器、标志灯具，不享有前款规定的道路优先通行权。

2. 道路养护车辆、工程作业车

《道路交通安全法》第五十四条规定，道路养护车辆、工程作业车进行作业时，在不影响过往车辆通行的前提下，其行驶路线和方向不受交通标志、标线限制，过往车辆和人员应当注意避让。

三、非机动车通行规定

（1）非机动车应当在非机动车道内行驶；在没有非机动车道的道路上，应当靠车行道的右侧行驶。

（2）残疾人机动轮椅车、电动自行车在非机动车道内行驶时，最高时速不得超过 15 千米。

（3）驾驭畜力车，应当使用驯服的牲畜；驾驭畜力车横过道路时，驾驭人应当下车牵引牲畜；驾驭人离开车辆时，应当拴系牲畜。

（4）非机动车应当在规定地点停放。未设停放地点的，非机动车停放不得妨碍其他车辆和行人通行。

（5）驾驶自行车、电动自行车、三轮车在路段上横过机动车道，应当下车推行，有人行横道或者行人过街设施的，应当从人行横道或者行人过街设施通过；没有人行横道、没有行人过街设施或者不便使用行人过街设施的，在确认安全后直行通过。

（6）驾驶自行车、三轮车必须年满 12 周岁，驾驶电动自行车和残疾人机动轮椅车必须年满 16 周岁；驾驭畜力车应该年满 16 周岁。

四、行人和乘车人通行规定

1. 行走的规定

行人应当在人行道内行走，没有人行道的靠路边行走。

行人横过机动车道，应当从行人过街设施通过；没有行人过街设施的，应当从人行横道通过；没有人行横道的，应当观察来往车辆的情况，确认安全后直行通过，不得在车辆临近时突然加速横穿或者中途倒退、折返。

2. 禁止行为的规定

行人不得跨越、倚坐道路隔离设施，不得扒车、强行拦车、不得在道路上使用滑板、旱冰鞋等滑行工具；不得在车行道内坐卧、停留、嬉闹；不得追车、抛物击车等妨碍道路交通安全的行为。

乘车人不得携带易燃易爆等危险物品，不得向车外抛撒物品，不得有影响驾驶人安全驾驶的行为。

【任务实施】

学生掌握对违停的车辆贴违法行为告知单的流程。

一、实施步骤

参训学生 3 名为一组，分角色扮演，1 名学生模拟机动车驾驶人，由 2 名学生模拟交通警察。

任务一：机动车驾驶人（在车内）未在指定位置停车，交警处罚。

交警应对驾驶人提出口头警告，让其驶离停车地点。

任务二：机动车驾驶人（未在车内）未在指定位置停车，交警处罚。

二、注意事项

（1）任务实施期间应有教师现场指导。

（2）机动车驾驶人不在现场或者虽在现场但拒绝立即驶离，妨碍其他车辆、行人通行的，处二十元以上二百元以下罚款，并可以将该机动车拖移至不妨碍交通的地点或者公安机关交通管理部门指定的地点停放。

【任务评价】

实训课任务考核标准如表 4-7 所示。

表 4–7　　　　　　　　　实训课任务考核标准（2）

考核内容	权重（100 分）	标准	得分
违法停车辆贴单的流程	30	熟练车辆贴违法行为告知单的流程	
违法停车处罚	30	熟悉违法停车处罚标准	
实践指挥中的口头警告用语	20	语言规范，表达清晰	
着装	10	着装达到执勤要求标准	
设备、装备使用	10	设备使用安全、无损坏、按时归还	

任务三　常见的道路交通违法行为及其处理

【任务引入】

2020 年 3 月 22 日 21 时 19 分许，黎某某酒后驾驶机动车上道路行驶，被执勤民警查获。现场酒精检测结果为：21 毫克（mg）/100 毫升（ml）。经查，黎某某持有 A2 驾驶证，这次酒驾给他带来的不仅仅是罚款，还砸了"饭碗"。

驾驶人：我酒量好，喝一点没事的。

交警揭秘：驾车上路，一定要做到滴酒不沾，千万不要"我觉得"。根据《机动车驾驶证申领和使用规定》，对于持有 A 类、B 类驾照的车主，在一个记分周期内有记满 12 分的，车辆管理所应当注销其最高准驾车型驾驶资格，并在 30 日内办理降级换证业务，对于以开车为职业的人来说，一次酒驾，很可能就把"饭碗"给砸了。

提问：常见的道路违法有哪些？应受哪些处罚？

【教学场景】

1. PPT 案例展示。
2. 学生模拟案例。

【相关知识】

一、电子警察工作原理

电子警察作为智能交通管理的重要工具，为交通执法部门带来了极大的方便。

电子警察是一种利用自动化检测与测量技术抓获交通违法或者交通事故,利用网络将采集的信息传回公安部门进行分析处理,并以此为证据对违法者进行处罚,辅助交警工作的方法。

电子警察还有一别称"闯红灯自动记录系统",即可安装在信号控制的交叉路口和路段上对制定车道内机动车闯红灯行为进行不间断地自动检测和记录(见图4-24)。

图4-24

除此之外,电子眼还增添了更大功能:抓拍超速、不系安全带等。

下面介绍电子眼的工作原理:

现在红灯电子眼都是地压式磁感应线圈,有电子眼的路口在警戒线前后,都挖有菱形的槽子,里头埋的就是感应线圈。

电子眼拍闯红灯的原理如下:

(1) 当你的车前轮压过地上的感应圈时,电子拍摄第一张照片;

(2) 当你的车后轮压过地上的感应圈时,电子拍摄第二张照片;

(3) 当你的车通过路口压过对面地上的感应线圈时,电子拍摄第三张照片;

(4) 开车在路上,经常会看到很多摄像头。这些摄像头有的在十字路口,有的在某路段,有的在路边,它们造型各异,有球形的,有长方形的,还有其他古怪造型的。那么你有没有想过,这些摄像头都是用来做什么的呢?哪个是拍违章的,哪个是拍超速的,哪个是用来监控的呢?

根据了解,摄像头大致可以分为5类,分别为电子警察、卡口、流量监测、违停抓拍、天网监控。

第一类：电子警察。

这类摄像头一般安装在十字路口，通过抓拍车尾，来监测车辆闯红灯、不按导向行驶、违法变道、压线、逆行、机动车占用非机动车道等违法行为，并且它在抓拍违章时是没有任何提示的。

有些人觉得摄像头不亮就是没有工作，但这样认为是很片面的，因为有的监控摄像头本身即使是在工作中也是不亮的。

第二类：卡口。

这类摄像头一般安装在国道、省道、高速公路的路段上，用来抓拍超速等行为。而且它进行的是正面抓拍，可以清晰地看到相关信息。所以如果你超速被抓拍了，想找其他人拿驾照销分，是很容易被识破的。所以还是遵守规则，不超速不违章的好！

第三类：流量监测。

这类摄像头一般安装在电子警察的杆上或者信号灯杆上。它的主要作用是统计车流量，给信号控制提供数据支持（有的路口信号灯是根据车流量放行的，当流量相机检测到有车过时，给信号灯下命令亮绿灯）。这个流量相机不会抓拍任何违法行为，只用作车流量统计。

第四类：违停抓拍。

这类摄像头是球形的。主要安装在市区禁止停车的路段，以及高速公路有客车违规上下客的地方，其作用是专门抓拍违规停车，同时也可以抓拍逆行、违规变道等。值得一提的是，这类摄像头是可以变焦的。一般情况下至少可以看 200 米。

第五类：天网监控。

这类摄像头是普通的监控摄像头（见图 4-25、图 4-26），一般用于公安天网系统，用来在各个路口、路段、小区等区域录像，没有抓拍功能。通过监控平台，公安机关可以对主要道路、重点单位、热点部位进行 24 小时监控，以有效消除治安隐患，并能更好地发现和抓捕犯罪分子。所谓"天网恢恢，疏而不漏"。

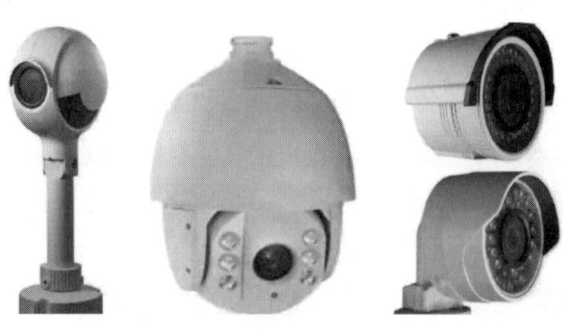

图 4-25

图 4-26

二、常见的道路交通违法行为

(一) 关于涉牌涉证违法行为

1. 上道路行驶的机动车未悬挂机动车号牌

(1) 尚未取得机动车号牌(包括临时行驶车号牌,下同)的;

(2) 使用过期的临时行驶车号牌的;

(3) 已申领机动车号牌但未悬挂或者未粘贴的;

(4) 办理变更、转移、注销登记业务后继续使用应当收回的机动车号牌的。

(5) 尚未取得机动车号牌(包括临时行驶车号牌)的,按驾驶未经登记或者无临时通行牌证的机动车处罚。

(6) 临时行驶车号牌:有时间和地点限制,一般是10~15天,只能在本地区行驶。如果去了外地,该临牌为失效。因号牌被盗、丢失等原因未悬挂机动车号牌,且当事人能够出具报警记录或者受案回执单等相关证明的,自报警之日起十日(工作日,下同)内被查处的,予以警告,责令其到车管所申请补领号牌,并将相关信息录入综合平台;自报警之日起十日后被查处的,按照未悬挂机动车号牌行为予以处罚。

未按照规定粘贴有效临时行驶车号牌的,责令其当场改正,并录入综合平台,因上述行为再次被查获的,按照未悬挂机动车号牌行为予以处罚。

2. 上道路行驶的机动车故意遮挡、污损机动车号牌

(1) 使用纸片、光盘、布条等物品遮住机动车号牌的;

(2) 加装防撞装置、备胎等遮挡机动车号牌的;

(3) 使用油漆、泥浆等物质覆盖机动车号牌的;

（4）人为使机动车号牌变形、折断、油漆脱落的，影响号牌上汉字、字母或者数字识别的。号牌不清晰、不完整的（对因雨雪天气、道路等客观原因，来不及清洗车辆导致机动车车身及其号牌被泥浆遮挡的客观原因消失后 3 日内，机动车号牌仍被遮挡的，予以警告，责令其当场改正，并录入综合平台，客观原因消失 3 日后机动车号牌仍被遮挡的，按故意遮挡、污损机动车号牌进行处罚）。

因交通事故导致车辆号牌损坏、残缺或者号牌老化、褪色等非人为因素影响号牌识别的，予以警告，责令其在十日内到车管所申请换领号牌，并将相关信息录入综合平台；因上述行为十日后再次被查处的，按照故意污损机动车号牌行为予以处罚。

3. 上道路行驶的机动车未按规定安装机动车号牌

（1）前后机动车号牌未安装或者未粘贴在机动车指定位置的；

（2）倒置、翻转、反向安装机动车号牌的；

（3）只悬挂一块机动车号牌的；

（4）使用可拆卸号牌架、翻转号牌架、全覆盖式有机玻璃号牌架的；

对机动车已安装号牌但未使用号牌专用固封装置的，由公安机关交通管理部门予以警告，责令其在十日内到车管所申请换领并使用号牌专用固封装置，并将相关信息录入综合平台；因上述行为十日后再次被查处的，按照未按规定安装机动车号牌行为予以罚款处罚并记分。

4. 变造机动车牌、证

（1）在机动车号牌上粘贴数字贴、符号贴或者使用胶粘、涂抹、拼接等方式改变号牌原有汉字、数字、字母的；

（2）更换行驶证、驾驶证上机动车或者驾驶人照片的；

（3）涂改行驶证、驾驶证以及临时行驶车号牌记载信息的。

5. 关于使用伪造机动车号牌和使用其他机动车号牌

有下列情形之一的，应当认定为使用伪造机动车牌证：

（1）非法制作虚假机动车牌证；

（2）通过非法手段从有机动车牌证制作、生产资质的单位取得的机动车牌证；

（3）以欺骗、贿赂等不正当手段从车管所取得的机动车牌证。

使用其他机动车牌证是指使用其他机动车依法取得的有效牌证。

执法中查处的机动车号牌不属于该车的，应当区别机动车号牌的真伪，属于使用虚假号牌的，认定为使用伪造机动车号牌违法行为；属于使用其他机动车合法取得的号牌的，认定为使用其他机动车号牌违法行为。

6. 涉牌涉证违法行为的记分办法

为充分发挥记分制度的管理、教育、引导功能，提升机动车驾驶人的交通安全意识，根据维护道路交通安全形势稳定的需要和记分制度实施以来执法实践的规律特点，新制定的《道路交通安全违法行为记分管理办法》将自2022年4月1日起施行。具体规定如下：

（1）使用伪造、变造的机动车号牌、行驶证、驾驶证、校车标牌或者使用其他机动车号牌、行驶证的，一次记12分；

（2）驾驶未悬挂机动车号牌或者故意遮挡、污损机动车号牌的机动车上道路行驶的，一次记9分；

（3）驾驶不按规定安装的机动车号牌的机动车上道路行驶的，一次记3分。

（二）饮酒后驾驶机动车

1. 判定标准

根据国家质量监督检验检疫局发布的《车辆驾驶人员血液、呼气酒精含量阈值与检验》中规定，该规定指出：

饮酒驾驶：血液中酒精含量高于或者等于20mg/100mL，小于80mg/100mL；

醉酒驾驶：血液中酒精含量高于或者等于80mg/100mL。

酒后驾驶主要通过酒精测试仪测试，被检测者对准仪器吹气口连续吹3秒（确保测出的酒精浓度和血液中浓度一致），这时酒精测试仪会发出"叮叮"两声，两声后待机灯（READY）和不合格灯（WARN）同时闪烁，同时显示测试数据。饮多少酒会达到处罚标准？1杯啤酒后血液中酒精含量会达到20mg/100mL左右，而达到醉酒驾驶80mg/100mL只需要三两低度数白酒或两瓶啤酒。

人体血液酒精浓度达到80mg/100mL，不同酒类量化分别是：70°白酒约40克（g）；60°白酒约60克；50°白酒约80克；40°白酒约120克；日本清酒约400克；红酒约480克；啤酒约2瓶或4罐。

2. 查处流程

（1）装备准备。

酒精测试仪、约束带、警绳。

（2）现场查处流程。

①发现有酒后驾驶嫌疑的，应当及时指挥机动车驾驶人立即靠路边停车，熄灭发动机，接受检查，并要求机动车驾驶人出示驾驶证、行驶证。

②对有酒后驾驶嫌疑的机动车驾驶人，要求其下车接受酒精检验。对确认没有酒后驾驶行为的机动车驾驶人，应当立即放行。

③使用酒精检测仪对有酒后驾驶嫌疑的机动车驾驶人进行检验，检验结束后，应当告知检验结果；当事人违反检验要求的，应当当场重新检验。

④检验结果确认为酒后驾驶的，应当依照《道路交通安全违法行为处理程序

规定》对违法行为人进行处理；检验结果确认为非酒后驾驶的，应当立即放行。

⑤当事人对检验结果有异议或者饮酒后驾驶车辆发生交通事故的，应当立即固定不少于两份的血液样本，或者由不少于两名交通警察或者一名交通警察带领两名协管员将当事人带至县级以上医院固定不少于两份的血液样本。

⑥固定当事人血液样本的，应当通知其家属或者当事人要求通知的人员。无法通知或者当事人拒绝的，可以不予通知，但应当在行政强制措施凭证上注明。

⑦对醉酒的机动车驾驶人应当由不少于两名交通警察或者一名交通警察带领不少于两名协管员带至指定地点，强制约束至酒醒后依法处理。必要时可以使用约束性警械。

⑧处理结束后，必须禁止饮酒后、醉酒的机动车驾驶人继续驾驶车辆，如现场无其他机动车驾驶人替代驾驶的，可以将其驾驶的机动车移至不妨碍交通的地点或者有关部门指定的地点，并将停车地点告知机动车驾驶人。

3. 处罚标准

（1）道路交通安全违法行为记分分值饮酒后驾驶机动车的一次记 12 分。

（2）《道路交通安全法》第九十一条规定，饮酒后驾驶机动车的，处暂扣六个月机动车驾驶证，并处一千元以上二千元以下罚款。因饮酒后驾驶机动车被处罚，再次饮酒后驾驶机动车的，处十日以下拘留，并处一千元以上二千元以下罚款，吊销机动车驾驶证。

饮酒后驾驶营运机动车的，处十五日拘留，并处五千元罚款，吊销机动车驾驶证，五年内不得重新取得机动车驾驶证。

饮酒后或者醉酒驾驶机动车发生重大交通事故，构成犯罪的，依法追究刑事责任，并由公安机关交通管理部门吊销机动车驾驶证，终生不得重新取得机动车驾驶证。

（三）违反停放、临时停车规定，驾驶人不在现场或虽在现场但拒绝立即驶离妨碍通行

1. 性质

违法停车告知单本身只是起着告知的作用，只要见到自己的车上有告知单，就证明已因违法停车被交警拍照了，及时到告知单上写的地点处理违法即可。

2. 贴告知单的流程

（1）查处机动车违法停车行为应当使用照相、摄录设备、清障车等装备。

（2）发现机动车违法停车行为，机动车驾驶人在现场的，应当责令其驶离。

机动车驾驶人不在现场的，应当在机动车侧门玻璃或摩托车座位上张贴违法停车告知单，并采取拍照或者录像方式固定相关证据。严重妨碍其他车辆、行人通行的，应当指派清障车将机动车拖移至指定地点。

机动车驾驶人虽在现场但拒绝立即驶离的，应当使用照相、摄录设备取证，依法对机动车驾驶人的违法行为进行处理。

公安机关交通管理部门应当公开拖移机动车查询电话，并通过设置拖移机动车专用标志牌明示或者以其他方式告知当事人。当事人可以通过电话查询接受处理的地点、期限和被拖移机动车的停放地点。

（3）交通警察在高速公路上发现机动车违法停车的，应当责令机动车驾驶人立即驶离；机动车发生故障或者机动车驾驶人不在现场的，应当联系清障车将机动车拖移至指定地点并告知机动车驾驶人；无法拖移的，应当责令机动车驾驶人按照规定设置警告标志。

故障机动车可以在短时间内修复，且不占用行车道或者骑压车道分隔线停车的，可以不拖移机动车，但应当责令机动车驾驶人按照规定设置警告标志。

（4）拖移违法停车机动车，应当保障交通安全，保证车辆不受损坏，并通过拍照、录像等方式固定证据。

3. 处罚标准

《道路交通安全法》第九十三条对违反道路交通安全法律、法规关于机动车停放、临时停车规定的，可以指出违法行为，并予以口头警告，令其立即驶离。

机动车驾驶人不在现场或者虽在现场但拒绝立即驶离，妨碍其他车辆、行人通行的，处二十元以上二百元以下罚款，并可以将该机动车拖移至不妨碍交通的地点或者公安机关交通管理部门指定的地点停放。

公安机关交通管理部门拖车不得向当事人收取费用，并应当及时告知当事人停放地点。因采取不正确的方法拖车造成机动车损坏的，应当依法承担补偿责任。

三、其他违法行为及处罚依据

（1）机动车不在机动车道内行驶的（见图4－27），违反了《道路交通安全法》第三十六条，依据第九十条处以100元罚款。

图4－27

(2）机动车通过有灯控路口时，不按所需行进方向驶入导向车道的（见图 4-28），违反了《道路交通安全法实施条例》第五十一条第一项，依据《道路交通安全法》第九十条处以 200 元罚款，记 2 分。

图 4-28

（3）机动车逆向行驶的（见图 4-29），违反了《道路交通安全法》第三十五条，依据第九十条处以 200 元罚款，记 3 分。

图 4-29

（4）机动车不按交通信号灯规定通行的（见图 4-30），违反了《道路交通安全法》第三十八条，依据第九十条，处以 200 元罚款，记 6 分。

图 4-30

(5) 机动车违反禁止标线指示的（见图4-31），违反了《道路交通安全法》第三十八条，依据第九十条，处以100元罚款，记1分。

图4-31

(6) 机动车超速处罚。

机动车行驶超过规定时速50%以下的，违反了《道路交通安全法》第四十二条第一款、《道路交通安全法实施条例》第四十五条、第四十六条，依据《道路交通安全法》第九十条，处以200元罚款，记6分。

机动车行驶超过规定时速50%的，违反了《道路交通安全法》第四十二条第一款、第六十七条，《道路交通安全法实施条例》第四十五条、第四十六条、第七十八条，依据《道路交通安全法》第九十九条第一款第（四）项，第二款，处罚款，并记12分，可吊销驾驶证。

四、处理程序

(一) 简易程序

(1) 适用条件：对交通违法行为人处以警告或者200元（含）以下罚款的，可以适用简易程序处罚，由一名交通警察当场作出行政处罚决定。

(2) 执法告知：口头告知违法行为人违法行为的基本事实、拟作出的行政处罚、依据及其依法享有的权利。

(3) 听取陈述和申辩：听取交通违法行为人的陈述和申辩，违法行为人提出的事实、理由或者证据成立的，应当采纳。

(4) 制作《简易程序处罚决定书》：《简易程序处罚决定书》应当载明被处罚人的基本情况、车辆牌号、车辆类型、违法事实、处罚的依据、处罚的内容、履行方式、期限、处罚机关名称及被处罚人依法享有的行政复议、行政诉讼权利等内容。处罚决定书应当由被处罚人签名、交通警察签名或者盖章，并加盖公安机关交通管理部门印章；被处罚人拒绝签名的，交通警察应当在处罚决定书上注明。

（5）送达文书：处罚决定书应当当场交付被处罚人，并告知缴纳罚款的时限、方式；被处罚人拒收的，由交通警察在处罚决定书上注明，即为送达。

（6）备案：交通警察应当在二日内将简易程序处罚决定书报所属公安机关交通管理部门备案。

举例具体如下：

（1）指挥车辆驾驶人立即靠边停车（对行人或乘车人，应指挥其到人行道上，对机动车驾驶人，可视情况要求其熄灭发动机或下车）。

（2）敬礼。

（3）"你好！""请出示驾驶证、行驶证。"（机动车驾驶人）

（4）检查内容。

①检查机动车驾驶证，询问机动车驾驶人姓名、年龄、住址，对持证人的相貌与驾驶证上的照片进行核对；

②检查机动车行驶证，对类型、颜色、号牌进行核对；

③检查检验合格标志、保险标志；

④查询机动车及机动车驾驶人的违法行为信息、机动车驾驶人记分情况。

（5）指出当事人交通违法行为。

（6）"你的（列举具体交通违法行为）违反了道路交通安全法规的有关规定，依法对你处以××元罚款或警告"，对机动车驾驶员还应告知违法记分情况。

（7）"你有权陈述和申辩"。（需要采用行政强制措施或开具交通违法行为处理通知书的，按一般程序处理）

（8）按照简易程序处理的交通违法行为，交通警察应当立即进行处理，如遇有排堵保畅、恶劣天气、警卫任务、突发事件等情况时，应当向当事人说明情况，同时发放警民联系卡，告知当事人待上述状态消除后立即处理的时间、地点或交由其他交通警察处理。

（9）制作简易程序处罚决定书。

（10）"请你（当事人）在处罚决定书上签名，并于15日内到处罚决定书上载明的指定银行缴纳罚款。如有异议，请于60日内到××单位申请行政复议或者在三个月内到××法院提起行政诉讼。"

（11）将处罚决定书当场交付当事人。

（12）交通违法行为人拒绝签收处罚决定书的，交通警察应在处罚决定书上注明当事人拒绝签字、拒绝签收。

（13）"请你收好法律文书和证件，请你遵守交通法规。"

（14）对非机动车驾驶人、行人、乘车人违反交通法规给予当场处罚的，符合当场收缴条件的，应当出具省财政厅统一印制的票据，票据应填写完整。

（15）依法处理完毕后，应立即发还驾驶证、行驶证等有关证件，放行车辆。

（16）处罚决定书应当在 24 小时之内录入交通违法数据库。

（二）一般程序

1. 适用范围

对违法行为人处以 200 元（不含）以上罚款、暂扣或者吊销机动车驾驶证的，应当适用一般程序。不需要采取行政强制措施的，现场交通警察应当收集、固定相关证据，并制作违法行为处理通知书。

2. 制发《违法行为处理通知书》

具体程序：

（1）口头告知违法行为人违法行为的基本事实；

（2）听取违法行为人的陈述和申辩，违法行为人提出的事实、理由或者证据成立的，应当采纳；

（3）制作违法行为处理通知书，并通知当事人在 15 日内接受处理；

（4）违法行为处理通知书应当由违法行为人签名、交通警察签名或者盖章，并加盖公安机关交通管理部门印章；当事人拒绝签名的，交通警察应当在违法行为处理通知书上注明；

（5）违法行为处理通知书应当当场交付当事人；当事人拒收的，由交通警察在违法行为处理通知书上注明，即为送达。

3. 备案

交通警察应当在 24 小时内将违法行为处理通知书报所属公安机关交通管理部门备案。违法行为处理通知书应当载明当事人的基本情况、车辆牌号、车辆类型、违法事实、接受处理的具体地点和时限、通知机关名称等内容。制发《行政处罚决定书》适用一般程序作出处罚决定，应当由两名以上交通警察按照下列程序实施：

（1）对违法事实进行调查，询问当事人违法行为的基本情况，并制作笔录；当事人拒绝接受询问、签名或者盖章的，交通警察应当在询问笔录上注明。

（2）采用书面形式或者笔录形式告知当事人拟作出的行政处罚的事实、理由及依据，并告知其依法享有的权利。

（3）对当事人陈述、申辩进行复核，复核结果应当在笔录中注明。

（4）制作行政处罚决定书。

（5）行政处罚决定书应当由被处罚人签名，并加盖公安机关交通管理部门印章；被处罚人拒绝签名的，交通警察应当在处罚决定书上注明。

(6)行政处罚决定书应当当场交付被处罚人;被处罚人拒收的,由交通警察在处罚决定书上注明,即为送达;被处罚人不在场的,应当依照《公安机关办理行政案件程序规定》的有关规定送达。

【任务实施】

学生熟练掌握查酒驾的流程及处罚标准,并训练学生如何规范执法。

一、实施步骤

学生4~6名为一组,分角色扮演,2~3名学生模拟机动车驾驶人,由2~3名学生模拟交通警察。

(1)发现有酒后驾驶嫌疑的,应当及时指挥机动车驾驶人立即靠路边停车,熄灭发动机,接受检查,并要求机动车驾驶人出示驾驶证、行驶证。

(2)对有酒后驾驶嫌疑的机动车驾驶人,要求其下车接受酒精检验。对确认没有酒后驾驶行为的机动车驾驶人,应当立即放行。

(3)使用酒精检测仪对有酒后驾驶嫌疑的机动车驾驶人进行检验,检验结束后,应当告知检验结果;当事人违反检验要求的,应当当场重新检验。

(4)检验结果确认为酒后驾驶的,应当依照《道路交通安全违法行为处理程序规定》对违法行为人进行处理;检验结果确认为非酒后驾驶的,应当立即放行。

(5)当事人对检验结果有异议或者饮酒后驾驶车辆发生交通事故的,应当立即固定不少于两份的血液样本,或者由不少于两名交通警察或者一名交通警察带领两名协管员将当事人带至县级以上医院固定不少于两份的血液样本。

(6)固定当事人血液样本的,应当通知其家属或者当事人要求通知的人员。无法通知或者当事人拒绝的,可以不予通知,但应当在行政强制措施凭证上注明。

(7)对醉酒的机动车驾驶人应当由不少于两名交通警察或者一名交通警察带领不少于两名协管员带至指定地点,强制约束至酒醒后依法处理。必要时可以使用约束性警械。

二、注意事项

(1)任务实施期间应有教师现场指导;

(2)处理结束后,必须禁止饮酒后、醉酒的机动车驾驶人继续驾驶车辆,如现场无其他机动车驾驶人替代驾驶的,可以将其驾驶的机动车移至不妨碍交通的地点或者有关部门指定的地点,并将停车地点告知机动车驾驶人。

【任务评价】

实训课任务考核标准如表 4-8 所示。

表 4-8　　　　　　　　实训课任务考核标准（3）

考核内容	权重（100 分）	标准	得分
查处酒驾的流程	30	熟练掌握查处酒驾的流程	
查处酒驾的处罚标准	30	熟悉掌握酒驾的处罚标准	
现场处置用语	20	语言规范，表达清晰	
着装	10	着装达到执勤要求标准	
设备、装备使用	10	设备使用安全、无损坏、按时归还	

任务四　道路交通事故处理

【任务引入】

一、疯狂的大巴——重庆坠江事件

1. 基本情况

2018 年 10 月 28 日 10 时 8 分，重庆市万州区一辆 22 路公交车在万州长江二桥桥面与一辆红色小轿车发生碰撞后，坠入江中。

2018 年 10 月 29 日 14 时 20 分，经公安机关走访调查并综合接报警情况，初步核实失联人员 15 人（含公交车驾驶员 1 人）；10 月 31 日 0 时 50 分，黑匣子打捞出水并交给当地公安部门；10 月 31 日 23 时 28 分，重庆万州长江二桥坠江公交车被打捞出水；11 月 1 日 15 时，已找到 13 名遇难者遗体，身份已全部确认，仍有 2 人失联。

2018 年 11 月 2 日，公交车坠江原因公布，车内黑匣子监控视频显示，系乘客与司机激烈争执互殴致车辆失控。

2. 教训与启示

制度与伦理看似约束着你我的手脚，却是为秩序而演化，为生存而发展。我们需要建设"法治"、强调规则意识,因为这是通行陌生人社会最简单的"红绿灯"。刘女士意欲冲破"锁链",因此与司机师傅激烈互殴,全然忘记了"不骚扰驾驶员"是一个乘客的基本素质,不危害公共安全,是一个公民的基本义务。她全然没有意识到用手机砸在司机脑袋上的这一下,本质上砸断了全车乘客的"生命线",砸碎了连带自己15个家庭的幸福梦。

作为司机,当你坐在驾驶座上,手握方向盘时,就应有清晰的认识:此时你握着的,不仅仅是自己的性命,更是与你同车的人、和路上与你擦肩而过的无数人的安全。

同车乘客:对于车上的10多名乘客来说,这也许是他们生活中普通得不能再普通的一次围观,但也是他们人生中最后一次围观,是代价最大的一次围观。

二、带"血"的教训——2012.8.31 连霍高速公路河南三门峡重大道路交通事故

1. 基本情况

2012年8月31日8时48分,灵宝市宝通汽车客运有限责任公司驾驶人郭某驾驶号牌为豫M15×××的金龙牌大型普通客车(核载29人,实载27人),沿连霍高速公路(G30)自西向东行驶至784公里加420米处河南三门峡境内,因遇大雨,车辆发生侧滑,翻至道路右侧沟中,造成大客车上8人当场死亡,2人经抢救无效死亡,15人受伤。

2. 教训与启示

当高速行驶的汽车发生碰撞或者遇到意外紧急制动时,将产生巨大的惯性力,这个惯性力可以超过驾驶人、乘车人自身体重的20倍(不同的行车速度及撞击程度有所不同),使驾驶人及乘车人与车内的方向盘、玻璃、座椅靠背、车门等发生碰撞,极易造成对驾乘人员的伤害。美国每年有超过1万名驾驶人因为使用安全带而保住生命,欧洲通过使用安全带每年挽救超过5000人的生命。我国对于驾驶人和乘车人使用安全带有明确规定。《道路交通安全法》第五十一条规定,机动车行驶时,驾驶人、乘坐人员应当按规定使用安全带。交通运输部明确要求,没有配备安全带的客运车辆不得上高速公路行驶。

此次事故中,肇事车座位虽然全部装有安全带,但40%的座位配备安全带不能正常使用,存在缺少安全带锁扣等问题;客运车驾驶人在发车前未履行安全告知义务,提醒乘车人系安全带,客运站也未对出站车辆乘车人系安全带情况进行检查。从事故的后果来看,车辆左前部直接撞击地面的部分变形较为严重,车体大部

分变形不严重，未影响内部生存空间，大部分乘员是先被甩出车外，后被事故车辆砸压致死。如果能够有效使用安全带，必然会大大减少伤亡人数。

三、超员超速毁人毁己——2011.10.7 天津滨保高速公路特别重大道路交通事故

1. 基本情况

2011 年 10 月 7 日 15 时 46 分，河北省唐山市驾驶人云某驾驶唐山市交通运输集团有限公司冀 B 99×××号大型普通客车，乘载 55 人（核载 53 人），沿滨保高速公路由保定驶往唐山，当行至天津市武清区境内 60 公里加 700 米处，刮撞同方向袁某驾驶的鲁 A A3×××号小型轿车后，失控向右侧翻并被路侧波形梁钢护栏切割，造成 35 人死亡、19 人受伤。

2. 教训与启示

客车超员、超速的危害极大，超员会加重车身，使车辆安全性能降低；车内人员拥挤，既存在通风透气问题，也加大了乘客逃生难度；车辆自身的机械性能也会因为超员而增加损耗。而车辆在超速行驶的状态下，车辆惯性加大、制动距离加长，危险性也相应增大。因此，客运车辆超员又超速行驶时极易因轮胎负荷过重、变形过大引发爆胎、突然偏驶、制动失灵、转向失控等，导致交通事故的发生。

根据大客车上 GPS 卫星定位装置记录，事故发生时冀 B 99×××号大客车的行驶速度为 115.9 公里/小时，属超速行驶，且云某在发现小轿车第一次左右调整方向后仍未采取有效减速措施。在两车发生刮擦后，因车辆超员、超速，车辆失控、侧翻，最终导致 35 人死亡。

【教学场景】

1. PPT 案例展示。
2. 学生模拟案例。

【相关知识】

一、交通事故概述

(一) 交通事故构成要件

（1）交通事故的发生必须与车辆有关。

对于仅因行人与行人之间由于相互避让不开而撞击在一起，以及其他因为道路

及桥梁塌陷或者洪水、泥石流、地震、人为破坏等原因造成的，没有涉及车辆的人员伤亡和财物损失事件均不属于交通事故。

（2）交通事故必须发生在道路上。

根据《道路交通安全法》的规定，道路是指公路、城市道路和虽在单位管范围但允许社会机动车通行的地方，包括广场、公共停车场等用于公众通行的场所。

（3）主观过错或者意外。道路交通事故当事人的主观心理状态是因为过错或者意外，不能为故意行为。如果为故意造成人身伤害或者财产损失，构成犯罪，不适用交通事故处理。

（4）意外是指事故当事人对交通事故的发生既无主观故意又无主观过失，交通事故是因为人的主观意识之外的其他不可抗拒或者不可预见的原因引发的，当事人虽然尽到了合理之注意仍无法预见和避免其发生。

（5）损害后果要件是指交通事故必须造成了人员的人身伤亡和财产的直接损失后果。事故的损害后果仅限于事故造成的人员受伤和死亡，以及车辆、物品等财产的直接损失。对于车辆仅碾压、撞击已经死亡人员的尸体而未造成其他损害后果的情况不构成交通事故。

（二）分类

（1）按照事故形态分类，交通事故分为碰撞事故、碾压事故、刮擦事故、翻车事故、坠落事故、爆炸事故、失火事故。

①碰撞事故指事故双方接触，并以接触部位的相互冲击力造成损害的事故。主要特征是事故双方相互作用时间短暂，作用力大，事故损害后果严重。分为正面碰撞、追尾碰撞、侧面碰撞、斜向碰撞。

②碾压事故，在发生碾压前多先发生车辆对被碾压对象的碰撞或刮擦，使被碾压对象被碰撞或刮擦倒地后再发生碾压。

③刮擦事故，多发生在车辆与车辆，车辆与行人之间，表现为事故双方相互接触，并因接触部位的相互摩擦、勾刮现象造成损害后果。

④翻车事故是指事故车辆的车身沿纵、横向倾翻或滚动，并与地面或其他物体发生撞击、摩擦造成损害的事故。

⑤坠落事故，车辆由高处跌落至低处，车身撞击地面造成损害的事故。

⑥爆炸事故指车辆或车辆装运的易爆炸物品，在车辆行驶过程中发生意外的爆炸情况，单纯的车辆轮胎爆破不属于爆炸事故。

⑦失火事故指车辆或车辆装运的易燃物品，在行驶过程中发生意外燃烧的情况。

（2）按照事故的损害类型分类，道路交通事故分为财产损失事故、伤人事故和死亡事故。

财产损失事故是指造成财产损失，尚未造成人员伤亡的道路交通事故。伤人事故是指造成人员受伤，尚未造成人员死亡的道路交通事故。死亡事故是指造成人员死亡的道路交通事故。

（3）按事故肇事主体的交通方式分类，交通事故分为机动车事故、非机动车事故和行人、乘车人事故。

（4）按事故的原因分类，交通事故分为事故当事人的原因导致的交通事故、车辆的原因导致的交通事故、道路与交通设施的原因导致的交通事故、交通管理方面的原因导致的交通事故和意外的因素导致的交通事故。

（5）按人身伤亡和财产损失的程度分类交通事故分为轻微事故、一般事故、重大事故和特大事故。

二、接报警

（一）发生事故后应立即报警的具体情况

根据《道路交通事故处理程序规定》第十三条规定，发生死亡事故、伤人事故的，或者发生财产损失事故且有下列情形之一的，当事人应当保护现场并立即报警：

（1）驾驶人无有效机动车驾驶证或者驾驶的机动车与驾驶证载明的准驾车型不符的。

（2）驾驶人有饮酒、服用国家管制的精神药品或者麻醉药品嫌疑的。

（3）驾驶人有从事校车业务或旅客运输，严重超过额定乘员载客，或者严重超过规定时速行驶嫌疑。

（4）机动车无号牌或者使用伪造、变造的号牌的。

（5）当事人不能自行移动车辆的。

（6）一方当事人离开现场的。

（7）有证据证明事故是由一方故意造成的。

《道路交通事故处理程序规定》第十四条规定，发生财产损失事故且有下列情形之一，车辆可以移动的，当事人应当组织车上人员疏散到路外安全地点，在确保安全的原则下，采取现场拍照或者标画事故车辆现场位置等方式固定证据，将车辆移至不妨碍交通的地点后报警：

（1）机动车无检验合格标志或者无保险标志的；

（2）碰撞建筑物、公共设施或者其他设施的。

（二）接报警

发生事故后应立即报警的具体情况：

根据《道路交通事故处理程序规定》第十三条规定，发生死亡事故、伤人事故的，或者发生财产损失事故且有下列情形之一的，当事人应当保护现场并立即报警：

（1）驾驶人无有效机动车驾驶证或者驾驶的机动车与驾驶证载明的准驾车型不符的。

（2）驾驶人有饮酒、服用国家管制的精神药品或者麻醉药品嫌疑的。

（3）驾驶人有从事校车业务或旅客运输，严重超过额定乘员载客，或者严重超过规定时速行驶嫌疑。

（4）机动车无号牌或者使用伪造、变造的号牌的。

（5）当事人不能自行移动车辆的。

（6）一方当事人离开现场的。

（7）有证据证明事故是由一方故意造成的。

（三）接报警的方式

根据《道路交通事故处理工作规范》第十条，设区市、县级公安机关交通管理部门事故处理机构应当建立24小时值班备勤制度，并根据辖区道路交通事故情况、确定值班备勤人数。值班备勤民警不得少于二人。

交通警察执勤巡逻发现道路交通事故的，应当立即报告公安机关交通管理部门指挥中心或者值班室（以下简称"指挥中心"），并先期处置事故现场。指挥中心接到道路交通事故报警的，应当按照《道路交通事故处理程序规定》第十五条规定的内容进行询问并作记录，指派就近的执勤民警立即赶赴现场进行先期处置，并根据情况进行处理。

（四）接报警应记录的内容

根据《道路交通事故处理程序规定》第十六条的规定，公安机关及其交通管理部门接到报警，应当受理，制作受案登记表并记录下列内容：

（1）报警方式、时间，报警人姓名、联系方式，电话报警的，还应当记录报警电话发生或发现道路交通事故时间、地点。

（2）人员伤亡情况。

（3）车辆类型、车辆号牌号码，是否载有危险物品、危险物品的种类、是否发生泄漏等。

（4）涉嫌交通肇事逃逸的，还应当询问并记录肇事车辆的车型、颜色、特征及其逃逸方向、逃逸驾驶人的体貌特征等有关情况。

（5）报警人不报姓名的，应当记录在案。报警人不愿意公开姓名的应为其保密。

交通事故接警登记按照《受理道路交通事故案件登记表》的内容逐一询问并记录，不能遗漏。接警登记可以作为交通事故的立案依据以及查询案件的依据。

（五）接警单位处置情况

根据《道路交通事故处理工作规范》第十一条的规定，交通警察执勤巡逻发现道路交通事故的，应当立即报告公安机关交通管理部门指挥中心或者值班室，并先期处理处置事故现场。

根据《道路交通事故处理工作规范》的有关规定，指挥中心接到道路交通事故报警的，应当进行详细询问并做记录，指派就近的执勤民警立即赶赴现场进行先期处理。交通警察接到出警指令后，白天应当在5分钟内出警，夜间应当在10分钟内出警。

指挥中心接到道路交通事故报警的，应当按照《道路交通事故处理程序规定》第十六条规定的内容进行询问并作记录，制作《受案登记表》。需要派员到现场处置的，指派就近执勤的交通警察立即赶赴现场进行先期处置，并根据情况进行以下处理：

（1）需要适用一般程序处理的，通知事故处理民警赶赴现场，并调派支援警力赶赴现场维护交通安全和交通秩序。

（2）需要现场救援的，立即通知相关单位救援人员、车辆赶赴现场。

（3）属于上报范围的，立即报告上一级公安机关交通管理部门，并通过本级公安机关报告当地人民政府。

（4）需要堵截、查缉交通肇事逃逸车辆的，通知相关路段执勤民警堵截或查缉过往车辆，通报相邻的公安机关交通管理部门布控、协查。

（5）载运爆炸性、易燃性、毒害性、放射性、腐蚀性、传染病病原体等危险物品车辆发生事故的，立即通过本级公安机关报告当地人民政府，通报有关部门及时赶赴事故现场。

（6）营运车辆、校车发生人员死亡事故的，通知当地人民政府有关行政管理部门。

（7）造成道路、供电、供水、燃气、通信等设施损毁的，通报有关部门及时处理。

三、道路交通事故现场保护

（一）道路交通事故现场保护的概念

道路交通事故现场保护，是指为使交通事故现场保持事故发生后的原始状态，使痕迹、物证免遭破坏，而对现场采取的一种保全措施。现场保护完整，勘查人员才有可能观察到现场的原始状态，并据此分析判断交通事故发生的情况、过程，对分析案情至关重要。现场保护完整，勘查人员才有可能发现交通事故发生后留下的痕迹、物证，并能完整地提取。

（二）道路交通事故现场保护的方法

（1）设立明显的警告、引导标志和安全设施。根据《道路交通事故处理工作规范》的有关规定，交通警察到达现场后，应当根据现场情况，划定警戒区域，白天在距离现场来车方向50～100米外或者路口处放置发光或者反光锥筒和警告标志，指挥过往车辆、人员绕行，必要时可以封闭道路。夜间或雨、雪、雾、冰、沙尘等特殊气象条件下，应当增加发光或反光锥筒，延长警示距离。高速公路应当停放警车示警，白天应当在距离现场来车方向200米外，夜间或雨、雪、雾、冰、沙尘等特殊气象条件下，在距离现场来车方向500～1000米外，设置警告标志和减（限）速标志，并向事故现场方向连续放置发光或者反光锥筒。

（2）划定现场保护范围。交通警察首先要了解事故的大致经过，初步对现场地面的遗留物进行勘查，较为准确地划定保护现场范围。划定现场保护范围时，可用锥筒、警戒带、绳索、白灰、木块、粉笔、土块、碎石、树枝等物将事故现场包围起来，并指定专人看护，除了勘查人员和急救人员外，禁止无关人员进入。

（3）指挥疏导现场交通和疏散人群。在距现场来车方向50～150米外设置发光或者反光的交通标志，引导车辆、行人绕行；允许车辆通行的，交通警察应负责现场警戒、疏导交通，指挥其他车辆减速通过。

（4）加强事故现场的安全防护。要监护好现场的物品，疏导一切无关人员和车辆离开现场，以防发生连环事故和治安事件。同时，防止一些不法之徒趁事故当事人疏忽，偷走车内物品或者哄抢货车和当事人物品等情况的发生。

（5）保护现场的伤员和死者尸体。如果因抢救伤员、排除险情或给执行任务的消防、军用、抢险、救护车辆放行，需要移动伤员或尸体时，要用粉笔将其位置、状态标记清楚，并请见证人见证。有多名伤员或多个尸体，要进行编号和记录基本情况，必要时还要进行照相和摄像。对于一时无法移开，还在现场的尸体，要注意遮掩，一般用布、席子等物掩盖尸体，如果当时没有较大的遮掩物，至少要遮盖住尸体的头部。

（6）保护现场的痕迹和物品。需要移动车辆和物品时，要尽量避免破坏痕迹，要用粉笔将车辆和物品的位置、状态标记清楚，并请见证人见证。有多处痕迹和多个物品，要进行编号和记录基本情况，必要时还要进行照相和摄像。如果遇到刮风、下雨、下雪等恶劣天气，应该将痕迹和物品用篮子、木板、帆布、塑料布等覆盖起来。

（7）查控交通事故有关人员。根据《道路交通事故处理程序规定》的有关规定，在现场，交通警察要查找并确定交通事故当事人和证人，控制肇事嫌疑人，既要防止肇事嫌疑人逃跑，也要保护肇事嫌疑人不受伤者或者死者家属的侵害。

（三）人员器材设备的准备

（1）人员的准备。根据《道路交通事故处理工作规范》规定，设区市、县级公安机关交通管理部门事故处理机构应当建立24小时值班备勤制度，并根据辖区道路交通事故情况，确定值班备勤人数。值班备勤民警不得少于二人。这里的二人必须是正式在编的警察。

（2）器材设备的准备。根据《道路交通事故处理工作规范》的要求，交通警察赶赴现场处理道路交通事故，应当按照规定穿着反光背心，夜间佩戴发光或者反光器具，配备必要警用装备，携带道路交通事故现场勘查器材。其中需要携带的器材设备主要有：

①放大镜、痕迹物证提取工具、物证收集袋等勘验工具。

②签字笔、标记用笔、测量工具、指南针、现场勘查笔录用纸、绘图纸等记录、绘图工具。

③照相机、摄像机等拍摄工具。

④询问、讯问笔录纸、印泥等现场调查工具。

⑤其他必须用具，如呼气式消精测试仪和唾液试纸等。

（四）联络、报告

根据《道路交通事故处理工作规范》的有关规定，交通警察执勤巡逻发现道路交通事故的，应当立即报告公安机关交通管理部门指挥中心或者值班室（以下简称"指挥中心"），并先期处置事故现场。向指挥中心报告的内容主要有到达时间和事故发生地点、事故形态、初查后果等现场简要情况，需要增加救援人员或者装备的，一并报告。现场处置结束后，应当再次报告。

四、道路交通事故处理程序

（一）自行协商

当事人自行协商处理交通事故就是我们俗称的"私了"。《道路交通安全法》实施以前，法律不允许当事人自行处理交通事故，而是必须由公安机关交通管理部门来处理。

1. 自行协商处理程序的适用情形

《道路交通安全法》第七十条第二款规定："在道路上发生交通事故，未造成人员伤亡，当事人对事实及其成因无争议的，可以即行撤离现场，恢复交通，自行协商处理损害赔偿事宜；不即行撤离现场的，应迅速报告执勤的交通警察或者公安机关交通管理部门。"

2. 公安机关接到报警后的处理

公安机关交通管理部门接到当事人报警，符合自行协商条件的，可以通过电话、微信、短信等方式，引导当事人按照规定采取开启危险报警闪光灯、设置警告标志等安全措施，组织车上人员疏散到路外安全地点，在确保安全的原则下，采取拍摄现场照片或者标画事故车辆现场位置等方式固定证据后，将车辆就近移至不妨碍交通的地点，再协商处理损害赔偿事宜，并可以指导当事人通过互联网在线快速处理等方式自行协商处理道路交通事故。

不符合自行协商条件的，应当告知驾驶人保护现场，立即组织车上人员疏散到路外安全地点，等候交通警察处理。

交通警察或者警务辅助人员执勤中发现的道路交通事故属于互联网在线快速处理范围的，可以指导或协助当事人通过互联网在线自行协商处理。

3. 自行协商协议书

当事人自行协商达成协议的，制作道路交通事故自行协商协议书，并共同签名。道路交通事故自行协商协议书应当载明事故发生的时间、地点、天气、当事人姓名、驾驶证号和身份证号、联系方式、机动车种类和号码号牌、保险公司、保险凭证号、事故形态、碰撞部位、当事人的责任等内容。

（二）简易程序

简易程序是指公安机关交通管理部门对发生财产损失（有交通肇事、危险驾驶犯罪嫌疑的除外）或者仅造成人员轻微伤害的交通事故，办案人员在现场处理完结的交通事故处理程序。

实行交通事故快速处理，从接警、出警到事故认定等都可以当场完成，简化了处理事故的各种烦琐手续，节省了当事人的精力和时间，极大地方便了人民群众。

简易程序适用的情形，适用于仅造成人员轻微伤害的道路交通事故。有以下情形的财产损失事故，但有交通肇事嫌疑的除外：

（1）发生财产损失事故，当事人对事实或者成因有争议的，以及虽然对事实或者成因无争议，但协商损害赔偿未达成协议的；（2）机动车无号牌、无检验合格标志、无保险标志的；（3）载运爆炸物品、易燃易爆化学物品以及毒害性、放射性、腐蚀性、传染病病原体等危险物品车辆的；（4）碰撞建筑物、公共设施或者其他设施的；（5）驾驶无有效机动车驾驶证的；（6）驾驶人有饮酒、服用国家管制的精神药品或者麻醉药品嫌疑的；（7）当事人不能自行移动车辆的。

适用简易程序的，可以由一名交通警察处理。

交警到达现场后的处置：

交通警察到达现场后，事故车辆可以移动的，交通警察对现场拍照或者采用其他方式固定现场证据后，应当责令当事人立即撤离现场，将车辆就近移至不妨碍交通的地点。拒不撤离的，予以强制撤离。车辆无法移动的，当事人可以自行联系施救单位将车辆移至不妨碍交通的地点，当事人无法及时移动车辆且影响通行和交通安全的，交通警察可以通知施救单位将车辆移至不妨碍交通的地点。

撤离现场后，交通警察应当根据现场固定的证据和当事人、证人陈述等，认定并记录道路交通事故发生的时间、地点、天气、当事人姓名、驾驶证号或者身份证号、联系方式、机动车种类和号牌号码、保险公司、保险凭证号、道路交通事故形态、碰撞部位等，并确定当事人的责任，当场制作《道路交通事故认定书（简易程序）》，由当事人签名，并当场送达当事人。

不具备当场制作《道路交通事故认定书（简易程序）》条件的，交通警察应当在三日内制作并送达当事人。

当事人共同请求调解的，交通警察应当当场进行调解，并在《道路交通事故认定书（简易程序）》上记录调解结果，由当事人签名，送达当事人。

当事人对道路交通事故认定有异议，或者拒绝在《道路交通事故认定书（简易程序）》上签名，或者不同意调解的，交通警察应当在《道路交通事故认定书（简易程序）》上予以记录，送达当事人；当事人拒绝接收的，交通警察应当在《道路交通事故认定书（简易程序）》上予以记录。

当事人伤势轻微，各方当事人一致同意适用简易程序处理的，交通警察应当在《道路交通事故认定书（简易程序）》上予以记录，并由各方当事人签名。

【任务实施】

交通事故接警《受理道路交通事故案件登记表》的填写。

一、实施步骤

交通事故接警登记按照《受理道路交通事故案件登记表》的内容逐一询问并记录，不能遗漏。

制作受案登记表并记录下列内容：

（1）报警方式、时间、报警人姓名、联系方式、电话报警的，还应当记录报警电话。

（2）发生或发现道路交通事故时间、地点。

（3）人员伤亡情况。

（4）车辆类型、车辆号牌号码、是否载有危险物品、危险物品的种类、是否发生泄漏等。

（5）涉嫌交通肇事逃逸的，还应当询问并记录肇事车辆的车型、颜色、特征及其逃逸方向、逃逸驾驶人的体貌特征等有关情况。

二、注意事项

（1）任务实施期间应有教师现场指导。

（2）报警人不报姓名的，应当记录在案。报警人不愿意公开姓名的应为其保密。

【任务评价】

实训课任务考核标准如表4-9所示。

表4-9　　　　　　　　　实训课任务考核标准（4）

考核内容	权重（100分）	标准	得分
交通事故接报警	20	熟练接报警流程	
登记内容	40	熟练掌握受案登记表登记内容	
询问用语	20	语言规范，表达清晰	
着装	10	着装达到执勤要求标准	
设备、装备使用	10	设备使用安全、无损坏、按时归还	

任务五　交通警察执勤执法安全防护

【任务引入】

据统计,自2000年以来,全国每年因路面执勤、执法中被撞、处理交通事故时发生二次事故及与违法犯罪分子搏斗过程中牺牲的交通警察和警务辅助人员近30人,每年因执勤执法负伤的交通警察和警务辅助人员约1000人。每起涉警牺牲事件的背后,都伴随着亲人肝肠寸断、家庭支离破碎、战友痛彻心扉、警队失之肱骨。

痛定思痛,大量血淋淋的执勤执法伤亡案例,有深刻的教训值得吸取,有深层的原因需要警惕:既有领导干部思想认识不到位、督导追责不严格、忽视安全防护工作的原因,也与执勤执法人员安全意识薄弱、自我保护常识欠缺、安全防护装备配备不足、安全防护规定不落实、教育培训不到位、应急处置技能不强等息息相关。

【教学场景】

1. PPT 案例展示。
2. 学生模拟案例。

【相关知识】

一、执勤执法安全防护理论概述

(一)执勤执法安全防护理论的基本内容

交通警察执勤执法安全防护,是指交通警察按照相关法律、法规、规章及规范性文件的要求,在警务战术的指导下,借助安全防护装备和科学的行动方案,构建安全的执法空间,顺利完成执勤执法任务的一项警务活动,是警务战术理念在交通警察执勤执法中的具体应用。

1. 自我防护意识是交通警察执勤执法安全防护理论的核心内容主要体现在五个方面:

(1)自我定位意识。

交通警察不仅从事交通秩序管理、道路交通事故处理、执行交通警卫任务等工作，承担着保安全、保畅通、防事故的道路交通安全管理职责，还承担了路面治安刑事案件先期处置的警务职能，执法、服务的环境及对象具有普遍广泛性，这决定了交通警察执勤执法风险的不特定性及复杂性，时刻面临着潜在的安全隐患。随着国际、国内安全形势的复杂多变，交通警察经常直面各类违法犯罪行为，需要转变固有思维，从传统警务职能向动态型、主动型、信息型、专业型、综合型的现代警务职能转变。

（2）主动防御意识。

执勤执法安全防护是一种实施规范的执法行为、遵循科学操作流程的防御措施。这种措施不是单一的被动预防，而是主动的风险规避和预防，需要提前观察执法环境、分析危险要素、作出合理预判、降低执法现场风险。例如，我国近年来一直倡导的"循环理论""颜色理论"以及警务战术中的"加一理论""安全五宝"理念，均为主动防御意识的具体体现。

（3）临战意识（把自己比作一位战士）。

在执勤执法工作中，交通警察必须培养战斗思维，要求交通警察在执勤执法期间应当时刻保持警惕，充分预判执法现场的各种风险，认清执勤执法风险的不确定性，通过团队的合理分工及单兵的高效执行降低执法现场风险。提高警惕性可以帮助交通警察保持临战状态，提前发现危险迹象，采取相应处置措施。

（4）战术意识。

交通警察的警务战术重点研究安全评估、团队分工、执法站位、执法空间、控制及查缉等战术思路和方法，强调团队支撑和战术协作。交通警察日常身处低冲突型警务活动中，缺乏有针对性的警务战术日常训练，在面临突发情况时无法采取有效应对措施，错失最佳反应时间，最终造成伤亡事件。

（5）装备意识。

交通警察的执勤执法环境较为复杂，需要应对多种情况。因此，需要充分意识到装备是提升战斗力的有效工具，是保护交通警察人身安全的重要屏障。装备是否齐全有效，装备功能是否正常，装备配备能否满足警情变化，装备使用技能是否熟练，是保证工作任务顺利完成的必备要件。

2. 把握执勤执法行为特点是做好安全防护工作的基本前提

（1）执勤执法对象的不确定性。

与公安机关其他警种有预案的执法行为不同，交通警察处置交通警情比例大，处置其他违法犯罪行为比例小，面对的违法行为人较为广泛，具有明显的不确定性和随机性，人群的知识水平层级也不同，不宜套用其他警种的警务战术模式。

（2）执勤执法环境的复杂性。

交通警察的执勤执法环境多为开放性的高密度交通流或人群，加上执勤执法性质的特殊性，决定了交通警察的工作长期处于危险源诸多且不确定的高度复杂环境中。交通警察需要随时防备不特定车辆的冲撞、应对不特定人员的抵触和抗拒，主动适应复杂的执勤执法环境。

（3）概率事件的危险性。

研究表明，交通警察执勤执法伤亡事件多源自一些常规情况下很难或很少发生的事件。规范的执勤执法行为，可以将一些不确定因素限定在相对安全的范畴内，并降低警察个体发生失误的概率，避免"小概率事件""突发性事件"对交通警察造成的伤害。

3. 形势评估是关键要素

在执勤执法工作中，交通警察需要随时随地对自身及周边形势的安全系数进行评估，并不断修正和完善安全防护的策略。在形势评估中，应重点围绕以下五个要素进行：

（1）危险源要素。

在开展执勤执法工作前，交通警察应当对工作环境的危险性以及其他事前、事中、事后等可能引发潜在危险的不确定因素进行评估，依此制定处置预案。评估危险源的工作应当伴随整个出警过程，并根据实际情况随时调整。常见的危险源包括：

①外力冲击。比如说，常见于道路上行驶的机动车闯入执勤区域。此类危险源可能是单向、双向或多向的，也可能是固定或多变的，需要根据不同的路况、通行条件、气象环境等进行分析、处置。

②暴力袭击。比如说，常见于执勤执法工作中遇到的暴力事件。

（2）时空要素。

在执勤执法工作中，需要综合考虑能见度、视线、车速、温湿度、天气等因素，规划危险发生时的避让路线、避让空间。

（3）警力要素。

提倡在警力处于优势时开展执勤执法工作，并借助合力优势和执行力优势，最大限度地保障安全防护效果。

（4）装备要素。

优良的装备可以减轻执勤执法风险造成的伤害并提高执法效能。例如，限制嫌疑车辆的行驶空间和机动性能，避免其实施有预谋或临时起意的冲撞行为；面对执法对象"躲避"于车内的情况，合法、合理地运用视线遮挡、阻挡、破窗等设备快速破解困局等。

(5) 战术要素。

通过保持"战术意识",建立"警力优势意识",培养个人防护的心理、生理应激反应和个人战术素养,充分发挥团队的战术配合,规范处置方法及动作,最大限度地降低安全风险。

4. 完善的培训和监督检查机制是重要保障

完善的培训机制和成熟的培训体系是培养基层交通警察执勤执法安全防护理念、提高实战安全防护水平的重要保障。当发生与安全防护有关的交通警察伤亡事件后,严谨的评估程序和端正的监督检查态度是降低同类事件再次发生的重要方法。

(1) 培训方法。

主要推广三级渐进式培训法。

通过网络教学或者现场培训,结合装备的操作规程、工作原理、保养维护及安全事项,讲解安全防护理论。

通过反复的设备操作和战术动作演练,强化理论教学成果。

借助软件模拟室内或室外场景、实际道路等进行实战演练。

(2) 监督。

发生交通警察伤亡事件后,视事件后果严重程度由地方各级公安机关成立专门临时机构,对发生事件前后的执法程序、方式方法、责任过错及管理问题等因素进行全面调查,作出严谨的评估意见,并对事件的责任方依法依规落实责任,以此降低同类事件的再次发生。

(3) 检查。

地方各级公安机关交通管理部门应当深入路面执勤执法岗位和对交通事故处理现场进行检查,及时发现和整改存在的问题,督促一线交通警察和警务辅助人员严格执行相关安全防护规章制度,并加强跟踪检查和责任追究。

(二) 颜色理论

长期烦琐、单调、周而复始地从事秩序管理、事故处理等工作,使交通警察逐渐丧失对危险的警惕,并因缺乏基本的安全防范意识付出了血的代价。安全防范意识的强弱远比装备质量的优劣和格斗技术的高低重要。具备敏锐、准确的危机意识,即使是无格斗技能的人也可以大幅度提高危险环境下的生存率。

国内所倡导的颜色理论是一种战斗思维,即在意识中事先构建不设防、警惕、警戒、危险反击四个层级的评估及反应预案。

1. 白色

当处于休息、休假期间,或已经离开执勤执法场所,处于工作环境但环境相对封闭、安全时,交通警察可以使自己进入白色状态。在这种状态下,交通警察的危机意识和战斗思维与常人无异，基本为零。当突然受到攻击时，极易受到伤害。

2. 黄色

当交通警察佩戴明显标志或身着警服进入公共场所，或处置一般性事件时，交通警察应当进入黄色状态。在这种状态下，交通警察的危机意识应当提升，随时保持警惕，防止遭受可能出现的外来侵害。交通警察应当对周围的环境和人物进行"雷达"式扫描的观察方式，但无须过度紧张。

例如，交通警察在定点执勤、驾车巡逻、处理道路交通事故、纠正交通违法行为时，需要注意观察身边不确定身份人员的举止行为，并与不确定身份人员、人群保持足够的安全距离。

3. 橙色

交通警察在执勤执法工作中，遇到行为举止异常人员，或语言抗拒、不配合执法行为，或接到指令执行紧急查缉任务时，需要即时提高危机意识，进入橙色状态。在这种状态下，交通警察必须意识到一些行为或事件可能危及自身安全，在短时间内判断危险源，保持对周边的观察，并且通过观察不断地调整自己对形势的判断，作出决策。交通警察此时应当暗示自己，随时准备采取必要措施保护自身安全。

4. 红色

红色是最危险的级别。此级别对应的是交通警察正在遭受侵袭或已出现被侵袭的征兆，需要果断采取相应等级的武力措施。

5. 颜色的相互转换

颜色的转换是循环理论在实战中的体现。四种颜色间，不仅可以邻接转换，而且可以跨越式转换。转换的速度和方式取决于交通警察观察、判断、决策、行动的循环效率和执行能力。

例如，交通警察在岗亭内休息时，可以处于白色状态。但当其离开岗亭时，则应即时转为黄色状态。在执勤执法工作中，如果交通警察查处一起交通违法行为，执法对象十分配合工作，则交通警察可以全程处于黄色状态，直至返回岗亭后降为白色状态。

颜色间也可以跨越式转换，尤其在面对突发情况时，颜色变换的准确性和速度决定了处置的效果。

例如，交通警察遇到执法对象不服从执法或存在其他危险情节时，应进入橙色状态，随时准备采取必要措施应对。如果执法对象的行为从语言侮辱升级至推搡、肢体冲突，交通警察应当由橙色状态立即转为红色状态，迅速对其进行控制。当局势得到控制后，带离违法人员时，交通警察可以转为橙色状态。

实战中，交通警察大多数的安全防护事故源自失败的颜色转换。例如：

（1）执行职务时，危机意识处于白色状态，忽视身边潜在的威胁。

（2）颜色等级上升的速度慢于形势的恶化速度。颜色等级成功转换，但未付诸行动，对违法嫌疑人或执法环境过于自信。

（3）红色危机出现后，行动能力不高，不具备有效应对实战的技能。

在实战中，必须及时进行颜色等级的转换，并付诸行动。颜色转换的准确率和速度决定了处置的效果。

（三）循环理论

循环理论是形势评估最常用和最实用的理论之一。形势评估，是指在执勤执法工作中，交通警察对可能造成自身或者他人生命、财产损失的突发事件进行事前评估和干预，避免此类事件的发生和降低事件发生后的损害后果。

循环理论由观察、判断、决策和行动四个环节组成，是指基于观察并获取相关的外部信息，根据感知到的外部威胁及时判断并作出应对决策，采取相应行动。

循环理论的决定因素是时间，在执勤执法工作中，时间既不绝对属于交通警察，也不绝对属于执法对象。时间属于更善于运用循环理论的一方，或循环理论运转速度更快的一方。

1. 观察

观察是指通过感官收集数据、信息并加以汇总。真正的观察者通常采取的最佳方式是时刻主动观察周围世界，并使多观察成为一种习惯，刻意去培养瞬间记忆能力。

比如，尝试准确说出身边一辆疾驰而过的汽车的号牌，或者说出一个迎面而来的行人的特点；在工作中认真观察违法嫌疑人的面部表情和肢体行动，尝试在短时间内初步判断对方的性格、特征。

观察环节应注意以下三点：

（1）扩大观察视野。

在执勤执法工作中，交通警察应当充分利用自己的视野观察现场，不应将注意力局限在眼前的一个点，而忽略其他自认为不重要的内容。宽广的视野可以增加交通警察发现事件的机会，并获得更多的信息。

（2）尽量避免影响或减弱观察能力的因素。

妨碍交通警察观察能力的因素主要分为主观因素和客观因素。主观因素，是指精神或身体疲劳，违反工作纪律或缺乏对业务知识的掌握等。客观因素，是指外界声光因素的干扰等。

（3）培养对现象的解读能力。

解读能力，是指从事件的现象中发现本质的能力，要求交通警察在执勤执法工作中及时察觉对方意图,从而在行动中占据优先,有助于规避风险。这是循环理论最终目的的直接体现。

例如,发现一辆汽车前牌照非常干净,但是前保险杠上却沾满飞虫,说明此车短期内可能更换过号牌。又如,发现一辆路边停放的汽车布满尘土,只有前挡风玻璃略微干净,轮毂刹车盘光亮,说明该车近期内行驶过。

2. 判断

判断,是指通过观察事物所传递的信息,形成当前的主观判断,其建立在观察的基础之上。判断环节是循环理论的重点。错误的判断将导致错误的决策。

例如,交通警察在交通违法行为查处工作中,通常需要思考以下事项:

（1）对方是否人多势众？是否需要等待增援？自己能否控制现场？成功拦停车辆后,自己能否安全、有效地检查车辆？

（2）此刻,是否需要就地拦停车辆？计划拦停车辆的地点是否处于人员密集、交通流量大、弯道、坡道、跨线桥等视觉盲区有无引发堵塞或交通事故的可能？

（3）指挥中心及同伴是否知道自己即将实施的执法行为及具体的位置？

（4）面对的是简单的交通违法行为,还是严重的交通违法行为？是否属于刑事案件的交通工具？不确定因素在哪里？

（5）对方的双手是否在交通警察的视野之内？

（6）对方是否携带可能对交通警察身体造成伤害的物品（武器）,如一支笔、一杯开水等？

（7）执法地点周边是否有掩体？是否有避险路线？当发现实际情况超出事前的预判,交通警察是否能够使用掩体及避险路线？

（8）是否预留了必要的安全距离？

（9）遇有机动车行驶至执勤执法点上游区突然减速缓行、变道、掉头、停车等情况,是否存在酒后驾驶或者其他违法行为？

3. 决策

决策,是指通过汇总、观察和综合分析、判断后,作出决定并拟付诸实施的一个过程,是循环理论的关键。决策环节一般包含四个步骤:

（1）对观察中发现的具有决定性因素的信息进行收集、汇总。

观察一辆行驶中的面包车,发现车身两侧及后部所有车窗粘贴深色太阳膜,前排乘坐两名男子,非阳光直射情况下前排遮阳板处于遮阳状态,整车重心向后偏移,号牌有伪造嫌疑等情况。

（2）通过工作经验、生活常识、概率等进行分析和判断。

例如,前项案例中的交通警察可以作出初步判断,即一个至少两人的团伙在刻意躲避路口监控（车辆信息、面部信息），车辆内部载物较重或较多，极有可能是赃物或者违禁物品。

（3）拟订多个执行方案。

合理运用"加一理论"，适度提高危险等级，避免在行动中因判断不足导致任务失败。

①违法嫌疑人数量"加一"：发现一名违法嫌疑人时应当考虑可能存在第二名违法嫌疑人；

②违法嫌疑人行为"加一"：发现违法嫌疑人存在交通违法行为时应当考虑其可能存在其他违法犯罪行为；

③违法嫌疑人借口"加一"：预判违法嫌疑人可能虚构大量的理由回避、质疑执法，或刁难交通警察；

④交通警察人数"加一"：交通警察的人数尽可能优于违法嫌疑人，发挥警力优势的作用；

⑤交通警察武力"加一"：交通警察使用的武力级别高于违法嫌疑人；

⑥行动方案"加一"：交通警察执法前预设多种行动方案，避免无法应对突发情况的现象发生。

（4）综合评价方案并作出最优选择。

交通警察将备选方案分为确定性方案和不确定性方案，并结合工作实际进行决策，确保方案的最优化。

4. 行动

行动，是指通过前期的观察、判断、决策等多个环节获取信息，并根据信息实施的具体行为，是对决策结论的执行。行动时需要注意：

（1）交通警察需要明确、简洁地说明要采取的行动。

（2）交通警察的应对措施必须积极，并时刻掌握主动。

（3）循环地评估行为的结果和事件发展趋势，并作出相应的调整。

（4）注意警务战术与实际环境的结合。

（5）使用语言或行动牵制对方的思路，压缩对方思考或实施反抗交通警察行为的时间和空间。

（6）不在现场武断地打断对方，不在人车未分离时拆穿对方的谎言，降低冲突发生的概率。

例如，以下对话：

交通警察：你好，请出示驾驶证。

驾驶人：别忙，我先把车靠边，再给你找找好吗？

交通警察：不用了，就在这里给我。

驾驶人：我怎么了，哪里有做错吗？

交通警察：你的行为……违反了……

驾驶人：那好吧。（解开安全带、找证件，不停地拨打手机……）

交通警察经常身处频繁回答问题的被动局面，使驾驶人占据了有利的心理地位。在执勤执法工作中，交通警察通常关注驾驶人是否将车辆按要求停靠并提供证件、接受检查，很少思考驾驶人是否会因为交通警察的执法行为发起攻击。驾驶人面对交通警时更多的是思考如何回避执法、逃避处罚，以及为了实现目的而能够采取的手段。因此，在"观察"和"判断"上驾驶人具有优势，破坏了原本应由交通警察控制的"循环"。

例如，以下对话：

交通警察：你好，请出示驾驶证。

驾驶人：别忙，我先把车靠边，再给你找找好吗？

交通警察：不用了，就在这里给我。

驾驶人：我怎么了，哪里有做错吗？

交通警察：酒驾例行检查。（麻痹对方思维）

驾驶人：（反正我又没有酒驾）那好吧。（开始找证件……）

交通警察：没喝酒吧？

驾驶人：没喝，给你证件。

交通警察：（交通警察根据驾驶人寻找驾驶证时间的长短，判断驾驶人的内心活动，增强或降低危险意识，必要时可寻找借口让驾驶人下车）请下来进行直线行走测试，排除酒驾嫌疑（完成人车分离）。

循环理论的本质是己方率先完成一个"循环"，然后迅速采取行动，干扰、延长、打断对方的"循环"。其中，及时介入并操控对方的"循环"，使对方对于外界的变化无法及时作出反应，是一种重要的战术理念。

例如，交通警察驾驶警车执行公务时所运用的防御性驾驶知识，就是形势评估理念和循环理论的一个体现：提前发现危险源并采取主动性操作，避免在公路上"急停""急刹""急变道"，优先选择最右侧机动车道，并靠行车道右侧低速行驶，保持对路面交通动态的观察。

二、执勤执法装备

（一）个人执勤执法装备

个人执勤执法装备，是指公安机关交通管理部门配发给交通警察，用于保障个体执勤执法工作顺利开展，维护执勤执法人员正当权益的警用物资。交通警察在道路上开展执勤执法工作，应当按照规定佩带单警装备，并结合地域工作特点进行适度加强。

1. 警用腰带

高质量尼龙战术腰带是今后警用腰带的发展趋势。

2. 反光背心或反光防护服

反光材料的寿命是影响反光效果的重要因素。当使用七类反光膜制作反光背心或反光防护服时，使用期限自生产之日起不应超过3年。在同样的执法环境下，反光效果决定防护能力的强弱。

3. 警用腰包

警用腰包可以与手铐包进行整合，并放置电池、被暂扣的证件、钥匙、手套等小件物品。

4. 对讲通信设备

性能可靠的对讲机是快速进行信息传递、指挥、提示的重要装备。国内公安系统大多使用350M集群移动通信系统，通话质量的高低取决于公安通信基站的数量和分布情况。目前，基于CSM或CDMA加密专网的无线对讲设备已经在国内推广。依托国内三大通信运营商组建专网进行通话，通话质量和安全性能得到有效保障。同时，可以通过加载GPS或北斗模块，对人员进行定位。

5. 警棍

伸缩警棍作用广泛，攻击性强，防守严密，可有效制止暴力行为，并由此形成各种伸缩警棍防卫术。根据警察个体的身体素质，可以在46~61厘米选择。对伸缩警棍加装配件或改装，可以增加破窗等功能。

6. 催泪喷射器

警用催泪喷射器列装的目的是制服违法犯罪人员，限制违法犯罪行为，或对相关人员进行驱散。交通警察配枪执勤时，催泪喷射器喷嘴向上放入罐袋置于腰带弱势手（非惯用手）侧近腰带扣位置；未配枪执勤时，可将催泪喷射器连袋置于腰带强势手（惯用手）侧。

催泪喷射器的使用可能对特殊人士造成伤害：当时正服用药物或受酒精影响的；在过去的8小时内有使用药物及酒精的；患心脏病、肺病或其他敏感病症的。因此，在使用前后，应当注意示警并观察受催泪喷射器影响人员的表现。

7. 手铐

手铐属于警用约束性警械，主要用于交通警察在执勤执法工作中，对当场发现的违法犯罪行为人进行约束和控制，或依法实施强制传唤，或对一般犯罪嫌疑人的短途押解的警用械具。手铐具有约束性强、操作方便、不易挣脱的优点,是交通警察执勤执法工作的必备工具。

8. 枪支

依法使用枪支是公安机关执勤执法工作中打击现行违法犯罪行为的最高武力等级。枪支具有携带方便、杀伤力强、停止效果好的特点,可以有效震慑违法犯罪行为人。交通警察依法使用枪支既是自身防护的需要,也是制止违法犯罪行为,保护人民群众生命、财产安全的需要,体现了法律的威严和不可侵犯性。目前,我国一线交通警察主要装备的制式枪支为64式、77式、92式手枪和05式警用转轮手枪,以及防暴枪、79式微型冲锋枪等。

9. 警务通

部分省份为每名交通警察配备了警务通,并开发了较为完善的操作软件,在匹配微型蓝牙打印设备后能够大幅度地提高办案准确率、效率,并可以充分规范法律文书的填写,是一种依托公安网运行的优秀单兵作战装备。

10. 手套

在执勤执法工作中,白色针织手套在指挥交通和执行交通警卫任务时的效果明显,但在检查、搜查和控制时并不适用。交通警察可以备用一副防割手套和一副半指战术手套,应对各种实战需求。

11. 执法记录仪

优质的执法记录仪,不仅具有良好的清晰度、存储能力、续航能力和夜视能力,更重要的是有成熟的后台管理软件,以及简便可靠的工作站支持。使用执法记录仪,镜头必须确保正确的朝向。有条件的地方,可以将可穿戴设备作为执法记录器材,能够确保镜头朝向与视线保持一致且质量更轻、摄录质量更高。在功能开发上,优质的头戴式可穿戴设备可以设计嵌入号牌自动识别、数据采集和传输等功能。

(二)公用执勤执法装备

公用执勤执法装备,是指公安机关交通管理部门根据执法办案需求和相关规定,为一线基层办案单位配备的专门器材、设备、设施。公用执勤执法装备既是保障基层公安机关交通管理部门履行职责的一种基本装备,也是保护执勤执法现场区域安全和保障执法办案工作顺利进行的重要基础。

1. 反光锥筒

反光锥筒是交通警察大量使用的一种日常防护耗材。反光锥筒的选型或使用不当,会直接导致次生事故的发生,造成人员伤亡或财产损失。实际选用时,必须注意:

(1)反光锥筒底座的稳定性、抗倾覆性及体积的便携性。

（2）优先选择符合国家标准的 A 类反光锥筒，锥体应被反光面全部覆盖。

（3）反光锥筒的反光膜自生产之日起 3 年内应当更换。

（4）锥体内部、外部宜为红色、反光面宜为白色。

2. 主动发光设备

反光锥筒因其材质特点，在可视距离上存在一定的局限性，因此，目前推荐使用主动发光设备作为现场防护设施。

（1）方位灯。

方位灯为成年人手掌尺寸大小，内置大容量高能电池，采用 LED 等原理进行主动闪烁发光。部分型号夜间穿透空间效果在 4000 流明以上，并可以采取夹扣、吊挂、束带、吸附等方式进行警示。尤其适合在夜间道路交通事故现场标注事故车辆轮廓，避免行经车辆发生剐蹭。

（2）主动发光诱导屏。

主动发光诱导屏因 LED 显示屏的色彩丰富、发光效果好、穿透力强、故障率低、能耗低，近年来在安全警示方面的应用越来越广泛。主动发光诱导屏可分为落地可移动一体式诱导屏和粘贴式简易 LED 发光诱导屏。

落地可移动一体式诱导屏内置蓄电池，但缺点是体积和重量偏大，不易携带。

粘贴式简易 LED 发光诱导屏使用 4~6 节五号电池，一般能够持续发光 24 小时以上，采用磁铁原理吸附在金属物体上，警示来车避让，但缺点是不能独立置于地面。

（3）可移动式单条 LED 警灯。

可移动式单条 LED 警灯吸附在警车车顶或尾箱盖上，根据警车停放的角度可以进行相应的调整，有助于后方来车发现前方险情。

（4）警示灯。

同样是针对反光锥筒的缺点，为了解决夜间道路交通事故现场的可见距离问题，国内一些厂家制造出可充电的小型现场警示灯，具有远光闪烁功效，目标明显，而且装有强吸力磁铁，可吸附于车顶或车尾，也可置于地面警示，夜间可视距离在 800 米以上。但是，这些产品的充电可靠性和续航能力有待改进。

3. 破胎器

常见的破胎器包括液压式、拖拉式、遥控式三种，共同的缺点是体积较大、不易携带和设置不便，不能很好地满足突发事件中对嫌疑车辆的快速拦截。河北、广东地区在用的便携式破胎器较好地解决了这个问题。数个破胎器根据布控路段实际需求，在短时间内进行连接，能够快速布设于地面，克服了旧式设备需要人员左右挪移、摆放而身处危险境地的弊端。使用完毕后，破胎器能够快速移除，便于追缉和其他车辆通行。

4. 车辆闯入报警设备

《道路交通事故现场安全防护规范》要求，在道路交通事故现场反光锥筒上设置车辆闯入报警设备。此类设备的原理是外来物体触碰反光锥筒或闯入检测区域时，报警设备依据无线电工业频段或红外原理发出无线报警信号，提示事故现场工作人员迅速躲避。

需要注意的是：

（1）车辆闯入，报警设备应当优先设置在事故现场来车方向警戒区的上游过渡区。

（2）警戒区的设置距离不足，车辆闯入报警设备的作用会严重降低。

（3）报警设备无法对接近中心现场位置突然闯入的机动车进行有效报警，仍需设置必要的掩体进行防护。

5. 道路交通事故现场照明设备

在夜间等照明不足的情况下，道路交通事故现场照明设备可以为现场勘查工作提供良好的光照条件，保证道路交通事故现场勘查的安全、可靠，提高夜间道路交通事故处理的质量和效率。一线交通警察在处置夜间道路交通事故现场时，主要使用车载式照明设备对中心现场进行照射，固定和提取现场中的各类痕迹、物证。

6. 警务用车

（1）交通警察使用警务用车必须优先考虑安全性和实用性。

（2）多用途汽车（MPV）、专项作业车更适合作为交通警察警务用车的改装基础。

（3）外部主动发光设备数量、质量应当优于其他警种，增大车身反光材料的覆盖面积。

（4）推荐使用V形布局的警灯，这样不同角度的警示效果基本相同，优于常见的一字形布局的警灯。

（5）对警务用车进行防撞、防翻滚的升级改造。

（6）尾箱应当根据装备携带需求进行空间优化设计。

7. 防滑链

防滑链对于冰雪天气的安全行车具有十分重要的意义，一般由钢链或橡胶链制成，具有防滑的功能。防滑链的原理是将车辆的重力集中到铁链的几个点上，产生巨大的压强，轧透冰雪层直达路面，从而增大摩擦力，增加车辆行驶的安全系数。按照结构可以将防滑链分为两种：一种是已经接成罩状的防滑链；另一种是交叉安装的数根单独的防滑链。

8. 警用飞行器

国内多省份已经使用多轴多旋翼飞行器开展交通管理工作，旨在利用其操作简单、维护简单、起飞环境要求低、能悬停的特点，对道路特别是高速公路重要互通、匝道、立交及流量较大等易堵路段进行随时巡查，并对交通违法行为进行取证和回传，也可对某些特殊事件现场进行隐蔽性观察、拍摄，有效地加大了巡视密度。

三、交通警察的警务战术

（一）交通警察的自我情绪控制

1. 成为循环理论的先入者

在执法工作中，交通警察时常需要与执法对象进行面对面交流，如能先于对方启动"观察、判断、决策、行动"的循环，从对方言行举止中判断其思维和计划，从而提前采取相应的预防措施预判对方的思维和目的。提前掌握对方的计划也有益于交通警察控制自我情绪。

2. 悠长而轻缓的呼吸

心理专家通常建议人们采用深呼吸和吞咽唾液的动作来缓解自己不满或愤怒的情绪。但在交通警察的工作中，过多的吞咽动作可能影响警察的自身形象。因此，在执勤执法工作中，交通警察要善于通过刻意地保持呼吸节奏，控制自己逐渐被对方激怒的情绪：深吸气、短暂闭气、缓慢吐气；不动声色地进行轻缓的呼吸，厘清自己的思路。

3. 从对方的眼神中获得自信

在执勤执法工作中，交通警察需要面对形形色色的执法对象。对方的眼神特点分为六类：第一类是冷静、诚实和配合的眼神；第二类是悔恨、哀求和检讨的眼神；第三类是狡黠、圆滑和欺骗的眼神；第四类是游离、逃避和躲闪的眼神；第五类是对视、愤怒和威胁的眼神；第六类是濒临失控时的眼神。

从眼神特点和规律来看，上述第一类、第二类眼神在与交通警察对视时处于弱势；第三类、第四类眼神则处于对等或不确定的状态，多出现在营运车辆驾驶人等经常与交通警察打交道的人群中；第五类、第六类眼神的危险等级相对较高，容易直接转变为冲突和攻击。

交通警察观察对方的眼神时，可以主动保持无威胁的对视，同时余光注意其双手的动作。良善的视线接触能够充分体现对对方的尊重。稳定、真诚的眼神能够有效地控制对方的情绪，使对方明白警察正在倾听和关注其陈述，并将坚定、严肃的信息传达至对方大脑。

交通警察面对的大部分执法对象均有同伴，或者存在围观人员，这部分人员并不一定完全对交通警察的执法行为心存恶意或持有抗拒心理，适度对这部分人员的眼神进行观察，发现其中潜藏的支持者与反对者，对自身的安全防护具有积极的意义。

4. 剥离自身角色，建立职业情绪

许多交通警察在与执法对象沟通时，经常忘记自己属于执法者的身份及职业素养要求。当执法对象出言不逊时，交通警察容易与执法对象相互进行言语攻击，进而失去对局势的控制。因此，交通警察在执勤执法工作中需要牢记颜色理论，灵活实现自身角色、职业情绪的转换。

（二）有效地控制对方的情绪

交通警察控制情绪并不意味着一味容忍或退让。在公正、公平、严格执法的同时，控制自己的情绪波动，避免被心态影响自身的安全评估或防卫能力；避免因自己的情绪激怒原本平静的对方，最终发生冲突事件。在学会控制自身情绪的同时，交通警察还需要知道如何有效地控制对方的情绪，滞缓其情绪恶化的速度，适时进行引导。

1. 干扰并避免陷入对方的循环

交通警察应通过先行启动"观察、判断、决策、行动"的循环而取得优势。在此基础上，尽量远离对方的循环：更换原本导致激烈争执的话题；询问一些对其具有善意的问题；提前判明对方的意图并转移对方的注意力；努力尝试引导对方的思维活动。

例如，以下对话：

交通警察：你好，你所驾驶车辆的号牌涉嫌伪造。

驾驶人：怎么可能，我开了那么久都没有人说过。

交通警察：确实存在伪造嫌疑，需要对车辆进行扣留。（在回答问题）

驾驶人：你凭什么说我的车牌是假的。

交通警察：你的车牌存在……的问题。（在回答问题）

驾驶人：我是借别人的车，你扣了我怎么办！

交通警察：你的……行为违反了……（在回答问题）

驾驶人：……（不停地纠缠）

在上述对话，交通警察的思维在随着执法对象的思维进行运转，生硬的问答式执法会逐渐失去对执法对象情绪的控制。

而以下对话则巧妙地避免了陷入对方的循环：

交通警察：你好，你所驾驶车辆的号牌涉嫌伪造。

驾驶人：怎么可能，我开了那么久都没有人说过。（准备吵架）

交通警察：你是车主吗？（干扰对方思维，转移话题）

驾驶人：不是，我借别人的。干吗？

交通警察：你给车主打个电话问问吧，他心里清楚。（心理战术）

驾驶人：……（拨打电话后）车主说他赶过来。

交通警察：这里流量大容易堵，他的车先拖到我们停车场里，我先给你做个登记，等车主过来后我和他核实。（婉转地扣车，进行追究车主责任的心理暗示）

驾驶人：……让我拿下钱包，我先打车走了。（表示车不是我的，我无所谓）

2. 尊重站在交通警察面前的人

在任何情形下，交通警察均不应轻视、漠视或鄙视执法对象。平等但略优于执法对象的心理姿态，更有利于交通警察开展执法工作。

（1）大多数驾驶人在遇到交通警察时均会抱有抵触情绪，但这并不影响其在心理上已经本能地处于弱势。因此，交通警察无须采取刻意的、羞辱式的方法贬低对方，以免激起执法对象的愤怒或反抗。在执法中，让对方完成陈述，从始至终地听清楚他的话到底表达什么含义；诚恳地直视对方的眼睛，传达无恶意的信息，中等音量说话；尽量避免发笑，否则易被误认为得意或耻笑；适度地采纳对方合理的请求，换位思考，不断调整处理事件的方式。

（2）避免挑衅式执法行为是对情绪控制中"尊重对方"要求的进一步拓展。当交通警察缺乏对执法对象的足够尊重时，必然会故意或不经意地出现轻视之举，甚至是故意激怒。

例如，一辆巡逻警车在后方接近一辆停靠在路边的轿车。交通警察在警车上发现前车驾驶人为一名单身女性。接近后，交通警察双手撑在驾驶室一侧的门框上与驾驶人进行交谈，语言缺乏尊重。驾驶人被激怒后下车与交通警察理论并发生了肢体冲突。

注意：不稳重的行为易激怒对方；不当的举止可能引来不必要的指责；规范的执法动作是对对方的尊重。

（3）挑衅式执法行为不仅易使矛盾升级，导致对执法对象的情绪失控，更严重的情况是交通警察出现"轻敌"意识，破坏了原由交通警察控制的"观察、判断、决策、行动"循环，使交通警察失去基本的判断和决策能力。

3. 合理地运用语言

良好的沟通可以缓解紧张的对抗趋势，增加互信、强化交通警察威信、提高执法效率。运用执法语言的原则是：

（1）平等、设身处地的感受执法对象的心理背景及情绪来源。

（2）倾听，避免盲目、急迫地打断执法对象的倾诉。如果确实需要打断，可以用转述的方式引导执法对象按照自己的思路进行交流。

（3）精练语言。交通警察的语言宜精练和谨慎。因为不当的言辞可能会激怒对方，或被对方记录而成为攻击交通警察的理由。交通警察的执法语言必须以合法性为前提，考虑政治敏锐性，遵守严格的道德底线，避免使用"你不懂""你过来""规定就是规定""不关你的事""别发火""你有什么问题""我最后一次警告你"等话语，因为这些语言否定了对方，或使对方处于被歧视和不被尊重的地位。

例如，避免说"我最后一次告诉你，而说：这些对你很重要，所以我再重复一通，你要认真听。"交通警察精练自己的语言，是防止被恶意中伤者抓住把柄的重要方法。

（4）运用循环理论提高交流效率。交通警察向执法对象说出每句话前，均应在脑中进行一次"观察、判断、决策、行动"的微循环。

4. 恰当地运用肢体语言

注意：不雅的动作应被禁止如食指指人；不端庄的站姿不适用于执法场合；避免对执法对象呼来喝去。

（三）安全五宝

1. 戒备

（1）心里戒备：工作中保持适度的警惕；注意力应集中在危险源；两人以上执勤执法时，应当分工，明确承担警戒观察职责的人员。

（2）戒备的姿势。

①肢体戒备。

搭手戒备，既可以体现出交警对谈话对象的尊重，也可以根据现场情形随时提高武器使用等级，方便准确地选取腰间各种装备。

提手戒备，是交警面对违法嫌疑人顽强抵抗或暴力攻击时的一种防守姿势。接取物品或与执法对象沟通时，摊开双手表示开诚布公；对方情绪激动时，下压双手表示规劝对方冷静。

扶带戒备，目的是保护装备，不至于丢失或遭到抢夺，发生事态时方便拿取装备，缩短反应时间。

②警棍戒备。遭遇违法嫌疑人攻击，使用语言控制无法应对时采取的一种戒备姿势。包括隐蔽持棍戒备、警棍腹前戒备、警棍腿后戒备、警棍肩上戒备。

③武器戒备。

以上戒备姿势需要根据现场实际处置情况合理运用。

2. 距离

（1）与执法对象的距离。

当对方徒手、情绪稳定、服从指令时保持 1.5～2 米或者自己手臂两倍长度的距离，距离可以适当拉近；当对方情绪激动，有过激行为倾向时，距离应当适当增加。当对方持凶器时，安全距离宜保持在 7 米以上。

（2）与车辆的距离。

检查车辆时，交警应控制自身与被检查车辆间的距离。汽车 B 柱外侧是较安全的位置，既可以方便观察车内的情况，也可以有效防御来自车内人员的攻击。即使车辆前后门开启，也无法与交警发生碰撞。选择"上一步接证、退一步看证、遇险横一步闪躲"的"三步"工作法。

3. 掩体

（1）常规条件下交警可利用的掩体。

执勤地点周围的固定物：墙体、花池、安全岛。

交警主动设置的掩体：警车。

（2）掩体车辆。

①停放位置。

交警驾驶警用摩托车查处交通违法行为，或者查处违章摩托车，应尽量避免与执法对象在摩托车的同侧站立。可以将摩托车放置在双方中间，将摩托车作为掩体隔离双方，实现对交警的保护。

交警驾驶汽车查处时，或者查处驾驶汽车人员时，提倡遵循"L"法则，即利用小型车辆车体前后的四个 L 形直角部位搭建掩体，增加交警与执法对象的距离。

②停放倾角。

汽车车体与车道线形成的角度可以朝向左侧或右侧 20°～30°。

意义：利用车身颜色和标识增大警示面积；车辆的静止状态易被发现，而车辆无倾角在车道内停放时，易被误认为在缓慢行驶而造成追尾。车身斜向停放防护区域更大，可以降低被后方车辆撞击后冲入执勤执法区域的概率，车头朝向应是被途经现场车辆绕行或前行的方向。当然，在评估安全形势后或者在特殊情形下，掩体车辆也可以选择无倾角停放。

③车轮转向。

无论是否选择倾角停放，掩体车辆的导向轮均需要转向一定角度（大于 10°小于 30°），将前轮转至极限角度，车辆被碰撞后有翻覆的可能。

4. 沟通

交警深处密集人流、车流组成的复杂环境中，声音、视线、注意力易受干扰。

因此交警之间应当保持沟通，发现险情或者临时离岗均应当及时沟通，共同应对。

例如，利用对讲机呼叫、手势、哨子等进行沟通。

5. 位置

位置即站位，是指交通警察在执勤执法现场所处的能够最大程度保证自身安全的点位。站位需不断地评估形势后随时进行调整的人员位置，为动态而不是静止的。

（1）盘查站位。

最基本的是策应站位（L形站位）即"曲尺形站位"。盘查对象位于曲尺的拐角处，检查人位于盘查对象左前侧，距离1.5~2米。当认为对方较为危险时可以适当拉大距离。警戒人员位于盘查对象右前侧，距离相对检查人在原正常距离基础上增加1.5~2米。

（2）执勤站位与拦截检查站位。

①交警不应站在车辆的行驶路线上或者盲区对车辆实施拦截；

②接近静止的高危车辆，交警应当利用车内人员的视觉盲区选择接近路线；

③躲避车辆内轮差。

（四）交通警察常用的警组战术

除对交通违法行为适用简易程序处罚和处理道路交通事故外，交通警察的执勤执法工作通常由多人组成，这就是"警组"。警组合理的分工和技战术，能够提高执法办案的效率并保障交通警察的人身安全。

1. 警组的设置

（1）二人组。

二人组成，一人负责检查、控制，一人负责警戒，是目前最常用的"二人搭档"模式。二人组通常采用一字队形或策应站位的方式展开工作。

（2）三人组。

一人负责检查、控制，一人负责协助、支援，一人负责警戒。三人组通常以三角站位或V字队形开展工作。

（3）四人组。

2. 警组的工作方法

（1）"三步两舱"查车工作法。

"三步"是指"上一步接证，退一步看证，遇险横一步闪躲"；"两舱"是指重点检查部位为"驾驶舱、行李舱"。

（2）正面吸引、侧后控制战法。

主要适用于"二人组"模式，由一人负责正面吸引违法嫌疑人的注意力，另一人快速移动至违法嫌疑人的侧后方,根据现场情况采取不同的武力等级来控制违法嫌疑人。

(3) V字站位、三角变形移动战法。

适用于"三人组"模式,三人在推进时采用倒V字队形,即一人在前,两人在后的进攻队形,撤退时采用V字队形,即两人在前,一人在后的掩护队形;在盘查或控制时采用三角站位,三人始终保持相互策应。若违法嫌疑人移动,交警可以变换位置再次形成三角站位或者弧形站位将违法嫌疑人围困中央,便于控制或者抓捕。

四、交通勤务中的安全防护

(一) 定点执勤

交通警察在道路上执行交通勤务,依法履行维护交通秩序、实施交通管制和交通警卫、纠正和处罚道路交通安全违法行为等职责。由于交通警察的主要工作地点是道路,因此安全防护工作的重心即为针对道路中各种危险源的提前预判和防范。

定点执勤,是指在固定地点开展执勤活动。其中,安全防护措施需要综合考虑道路空间和交通流量因素。非特殊情况下不应在交通流量高峰时段、路段进行交通违法行为查处工作。选择定点执勤的地点时,交通警察需要充分考虑视线、视距、限速值等因素,评估周边环境,回避安全隐患路段,确保执勤地点安全。

在定点执勤中,警察个体的安全系数亦需谨慎评估。基本要求:

(1) 着装醒目、规范,便于交通参与者观察。

(2) 尽量面对来车方向并避免进入车道内。

(3) 远离车辆的视线盲区。

(4) 尽量避免选择高架道路、交叉路口等交通流量过于密集的点位,以及在隧道、急弯、陡坡、临水、临崖等复杂路段开展交通违法查处工作。

(5) 遇群众求助,需提升危机意识,保持安全距离(1.5~2米)和戒备姿势。确认排除威胁后,可以适度拉近安全距离。

(6) 遇突然改变行走节奏、路线、速度、动作的人员或行驶轨迹异常的车辆,需要提升危机意识,根据"颜色理论"调整颜色级别,采取必要的戒备动作。

1. 城市交叉路口定点执勤时的站位

(1) 交通警察在人员密集的岗位定点执勤,可以选择警用汽车、摩托车、配电箱、绿化带、路边车内无人的车辆、执勤岗亭等相对牢固、稳定的物体作为背后依托,防止被撞击或被他人利用交通警察背后的视觉盲区发起袭击。

(2) 除特殊情形外,在交通信号灯运转正常的交叉路口,交通警察不宜进入路口中心位置同时使用手势信号进行指挥。因为，无论身居高台抑或站于路面，交通警察所处位置都会与交通流形成冲突。

交通警察需要随时根据交通信号灯的变化，对自身的位置进行调整，始终确保交通流处于自己的可视区域，且身处位置与交通流行进路线无交叉重合，防止发生碰撞。尽量避免在有明显交通流冲突的地点站位。

2. 高速公路、一级公路收费站定点执勤时的站位

高速公路一级公路收费站定点执勤时的站位除参考城市交叉路口定点执勤时的站位要求外，交通警察还应特别注意收费站是否地理位置偏僻、空旷、行经车辆车型多、车速快、冲卡概率高、驾乘人员成分复杂等特点。

（1）在收费站检查行经车辆时，交通警察应当避免站立在收费车道的正前、正后方，防止冲卡车辆对自身造成伤害。当面向来车，示意车辆靠边停车时，交通警察身体的左侧边缘与来车驾驶人的左侧边缘保持正面对向的位置即可。发出手势信号后，交通警察应当向路侧横向移动身体，为可能冲卡的车辆预留安全空间。

（2）避免进入收费车道。国内公路收费站普遍采用车道低、收费岛高的建筑设计。部分地区的交通警察习惯在收费车道内对停车交费的车辆进行检查。但狭窄的通道和台阶的高度，增加了突发事件发生时交通警察的闪避难度。交通警察应当与收费员事先建立良好的沟通机制，在收费岛前端对进入收费车道的车辆进行初筛，发现嫌疑车辆后示意收费员暂停工作。交通警察应站立在收费岛上，对位置相对较低的嫌疑车辆驾驶人进行检查。

（3）选择在收费站广场上检查车辆时，交通警察的站立位置不应过于远离收费岛，避免过远的距离给驾驶人预留过多的加速时间和线路选择。当发生冲卡时，交通警察在收费站广场上更容易闪避刚刚起步的低速车辆。

（4）相对其他地点，收费岛的安全系数更高，但收费岛的前后通道易被冲卡车辆利用。因此，在查控一些已知存在严重违法犯罪嫌疑的车辆时，交通警察可以利用其他车辆对嫌疑车辆进行前后围堵，断绝车辆逃逸线路。

（5）在高速公路收费站广场上执勤，由于行经车辆在收费车道内需要经历减速、停车和起步过程。因此，针对驶入高速公路的车辆，内广场的安全系数高于外广场；针对驶出高速公路的车辆，外广场的安全系数高于内广场。在普通公路收费站执勤时，考虑到普通公路的特点，优先对缴费完毕刚刚起步的车辆进行检查。

3. 定点执勤中检查车辆时的走位

交通警察定点执勤的主要目的是发现和处置交通违法行为。因此，检查车辆是日常的重点工作内容。定点执勤时，交通警察处于站立姿势，对周边环境较为熟悉，受检车辆的停靠位置、方向相对固定。因此，可以在选择检查路线时占据先机。

由前接近,此为交通警察在检查站点检查车辆时的主要方式。

(1) 交通警察两人一组时,一人负责指挥和检查,一人负责观察、警戒;两人横向间预留可能发生的车辆冲卡通道,即不站立在可能发生冲卡的路线上。

(2) 靠边停车信号发出后,负责指挥的交通警察可以转为戒备状态,适当加大与其他交通警察间的横向间距,确保给来车提供足够的停车面积,同时注意观察车辆和车内人员动态。

(3) 车辆驶来过程中,先观察前号牌情况,车辆在两名交通警察之间的指定位置停下后,由驾驶室一侧的交通警察负责检查。在驾驶人熄火后检查证件,交通警察首先查看车辆 VIN 的安装或粘贴状态(小型车辆),并确认车辆前号牌的真伪和安装情况。随后至车后部按压尾箱盖确认是否锁闭,并检查车辆后号牌的真伪和安装情况,再至副驾驶一侧查看各类车辆标志是否粘贴齐备。根据需要可以采取进一步的检查措施。在检查车辆过程中,站立在副驾驶室一侧的交通警察承担警戒职责。

注意:两名交通警察的职责可以互换。例如可以从车辆的副驾驶一侧启动检查路线。由副驾驶室一侧的交通警察承担检查职责。

受检车辆的停靠位置超过预定位置,交通警察需要步行由后接近。由后接近的方式比由前接近的方式安全。驾驶人停车距离的长短可能反映出其心理处于何种状态,并因为某种意识作出抗拒执法、袭击交通警察的举动。交通警察需要提升戒备等级。针对高危车辆,在确保安全的前提下,尽量选择弧形或斜线接近路线,目的是利用视觉盲区,避免被驾驶人利用后视镜观察交通警察的行为举止。

(二) 巡逻执勤

巡逻执勤是交通警察日常勤务的重要组成部分。与定点执勤比,巡逻执勤更具有机动性和不确定性,易遭遇突发事件。

检查车辆时的走位:

(1) 发现违法车辆需要拦停的,交通警察可以驾驶警车从后方接近至与违法车辆驾驶人基本平行的位置,用手势或使用警报器、喊话器责令驾驶人靠边停车接受检查;或利用前方交通信号灯阻滞交通流,迫使违法车辆停下后,参照定点执勤的相关要求接近。

(2) 发现交通违法行为需要当场纠处时,交通警察可以将警车停放在受检车辆后方,与前车保持一个警车车体的距离,开启警灯和危险报警闪光灯,发动机保持启动状态,评估现场安全形势,参考定点执勤中的工作方式选择接近路线。警车的停放需要符合安全防护的掩体要求,为前方开展工作的交通警察预留安全空间。

①驾驶警用摩托车时,将警用摩托车放置在受检车辆后方,保持约一个摩托车

车身的距离。警用摩托车与道路走向的倾角为20°~30°，车头朝向道路中心，前轮不超过路肩与行车道分界线。必要时，可将警用摩托车车头朝向来车方向，斜向停放，开启近光灯及警灯，增加预警效果。

②驾驶警用汽车时，可以选择倾角停放。在道路条件许可的前提下，车体与道路走向的倾角为20°~30°，车头朝向道路中心，车头左前角略微外移，超出前方受检车辆车身，为交通警察预留安全空间，同时便于快速驶离。警车导向轮转向一定角度，同时采取驻车制动。警车可以与前车保持一个警车车体的距离，便于遇袭时警察快速后撤并将警车作为掩体。

警车导向轮的转动角度由交通警察根据现场情况灵活设置，可在下车前向左或向右顺势转动方向盘。但应避免将方向盘转至极限，因当方向盘转至极限后，如被后方车辆撞上容易侧翻。

例如，在检查停靠在高速公路应急车道内的车辆时，警车停在后方应急车道内，与前车保持一个警车车体的距离；警车车头指向左前方，倾角为20°~30°，警车左前角接近但不越过应急车道和右侧第一条行车道分界线。警车导向轮转向一定角度，同时采取驻车制动。

当交通流量较大或道路条件不允许警车采取倾角方式停放时，可以选择顺向错位停放。警车车身向道路中心平移一个人体的宽度，即警车中央后视镜位置与前方受检车辆驾驶人位置保持平齐，为交通警察预留安全空间。警车导向轮转向一定角度，同时采取驻车制动。

例如，在检查高速公路上停靠在应急车道内的车辆时，警车停在后方应急车道内，与前车保持一个警车车体的距离；警车车头与受检车辆朝向一致，警车车身与道路走向基本平行，警车左侧轮胎接近但不越过应急车道和右侧第一条行车道的分界线。警车前轮转向一定角度，同时采取驻车制动。

（3）下车前，交通警察需要确认后方安全。驾驶摩托车巡逻需要停车处置警情时，交通警察在观察交通流量情况后，建议从摩托车右侧下车。根据嫌疑车辆停放的位置和交通流情况，优先从嫌疑车辆的右侧接近，减少身体与交通流同侧的概率。经过评估，也可以从嫌疑车辆的左侧接近，但需要注意观察交通流情况，确保自身安全。

驾驶警用汽车时，驾驶人先从右侧和中央后视镜确认后方来车距离，然后停车；再从左侧后视镜确认左侧交通状况；用右手开启车门，从门缝再次确认安全后迅速下车，避免在警车两侧过多地停留。

（4）检查顺向停靠在路边的小轿车时，交通警察可以站立在副驾驶侧对仍在车内的驾驶人进行询问；或者视情况要求驾驶人下车接受询问。询问的地点优先选择在路侧安全位置，也可在受检车辆前方，但不宜在担任掩体任务的警车后方、车内以及警车与受检车辆之间的位置进行询问。

（5）需要开具法律文书时，优先利用受检车辆的引擎盖、尾箱确保执法对象始终在交通警察的视野内。特殊条件下，可以用警车的引擎盖、尾箱盖作为掩体。任何情形下，交通警察都不要站立在车体靠近交通流的一侧开具法律文书。在公路上，应在车内开具法律文书。此时警车作为避免在掩体，任何人员不应在车内滞留。

五、交通事故现场中的安全防护

（一）道路交通事故现场安全防护设施的设置

交通警察、收费公路经营管理、道路养护、医疗卫生、公安消防、清障施救等部门经常参与事故现场的应急处置工作，参与者的现场安全防护意识以及配合默契程度将直接影响事故现场的安全防护效果和处置效率。

1. 使用第一辆应急车辆建立首道防线

最初抵达现场的交通警察需要具有良好的危机意识及形势评估能力，善于利用车辆或少量安全防护设施迅速建立起首道防线，划定安全工作区域。若现场处于市区道路上，交通警察也可以使用交通信号灯等虚拟掩体建立首道防线。

装有警示灯具且外观反光标识明显的警车、消防车、消摩车、工程抢险车应放置在事故现场主要危险源方向，开启电子显示屏、警灯等设备，辅以其他装备或人员指挥，并避免将应急车道与事故现场横向隔离。警用摩托车如果前警灯警示效果更好，可以将车头面对来车方向停放。

应急车辆车体可以靠近临时通道，压缩临时通道的空间，使过往车辆主动减速。第一辆应急车辆抵达现场后可以使用车体进行远距离防护，为救援人员划定出安全的工作区域。在设有中心隔离设施的道路上，现场位于中间车道时，也应对左侧或右侧车道进行完全封闭，不宜只对中间车道进行封闭。

2. 根据现场道路条件确定车身的角度

在道路宽度和交通流允许的前提下，应急车辆优先采取倾角停放方式。停放倾角的朝向根据现场环境确定，并需要充分评估应急车辆被撞击后是否会进入中心现场，以及是否便于后期驶离。

例如，高速公路交通事故现场，警戒区包括应急车道和右侧通行车道，左侧第一条行车道为临时通道。应急车辆的停放倾角朝向临时通道时，可能在受到后方车辆撞击时驶入临时通道；朝向路外时可能在受到后方车辆撞击时使车辆前部与路侧护栏发生挤压。

倾角停放方式不完全适用于配备车载式LED显示屏预警引导的应急车辆。为了保证车载式LED显示屏显示的内容朝向来车方向，该类车辆是否采用倾角停放应根据现场实际情况评估后决定。特殊情况下，应急车辆可以采用无倾角停放方式。无论是否采用倾角停放方式，事故现场中承担掩体职责的应急车辆宜将导向轮向左或向右转向。尤其是采用无倾角停放方式时，导向轮已转向的车辆受撞击后可以更好地分解后方冲击力，降低向前平移的概率。

3. 及时调整后续增援的应急车辆位置

警车、消防车、清障车、工程抢险车均有可能先期单独到达现场，并建立首道防线。根据职责特点，警车在现场的停留时间最长，其他车辆、人员可能因任务变化而变动位置。因此，需要根据现场动态情况递补其他车辆离开后所产生的掩体空缺。

应急车辆在事故现场中应按照四个原则选择停放位置：

（1）分段放置原则。

警车、消防车、带电子显示屏预警引导车、防撞车优先停放在警戒区上游，其他没有安装发光安全防护设施的应急车辆可以停放在警戒区下游。清障车车体较大、较重，防撞效果好，可以在事故勘查期间停放在警戒区上游作为掩体，开始清障时使用其他车辆填补清障车的位置。

（2）安全优先原则。

安装有LED显示屏、诱导屏或其他发光安全防护设施的车型体积或者质量较大的应急车辆宜放置在警戒区上游远离中心现场的区域。

（3）间距适当原则。

应急车辆的停放间距需要综合考虑警戒区上游和纵向缓冲区的长度以及应急车辆的数量、车型。间距过大，可能出现通行车辆穿插，不利于形成良好的安全屏障；间距过小，不利于实施防护和救援。

例如，高速公路的事故现场，警戒区上游区域中各应急车辆之间的纵向间距保持30米为宜，其他道路适当缩减。

（4）车辆合围原则。

当事故现场占用多个车道时，警戒区上游的应急车辆可以考虑采取错位的方式放置在不同的车道内，使用车体对事故现场作区域合围之势，进一步提升核心区域的防护能力。

（5）保持应急车辆与事故现场的合理距离。

除救护车和少数无有效安全防护设施的车辆外，大多数的应急车辆应停放在事故现场的上游区域或者主要危险源方向。

作为最远端掩体的应急车辆在选择停放位置时，需要先评估道路限速、能见度和其他应急车辆停放空间等因素，再确定与最近事故车辆或其他应急车辆的距离。在没有其他规定的前提下宜参照道路限速的具体数值确定最远端应急车辆与事故现场的距离。

（6）选择应急车辆灯光的照射角度和亮度。

为增强安全警示效果，应急车辆均在车身安装了不同式样、亮度的警示灯具。一些勘查或清障车辆同时安装了升降照明设备，用于夜间事故现场的处置工作。在开启和使用这些灯具、照明设备的时候，需要考虑灯光的照射角度和亮度能否警示过往车辆减速避让并避免使驾驶人"目眩"。

（二）合理地运用反光锥筒

反光锥筒是事故现场警戒区安全防护设施的主要组成部分。交通警察合理有效地运用反光锥筒，能够大幅度地降低警戒区的危险系数，保障现场安全。

1. 反光锥筒的质量

反光锥筒的防护作用主要取决于其反光效果。因此，在道路交通事故现场，应当优先选择使用反光面积最大的 A 类反光锥筒，并注意不应携带、使用反光膜不符合国家标准、已完全或部分脱落、污损或反光效果明显不佳、使用时间 3 年以上的反光锥筒。

2. 反光锥筒的数量

常规情况下，携带的反光锥筒数量参考所辖道路的最高限速值和警戒区上游过渡区封闭车道的宽度决定。通常情况下，处理城市道路和普通公路白天事故现场，警戒区宜为 50~150 米；处理高速公路或快速路白天事故现场，警戒区宜大于 200 米，反光锥筒间距均不超过 20 米。在折算以后，仅为满足直线距离，处理城市道路和普通道路白天事故现场，需要携带 3~8 个反光锥筒；处理高速公路或快速路白天事故现场，需要携带的反光锥筒不少于 10 个；加上封闭警戒区上游过渡区的需求和夜间、恶劣天气条件等特殊情形，反光锥筒的数量宜多不宜少，至少宜携带上述数量的交通警察能够携带的反光锥筒数量与其驾驶的警车容积有很大关系。以普通轿车型警车为例，尾箱通常能携带 10~12 个普通的反光锥筒，仅能应对常规的事故现场。因此，必须考虑采取常规反光锥筒与小型、伸缩式备用反光锥筒相结合，或以增援车辆、清障车辆支援等方式，尽量增加供事故现场使用的反光锥筒数量。

3. 反光锥筒的摆放

根据事故现场条件，合理地组合、使用反光锥筒，是交通警察的基本技能。

（1）重要位置优先原则。

在确定主要危险源后，反光锥筒作为现场重要的防护设施，应当规范地进行设置，确保警戒区的完全封闭。但在一些特殊情形下，交通警察携带的反光锥筒数量不足以满足整个现场的安全防护需求，就需要根据现场情况进行再次评估，确定相对重要的防护点位先行设置。如果现场安全防护设施不齐全，宜先行补齐或请求增援补齐后再设置警戒区，不宜在安全防护设施缺失的情况下进行执勤执法工作。警戒区未设置完整的情况下，不宜开展勘查工作。例如，交通警察在连续处置多个事故现场后，剩余的反光筒数量已不足以应对当前事故现场的防护需求。在没有得到有效的补充前，需利用少量的反光锥筒优先满足对主要危险源的防护需求并优先完成警戒区上游过渡区的设置。

（2）设施优劣筛选原则。

通过观察反光膜的完整度、清晰度，很容易判断反光锥筒的优劣。在实际工作中，交通警察随车携带的部分反光锥筒经常存在反光膜污损或者使用年限较久的现象。因此，交通警察在抵达事故现场后，必须对携带的反光锥筒进行一次快速的筛选，将反光效果最佳的反光锥筒用于警戒区中最关键的点位。

例如，警戒区的上游过渡区应当使用反光膜完整度和清晰度最佳的反光锥筒。

（3）角度、步距与直线三结合原则。

在警戒区上游过渡区沿约45°斜线设置反光锥筒。实际操作中，上游过渡区还可以采用步伐丈量的方法进行辅助设置，步伐的大小选择成年人正常的行进方式即可（60cm左右）。

（4）缓冲区原则。

为了保障现场人员安全，在警戒区中可以考虑设置纵向缓冲区和横向缓冲区。警戒区上游是事故现场的纵向缓冲区，除了使用车辆作为掩体外，在反光锥筒数量富余的前提下适当地设置横向屏障，对误入车辆可以起到明显的警示作用。但设置的密度必须小于常规小型车辆的车体宽度，否则防护的意义不明显。

横向缓冲区是警戒区内中心现场、纵向缓冲区与临时通道之间的横向隔离距离。在保障车道宽度前提下，宜选择不大于0.5米的宽度。

（5）反光锥筒与其他设施的结合。

反光锥筒通常在事故现场中与其他安全防护设施配套使用。

①与警戒带的结合。

在较复杂的事故现场，或处置时间较长且现场周边无关人员密度较大的道路，宜及时使用警戒带划定工作区域，禁止无关人员进入。反光锥筒与警戒带结合使用时，需要注意缠绕高度、围绕方式和封闭性的问题。

②与发光设备的结合。

低能见度条件下，效果好的主动发光设备可以起到远距离警示作用，弥补反光锥筒被动反光的缺陷。

③与车辆闯入报警设备的结合。

近年来,国内陆续设计推出了车辆闯入报警设备。车辆闯入报警设备依据无线电工业频段或红外原理发出无线报警信号,通过震动、位移、重力加速度等三种方式进行检测。车辆闯入报警设备类型主要分为插拔式和圆圈式,分别插入反光锥筒上端的圆孔和套入上部的尖锥处。使用该设备,现场人员可用的避让时间直接取决于该设备与现场人员所在地点的直线距离。该设备应当重点设置在警戒区的上游过渡区,最大化发挥预警效果。

④与警告标志的结合。

反光锥筒通常需要与一些警告标志进行配套使用。警告标志通常设置在事故现场的预警区或上游过渡区附近,多为限速、告知等内容。警告标志设置在预警区路段时,可以放置在道路右侧路肩内,便于驾驶人发现;设置在上游过渡区附近时,优先考虑放置在过渡区排列的反光锥筒间隙中,或在警戒区前段选择间隙放置。

(三) 作业人员的站位

1. 现场中的基本站位

作业人员在现场中的基本站位为面向主要危险源。

2. 现场作业人员移动时的站位

移动与站位从文字表面含义上看是相互矛盾的,其实质是对移动路线的选择,与设置安全防护设施人员的行进路线有一定相近、相通之处。移动时的站位,是指现场作业人员在警戒区内的位置变换路线,与设置安全防护设施人员的行进路线相比,危险系数有所降低。

必须确保现场作业人员在移动中随时处于事故现场的警戒区范围内。无论前进或后退,交通警察都要保持对主要危险源的关注,可以采用前进三步回头观察一次的"三步一回头"方法。

3. 现场勘查时的站位

事故现场勘查工作较为复杂,需要经常性地进行分工调整或位置移动,易分散勘查人员的精力。根据上文提出的站位基本方式,当多个人员同时进行现场勘查时,宜采用小组式的协作配合模式,每组至少留有1人面朝主要危险源站位。

例如,背对来车方向进行现场照相时,可以选择2人背靠背的方式进行,1人戒备、1人照相;测量现场数据时,选择2人前后或并排的方式进行配合,1人低头读取尺寸,1人直立戒备。

4. 安全员的站位

道路交通事故现场中安全员的职责由不少于1名交通警察或警务辅助人员承担,也可以由具有一定专业知识的其他人员承担。安全员的具体职责是负责现场安全警戒，疏导指挥过往车辆，发现险情立即通知现场人员撤离。安全员没有法定的站位，在不同的事故现场或同一起事故现场中，不同的安全员对站位会有不同的选择。但任何情况下，安全员必须面朝来车方向，集中注意力。

安全员职责的特殊性决定了其在选择站位时需要评估以下问题：

第一，安全员自身的安全性。由于安全员随时观察危险源，因此，安全员自身的安全系数反而相对较高。

第二，视距。安全员的视距以及被其他车辆发现后的停车视距，决定了安全员发现安全隐患的能力和其他车辆采取避让措施的空间。

第三，沟通方式。安全员与现场其他人员的信息传递方式、速度、效率，是警戒区中其他工作人员第一时间获取危险信号，快速采取避让措施的重要前提。信号稳定、操作便捷的无线对讲设备或哨子是可以考虑的方式，也可以根据本地实际选择其他便捷的沟通方式。

例如，湖北某高速公路交警大队要求安全员在事故现场中传递预警信息时，优先使用伸缩警棍敲击钢制护栏，产生的巨大声响足以迅速传递至数百米外的中心现场内，效率优于无线对讲设备。

【任务实施】

定点执勤中检查车辆时的走位。

一、实施步骤

（1）参训学生3名为一组，分角色扮演，由1名学生模拟机动车驾驶人，2名学生模拟交通警察，1名负责指挥和检查，1名负责观察、警戒。

（2）交通警察2人横向间距预留可能发生的车辆冲卡通道，即不站立在可能发生冲卡的路线上。

（3）靠边停车信号发出后，负责指挥的交通警察可以转为戒备姿势，适当加大与其他交通警察间的横向间距，确保给来车提供足够的停车面积，同时注意观察车辆和车内人员动态。

（4）车辆驶来过程中，先观察前号牌情况，车辆在2名交通警察之间的指定位置停下后，由驾驶室一侧的交通警察负责检查。在驾驶人熄火后检查证件，交通警察首先查看车辆VIN的安装或粘贴状态（小型车辆），并确认车辆前号牌的真伪和安装情况。随后至车后部按压尾箱盖确认是否锁闭，并检查车辆后号牌的真伪和安装情况，再至副驾驶一侧查看各类车辆标志是否粘贴齐备。根据需要可以采取进一步的检查措施。在检查车辆过程中，站立在副驾驶一侧的交通警察承担警戒职责。

二、注意事项

（1）实训期间应有教师现场指导；

（2）实习中要确保人身、设备安全；

（3）两名交通警察的职责可以互换。如：可以从车辆的副驾驶一侧启动检查路线，由副驾驶一侧的交通警察承担检查职责。

【任务评价】

实训课任务考核标准如表 4 – 10 所示。

表 4 – 10　　　　　　　　实训课任务考核标准（5）

考核内容	权重（100 分）	标准	得分
定点执勤中检查车辆时的走位	30	检查车辆走位确保规范安全	
交通警察之间的站位、配合、观察	30	熟练操作步骤，动作规范	
指挥用语	20	语言规范，表达清晰	
着装	10	着装达到执勤要求标准	
设备、装备使用	10	设备使用安全、无损坏、按时归还	

【拓展练习】

一、选择题

1. 公安机关交通管理部门根据道路与交通流量的具体情况，可以对机动车、非机动车、行人采取的措施不包括（　　）。

　　A. 疏导　　　　B. 限制通行　　　C. 禁止通行　　　D. 罚款

2. 将机动车交由机动车驾驶证被吊销、暂扣的人员驾驶的，由公安交通管理部门处（　　）罚款。

　　A. 100 元以上 200 元以下　　　　B. 200 元以上 500 元以下

　　C. 200 元以上 1000 元以下　　　D. 200 元以上 2000 元以下

3. 根据《中华人民共和国道路交通安全法》规定，机动车在高速公路上发生故障需要停车排除故障时，应当按要求设置警告标志。警告标志应当设置在故障车（　　）。

　　A. 来车方向 100 米距离　　　　B. 前行方向 100 米距离

　　C. 来车方向 150 米以外　　　　D. 前行方向 150 米以外

二、判断题

1. 对道路交通违法行为人予以警告、200 元以下罚款，交通警察可以当场作出行政处罚决定，并出具行政处罚决定书。（ ）

2. 在允许拖拉机通行的道路上，拖拉机可以从事货运，但就是不得用于载人。（ ）

3. 医疗机构对交通事故中的受伤人员应当及时抢救，不得因抢救费用未及时支付而拖延救治。（ ）

4. 公安机关交通管理部门制作交通事故认定书应当载明交通事故的基本事实、成因与当事人的责任，并送达当事人。（ ）

项目五　刑事侦查相关知识

项 目 导 入

《中华人民共和国刑事诉讼法》（以下简称《刑事诉讼法》）第一百零八条第一款规定："'侦察'是指公安机关、人民检察院对于刑事案件，依照法律进行的收集证据、查明案情的工作和有关的强制性措施。"

侦查是刑事诉讼的一个基本的、独立的诉讼阶段，是公诉案件的必经程序。公诉案件只有经过侦查，才能决定是否进行起诉和审判。《刑事诉讼法》第一百一十五条规定："公安机关对已经立案的刑事案件，应当进行侦查，收集、调取犯罪嫌疑人有罪或者无罪、罪轻或者罪重的证据材料。对现行犯或者重大嫌疑分子可以依法先行拘留，对符合逮捕条件的犯罪嫌疑人，应当依法逮捕。"

侦查也是一种调查，但它既不同于行政调查和一般的社会调查，也不同于其他诉讼调查，如人民法院在办案过程中的调查等。它是刑事案件立案后，由侦查机关进行的旨在查明案情、查获犯罪嫌疑人并收集各种证据，确定对犯罪嫌疑人是否起诉的准备活动。

教 学 目 标

【知识目标】
1. 掌握刑事案件受案阶段辅警的工作内容。
2. 掌握刑事案件现场保护阶段辅警的工作内容。
3. 了解刑事侦查的基本程序。

【能力目标】
1. 让学生了解刑事侦查阶段的相关内容。
2. 掌握刑事案件受案阶段协助执法的技能。

3. 掌握辅警现场保护的工作重点。

【素养目标】

1. 通过学习、模拟训练养成良好的职业习惯。
2. 培养一定的自主学习能力。
3. 互相协作、互相沟通能力。

任务一　刑事侦查概述

【任务引入】

刑事案件侦查工作流程图如图 5-1 所示。

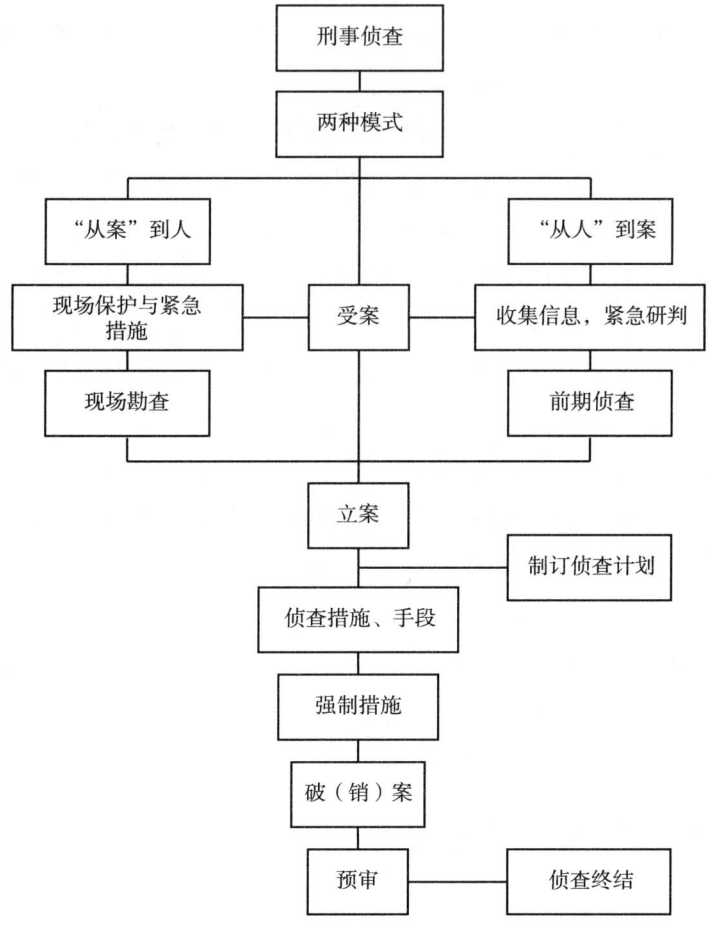

图 5-1　刑事案件侦查工作流程

【教学场景】

1. PPT 案例展示。
2. 学生模拟案例。

【相关知识】

一、刑事侦查的概念

理解侦查的概念应当把握这样几个方面：

（1）侦查的主体是公安机关、人民检察院等行使侦查权的国家有关机关。

侦查权只能由公安机关和人民检察院行使。其他任何机关包括法院都不能行使侦查权。其中公安机关负责绝大多数刑事案件的侦查，人民检察院则只负责自侦案件的侦查。当然对这里的公安机关要作广义的理解。根据《刑事诉讼法》第四条和第三百零八条的规定，国家安全机关、军队保卫部门、中国海警局和监狱对于特定领域的犯罪行使与公安机关相同的侦查权。

（2）侦查的对象是刑事案件，即根据《刑法》规定构成犯罪的案件。

刑事案件是指触犯刑律，依法应受到刑事处罚并经侦查机关立案侦查的犯罪事件。

刑事案件应当具备两个基本条件：

①犯罪事实条件（存在《刑法》规定的应给予刑事处罚的行为事实，这种犯罪事实是具有社会危害性的，已经触犯了刑律，应负刑事责任）。

②立案程序条件（经过侦查机关审查，依据办理刑事案件的有关规定，履行了立案手续，决定进行侦查的）。

（3）侦查的内容包括公安机关收集证据、查明案情的工作和有关的强制性措施。

查明案情的工作，是指侦查机关为发现和收集证据、查明案件事实所进行的专门诉讼活动。它包括：讯问犯罪嫌疑人、询问证人（被害人）勘验、检查、搜查、扣押、鉴定和通缉等。

强制性措施，是指侦查机关为保障专项工作的顺利进行、排除各种障碍所进行的法定强制措施和有关的强制手段、方法。如：拘传、取保候审、监视居住、拘留、逮捕、搜查、扣押物证、书证等行为。

二、刑事侦查活动的法律依据

（一）《刑事诉讼法》

1979 年 7 月 1 日第五届全国人民代表大会第二次会议通过，根据 1996 年 3 月

17 日第八届全国人民代表大会第四次会议《关于修改〈中华人民共和国刑事诉讼法〉的决定》第一次修正。根据 2012 年 3 月 14 日第十一届全国人民代表大会第五次会议《关于修改〈中华人民共和国刑事诉讼法〉的决定》第二次修正。根据 2018 年 10 月 26 日第十三届全国人民代表大会常务委员会第六次会议《关于修改〈中华人民共和国刑事诉讼法〉的决定》第三次修正。

（二）《公安机关办理刑事案件程序规定》

《公安机关办理刑事案件程序规定》历经 1998 年、2012 年、2020 年三次修改，现行《公安机关办理刑事案件程序规定》自 2020 年 9 月 1 日起施行。

制定《公安机关办理刑事案件程序规定》的目的：

（1）保障《刑事诉讼法》的贯彻实施。

（2）保证公安机关在刑事诉讼中正确履行职权。

《刑事诉讼法》对于公安机关的职权具体如何行使、需要履行哪些审批手续等，没有全部明确。

（3）规范办案程序，确保办案质量，提高办案效率。

只有规范公安机关的办案程序，公安民警才能知道"干什么、怎么干、干到什么程度"。

三、公安机关在刑事侦查工作中的任务

《刑事诉讼法》第二条中关于公安机关在刑事诉讼中的任务作出了规定：中华人民共和国刑事诉讼法的任务，是保证准确、及时地查明犯罪事实，正确应用法律，惩罚犯罪分子，保障无罪的人不受刑事追究，教育公民自觉遵守法律，积极同犯罪行为作斗争，维护社会主义法治，尊重和保障人权，保护公民的人身权利、财产权利、民主权利和其他权利，保障社会主义建设事业的顺利进行。

（一）刑事诉讼法中尊重和保障人权

"国家尊重和保障人权"于 2004 年载入宪法，成为我国宪法的一项重要原则，体现了社会主义的民主本质要求。《牛津法律大辞典》对人权的定义为："人权，就是人要求维护或者有时要求阐明的那些应在法律上受到承认和保护的权利，以使每一个人在个性、精神、道德和其他方面的独立获得最充分与最自由的发展。"

可以从三个层面去理解：

第一个层面是保障犯罪嫌疑人、被告人和罪犯的权利，防止无罪的人受到刑事法律追究，防止有罪的人受到不公正的处罚；

第二个层面是保障所有诉讼参与人中，特别是被害人的权利；

第三个层面是通过对犯罪的惩罚保护广大人民群众的权利不受犯罪侵害。

其中，保障被追诉人的权利是保障人权的重心所在。

刑事诉讼法中尊重和保障人权的具体表现：

（1）强力改革完善辩护制度，扩大法律援助的范围。

（2）明示不得强迫自证其罪，确立非法证据排除规则。

（3）严格限制采取强制措施后不通知家属的例外情形，完善家属知情权。

（4）完善侦查阶段讯问犯罪嫌疑人程序，建立讯问全程录音录像制度。

（5）完善审判程序，保障被告人获得公正审判权。

（6）增加检察机关法律监督的内容，强化了检察机关在人权保障中的作用。

（二）公安机关在刑事侦查工作中的任务

（1）调研、掌握刑事犯罪活动情况。

（2）侦查破案，严厉打击刑事犯罪活动。收集证据，为证实犯罪提供依据；查明犯罪事实，弄清案件全貌。采取强制措施，防止人犯逃避侦查，审判和继续进行犯罪活动。

（3）预防犯罪控制和减少刑事案件。

侦查机关在揭露、证实犯罪过程中，要积极参与社会治安综合治理，注重打防结合，与相关部门配合尽力降低发案率。

四、刑事侦查的工作原则

（一）迅速及时原则

犯罪分子作案以后，为了掩盖罪行，逃避罪责，总是想方设法隐匿、毁灭、伪造证据，或者与同案人订立攻守同盟，有的还可能继续危害社会。另外，由于自然的或者其他一些原因，证据难以收集，为了顺利完成侦查工作，侦查人员必须贯彻迅速及时原则。

（二）客观全面原则

所谓客观，就是指一切从实际情况出发，尊重客观事实、按照客观事实的本来面目去认识它并如实反映它。所谓全面，就是要全面地调查了解和反映案件的情况，不能仅仅根据案件的某个情节或部分材料就下结论。这一原则要求侦查人员一切从案件的实际情况出发，实事求是地收集证据。既要收集能够证明犯罪嫌疑人有罪、罪重的证据，又要收集能够证明犯罪嫌疑人无罪、罪轻的证据。

（三）深入细致原则

刑事案件千变万化，十分复杂。在侦查过程中，为了准确查明案件的真实情况，侦查人员还必须坚持深入细致的原则。这一原则要求侦查人员必须作深入细致的调查研究，对犯罪的具体情节要全部查清，并要求有相应的证据证明。

（四）依靠群众原则

这一原则要求在侦查工作中，不仅要充分发挥专门机关的作用，而且要善于依靠群众的力量。犯罪嫌疑人生活在广大人民群众之中，群众对于犯罪嫌疑人的经历、表现都比较了解，可以为侦查人员提供线索；并且由于人民群众对犯罪的深恶痛绝，人民群众也会主动同犯罪作斗争。所以在侦查工作中，侦查人员应当充分注意依靠人民群众的力量。

（五）遵守法制原则

程序法制原则是刑事诉讼的一项基本原则，旨在将刑事诉讼活动纳入法制的轨道，以防止国家专门机关滥用职权，恣意妄为，保证刑事诉讼的民主性、公开性，从而顺利实现刑事诉讼的目的和任务。在侦查工作中，侦查人员必须增强法治观念，严格依照刑事诉讼法的规定收集证据。严禁刑讯逼供，严禁以威胁、引诱、欺骗、允诺以及其他非法方法收集证据。采取逮捕、拘留等强制措施，也必须依照法定的条件和程序进行。

（六）保守秘密原则

侦查是同各种刑事犯罪嫌疑人进行的尖锐而复杂的斗争。侦查与反侦查的矛盾，存在于整个侦查的过程。侦查工作的这种性质和特点，决定了在侦查工作中要注意保守侦查工作秘密，严格禁止将案情、证据、当事人及诉讼参与人的情况向无关人员泄露，以保证侦查活动的顺利进行。

（七）比例原则

比例原则，是指侦查权在侵犯公民权利时，必须在法律规定范围内选择侵害公民权利最小的方式。侦查阶段，侦查权的行使可能涉及对公民个人权利和自由的限制或者剥夺，国家权力与公民个人权利之间的对抗比其他领域更为尖锐。我国刑事诉讼法有的条文体现了比例原则，如《刑事诉讼法》第七十九条规定，对有证据证明有犯罪事实，可能判处徒刑以上刑罚的犯罪嫌疑人、被告人，采取取保候审、监视居住等方法尚不足以防止发生社会危险性，而有逮捕必要的，应即依法逮捕。

【任务实施】

一、实施步骤

公安机关在刑事诉讼中的基本职权主要包括两部分：执行侦查权和执行刑罚权。

（一）侦查职权

（1）依照法律对刑事案件立案、侦查、预审；

（2）决定、执行强制措施；

（3）对依法不追究刑事责任的不予立案，已经追究的撤销案件；

（4）对侦查终结应当起诉的案件，移送人民检察院审查决定；

（5）对不够刑事处罚的犯罪嫌疑人需要行政处理的，依法给予处理。

（二）执行刑罚职权

（1）对剩余刑期在三个月以下的，由看守所代为执行刑罚；

（2）执行拘役、剥夺政治权利、驱逐出境的执行。

特别说明：对被判处管制、宣告缓刑、假释或者暂予监外执行的罪犯，依法实行社区矫正，由社区矫正机构负责执行。

二、注意事项

1. 注意引导学生把握常见危害行为违法和犯罪的界限、犯罪行为的刑事处罚以及刑事强制措施的运用

2. 强调案情分析方法的重要性

3. 重视执法过程的合法性以及违法后果的严重性

【任务评价】

实训课任务考核标准如表 5-1 所示。

表 5-1　　　　　　　　　实训课任务考核标准（1）

考核内容		权重（100分）	标准	得分
课堂	课堂考勤	10	缺勤率超过20%取消考试资格；迟到3次算作缺勤1次	
	纪律态度	10	根据平时课堂表现给出相应的成绩	
	实训练习	10	根据实训练习完成情况和好坏程度给出相应的成绩	
课后	实训作业	10	布置项目进行实际演练考察对知识技能的掌握程度	
期末	实训考试	60	检查学生对一学期理论知识和实际技能的掌握	

任务二　受案、立案

【任务引入】

受案，即刑事案件受理，它是指公安机关侦查部门依法对公民扭送、报案、控

告、举报或者犯罪嫌疑人自首的接受与处理活动。《刑事诉讼法》第一百一十条第三款规定:"公安机关、人民检察院或者人民法院对于报案、控告、举报,都应当接受。对于不属于自己管辖的,应当移送主管机关处理,并且通知报案人、控告人、举报人;对于不属于自己管辖而又必须采取紧急措施的,应当先采取紧急措施,然后移送主管机关。"《刑事诉讼法》第一百一十条第四款规定:"犯罪人向公安机关、人民检察院或者人民法院自首的,适用第三款规定。"

受案是公安机关了解案件、发现案件的重要途径,是依法立案的前提和基础。公安机关必须认真接受群众报案,并依照法定程序和要求做好案件的受理工作。

受案基本流程,如图5-2所示。

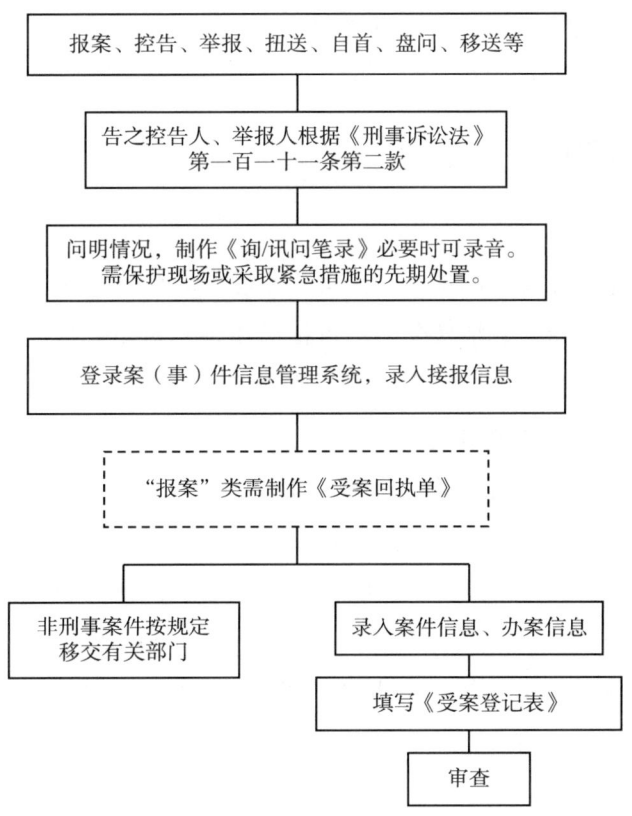

图 5-2 受案基本流程

【相关知识】

受理案件是侦查机关接受案件的活动。它是侦查机关办案的开始。认真做好受案工作对于规范公安机关办案活动,促进公安机关依法履行职权,杜绝立案前各种活动的不正当性,及时打击犯罪和有效保护公民合法权益都具有重要意义。

一、受案的来源

公安机关所受理的案件来源于多种途径，归纳起来主要有以下几个方面：

（1）公民的扭送、报案、控告和检举。

（2）犯罪嫌疑人的自首、检举和揭发。

（3）特情提供的线索。

（4）工商、税务、海关、审计、监察、纪检等部门在日常工作中发现移交的案件。

（5）公安机关在户口、特行、公共场所、消防、边防和道路等管理活动中发现移交的案件。

（6）上级部门交办或同级部门移交的案件。

（7）其他途径接受的案件。

二、受案的程序

（一）无条件接受

公安机关无论是对群众的报案、扭送、控告、检举，还是对于其他单位移送的案件，都必须认真对待，热情接受。不可推诿搪塞、敷衍应付，更不能态度生硬、出言不逊。参见《刑事诉讼法》第一百一十条第三款规定。

（二）告知对方法律责任

《刑事诉讼法》第一百一十一条第二款规定：接受控告、举报的工作人员，应当向控告人、举报人说明诬告应负的法律责任。但是，只要不是捏造事实，伪造证据，即使控告、举报的事实有出入，甚至是错告的，也要和诬告严格加以区别。

（三）详细询问（讯问）有关情况，依法制作笔录、接收证据

受案时，应当向报案人、扭送人、举报人、控告人或自首者详细询问（或讯问）下列情况：

（1）案件的基本情况。包括案件发生、发现的时间、地点、简要经过，形成原因和危害结果等。如果是犯罪嫌疑人自首的，要问清作案的时间、地点、目的、动机、手段、过程、后果等。

（2）犯罪嫌疑人的情况。包括犯罪嫌疑人的人数、姓名、性别、年龄、身高、体态、口音、行走姿势、面貌特征、衣着特征、携带物品、作案工具以及作案方式和手段等。

（3）被害人的情况。包括被害人的身份事项（姓名、年龄、职业、住址、工作单位）、被害的时间、地点、经过、结果等。

《公安机关办理刑事案件程序规定》第一百六十九条规定：公安机关对于公民扭送、报案、控告、举报或者犯罪嫌疑人自动投案的，都应当立即接受，问明情况，并制作笔录，经核对无误后，由扭送人、报案人、控告人、举报人、投案人签名、捺指印。必要时，应当对接受过程录音录像。

如果报案人、扭送人、控告人、举报人或自首者能够提供有关的物证、书证等证据的，应当按照法定程序和要求，依法办理必要手续，及时接收物证、书证。

（四）依法填制《受案登记表》和《受案回执》

根据《公安机关办理刑事案件程序规定》第一百七十一条规定：公安机关接受案件时，应当制作受案登记表和受案回执，并将受案回执交扭送人、报案人、控告人、举报人。扭送人、报案人、控告人、举报人无法取得联系或者拒绝接受回执的，应当在回执中注明。《受案登记表》和《受案回执》是受案时制作的刑事法律文书，当公安机关接到公民扭送、报案、控告或者举报、犯罪嫌疑人自首、有关单位移送案件的，都应制作《受案登记表》，它主要记录报案人和犯罪嫌疑人基本情况、报案方式、发案时间、发案地点、简要案情、领导批示、处理结果等项目。同时，还应制作《受案回执》一式两份，一份由受案单位附卷，一份交报案人、控告人、举报人、扭送人收执。

（五）受案时应注意的问题

（1）受案后根据案件情况，立即部署进行现场保护和临场处置。

（2）犯罪嫌疑人自首的，应当采取适当的措施限制其人身自由。

（3）对于报案人、控告人、举报人、扭送人不愿公开自己姓名和报案、控告、举报、扭送行为的，应当为他们保守秘密。

（4）公安机关应当保障扭送人、报案人、举报人及其近亲属的安全。

（5）受案审批填写：由受案单位负责人填写，具体包括"调查""不予立案""立案侦查"等。

（行政刑事通用）

受案登记表

（受案单位名称和印章）　　　　　　　　　　　×公（　　）受案字〔　　〕号

案件来源	□110指令　□工作中发现　□报案　□投案　□移送　□扭送　□其他					
报案人	姓名		性别		出生日期	
	身份证件种类		证件号码			
	工作单位			联系方式		
	现住址					
移送单位		移送人			联系方式	
接报民警		接报时间		年　月　日 　时　分	接报地点	

简要案情或者报案记录（发案时间、地点、简要过程、涉案人基本情况、受害情况等）以及是否接受证据：

受案意见	□属本单位管辖的行政案件，建议及时调查处理 □属本单位管辖的刑事案件，建议及时立案侦查 □不属于本单位管辖，建议移送处理 □不属于公安机关职责范围，不予调查处理并当场书面告知当事人 □其他 受案民警：　　　　　　　　　　　　　　　　　年　月　日
受案审批	受案部门负责人：　　　　　　　　　　　　　　　年　月　日

一式两份，一份留存，一份附卷。

受案回执

：

你（单位）于　　年　　月　　日报称的

　　　　　　　　　　　　　　　　　　　一案我单位已受理（受案登记表文号为×公（　　）受案字〔　　〕号）。

你（单位）可通过（　　）查询案件进展情况。

联系人、联系方式：

受案单位（印）
年　月　日

报案人、控告人：
举报人、扭送人：

年　月　日

一式两份，一份附卷，一份交报案人、控告人、举报人、扭送人。

三、一些常见案件询问笔录的制作要求

（一）一些常见案件询问笔录的制作程序要求

（1）二名以上侦查员。

（2）对于被询问人是少数民族、听障人士的应该聘请翻译。

（3）对于被询问人未满14周岁的，应该有其监护人在场并在笔录上签名。

（4）对于一些案情重大的应该录音、录像。

（5）应该在笔录中向被询问人宣告其享有的权利和应尽的义务。

（二）一些常见案件询问笔录制作的内容要求

1. 故意伤害案件

司法解释：故意伤害他人身体。

（1）客体：本罪侵犯的是他人的身体权，即自然人以保持其肢体、器官和其他组织的完整性为内容的人格权。

（2）客观方面：表现为实施了非法损害他人身体的行为（可主动作为也可负有责任而故意不作为），且损害行为必须对他人身体已造成了轻伤以上（重伤、死

亡）的损害。

（3）主体：一般主体，已经年满 14 周岁未满 16 周岁的自然人有故意伤害致人重伤、死亡的应当负刑事责任。

（4）主观方面：只能是故意。在一般情况下，行为人事先对于自己的伤害行为能给被害人造成何种程度的伤害，不一定有明确的认识和追求（即可有可无）。

（5）与故意伤人的关键不同在于主观故意的区别也就是行为人对伤害他人行为的辩解。但是故意内容问题属于主观思维意识范畴。主观意识支配、制约客观行为；而客观行为反映主观意识、检验主观意识。因此要正确判定故意的具体内容，必须全面分析案件的各种事实情况，不能简单地根据某一事实作结论。

（6）询问笔录的要求：弄清被害人的伤势是具体的"谁"造成的，所有的问题都要为此目的服务。

2. 非法拘禁案件

司法解释：是指以拘押、禁闭或者其他强制方法（如"办封闭式学习班""隔离审查"），非法剥夺他人人身自由的行为。

（1）客体：本罪侵犯的是他人的身体自由权（即以身体的动静举止不受非法干预为内容的人格权，也就是被害人在法律范围内按照自己意志决定自己身体行动的自由权利）。本罪侵害的对象，是依法享有人身权利的任何自然人（即包括无辜公民、犯错误的人、有一般违法行为的人和犯罪嫌疑人）。

（2）客观方面：表现为非法剥夺他人身体自由的行为。该行为具体可以表现为非法逮捕、拘留、监禁、扣押、绑架、办封闭式"学习班"或"隔离审查"等（还包括趁妇女洗澡拿走她的衣物使她不能离开）。剥夺的方法可以是有形的，也可以是无形的。非法剥夺人身自由是一种持续行为，也就是该行为在一定时间内处于继续状态，使他人在一定时间内失去身体自由，不具有间断性。时间持续长短（时间过短难以认定为本罪）不影响本罪的成立，只影响量刑。

（3）主体：一般主体。

（4）主观方面：只能是故意。如果非法剥夺他人人身自由是为了其他犯罪目的，而其他犯罪比非法拘禁处罚更重的，应以其他罪名论处。

（5）询问笔录的要求：弄清"拘禁"的具体表现形式以及整个过程中有无体罚虐待和伤害的情节。

3. 抢夺案件

司法解释：抢夺罪，是指以非法占有为目的，趁人不备，公开夺取数额较大的公私财物的行为。

（1）客体：本罪侵犯的客体是公私财物的所有权。本罪的犯罪对象是一般的财物，如金钱、物品等，不包括枪支、弹药、公文、证件、印章等特殊物品，否则不构成本罪。

（2）客观方面：抢夺行为必须公然进行，但不是指必须在不特定人或多数人面前实施抢夺行为，而是指公开夺取财物，或者说在被害人当场可以得知财物被抢的情况下实施抢夺行为。抢夺行为是直接夺取财物的行为，即直接对财物实施暴力而不直接对人的身体行施暴力；实施抢夺行为的，被害人可以当场发觉但来不及抗拒，而不是被暴力制服不能抗拒，也不是受胁迫不敢抗拒。

（3）主体：一般主体。凡年满16周岁具备刑事责任能力的自然人均可成为本罪主体。

（4）主观方面：表现为故意，且其目的是非法占有公私财物。行为人明知自己的行为会发生侵害公私财物的结果，并且希望这种结果发生。

（5）询问笔录的要求：着重体现出抢夺的公然性与相关具体细节，对于飞车抢夺的要描述清楚案发前被害人的行进路线。

4. 抢劫案件

司法解释：以暴力、胁迫或者其他方法对公私财物的所有者、保管者或者守护者当场使用暴力、胁迫或者其他对人身实施强制的方法，立即抢走财物或者迫使被害人立即交出财物的行为。

（1）客体：本罪侵犯的客体是公私财物的所有权和公民的人身权利，属复杂客体。

（2）客观方面：本罪在客观方面表现为行为人对公私财物的所有者、保管者或者守护者当场使用暴力、胁迫或者其他对人身实施强制的方法，立即抢走财物或者迫使被害人立即交出财物的行为。这种当场对被害人身体实施强制的犯罪手段，是抢劫罪的本质特征，也是它区别于盗窃罪、诈骗罪、抢夺罪和敲诈勒索罪的最显著特点。

（3）主体：一般主体。依本法第十七条规定，年满14周岁并具有刑事责任能力的自然人，均能构成本罪的主体。

（4）主观方面：表现为直接故意，并具有将公私财物非法占有的目的。如果没有这样的故意内容就不构成本罪。如果行为人只抢回自己被骗走或者赌博输的财物，不具有非法占有他人财物的目的，不构成抢劫罪。

（5）询问笔录的要求：着重体现出抢的过程和具体细节，对于多人抢劫的要分清个人在整个抢劫过程中担任的角色。

5. 盗窃案件

司法解释：是指以非法占有为目的，秘密窃取数额较大的公私财物或者多次秘密窃取公私财物的行为。

（1）客体：本罪侵犯的客体是公私财物的所有权。所有权包括占有、使用、收益、处分等权能。

（2）客观方面：本罪在客观方面表现为行为人具有秘密窃取数额较大的公私财物或者多次秘密窃取公私财物的行为。所谓秘密窃取，是指行为人采取自认为不为财物的所有者、保管者或者经手者发觉的方法，暗中将财物取走的行为。

（3）主体：一般主体。单位有关人员为谋取单位利益组织实施盗窃行为的，以盗窃罪追究直接责任人员的刑事责任。

（4）主观方面：表现为直接故意，且具有非法占有的目的。

（5）询问笔录的要求：能体现出违法犯罪嫌疑人侵入的手段与路线，能体现出被窃物品的原始位置。

6. 诈骗案件

司法解释：是指以非法占有为目的，用虚构事实或者隐瞒真相的方法，骗取数额较大的公私财物的行为。

（1）客体：本罪侵犯的客体是公私财物所有权。有些犯罪活动，虽然也使用某些欺骗手段，甚至也追求某些非法经济利益，但因其侵犯的客体不是或者不限于公私财产所有权。所以，不构成诈骗罪。例如：拐卖妇女、儿童的，属于侵犯人身权利罪。

（2）客观方面：表现为使用欺诈方法骗取数额较大的公私财物。

（3）主体：一般主体。凡达到法定刑事责任年龄、具有刑事责任能力的自然人均能构成本罪。

（4）主观方面：表现为直接故意，并且具有非法占有公私财物的目的。

（5）询问笔录的要求：能体现出违法犯罪嫌疑人是如何通过所编撰的谎言一步一步取得被害人信任的。

四、调查后处理

根据《公安机关办理刑事案件程序规定》第一百七十四条规定，对接受的案件，或者发现的犯罪线索，公安机关应当迅速进行审查。发现案件事实或者线索不明的，必要时，经办案部门负责人批准，可以进行调查核实。

（一）审查的内容

受案后的审查是决定应否立案的关键环节和必经步骤，审查的内容包括三个方面。

一是审查受理的案件中有无犯罪事实存在，即有关人员提供的情况是否存在、是否真实。如有事实存在，要进一步审查该事实是一般违法事实，还是犯罪事实。如果是犯罪事实，应进一步分析是何种性质的犯罪事实。

二是审查该事实应否追究刑事责任。注意审查是否具有我国《刑事诉讼法》第十六条规定的不予立案的情形。

三是审查是否属于自己管辖。即对于经审查确有犯罪事实存在，并应当追究刑事责任的，应进一步审查受理的案件是否属于自己管辖。

（二）审查的方法

对受理案件的审查，主要采用材料审查和初步调查两种方法。

（1）材料审查。材料审查即是对报案人、扭送人、控告人、举报人和犯罪嫌疑人提供的有关情况进行分析，厘清情况的来龙去脉，甄别真伪。

（2）初步调查。对于受理的案件往往仅凭材料审查难以准确确定真实情况，需要办案人员采用相应的措施进行必要的调查。例如对事件现场进行现场勘查。

（三）审查后的处理

经过初步审查，应当根据情况分别对受理的案件作出以下处理：

（1）经审查，认为有犯罪事实需要追究刑事责任，且属于自己管辖的，经县级以上公安机关负责人批准，予以立案。

（2）经审查，认为没有犯罪事实，或者犯罪事实显著轻微不需要追究刑事责任，或者具有其他依法不追究刑事责任情形的，经县级以上公安机关负责人批准，不予立案。

（3）经过审查，认为有犯罪事实，但不属于自己管辖的案件，应当立即报经县级以上公安机关负责人批准，制作移送案件通知书，在24小时以内移送有管辖权的机关处理，并告知扭送人、报案人、控告人、举报人。对于不属于自己管辖而又必须采取紧急措施的，应当先采取紧急措施，然后办理手续，移送主管机关。

（4）经过审查，对不属于公安机关职责范围的事项，在接报案时能够当场判断的，应当立即口头告知扭送人、报案人、控告人、举报人向其他主管机关报案。

对于重复报案、案件正在办理或者已经办结的，应当向扭送人、报案人、控告人、举报人作出解释，不再登记，但有新的事实或者证据的除外。

（5）经过审查，对告诉才处理的案件，公安机关应当告知当事人向人民法院起诉。

对被害人有证据证明的轻微刑事案件，公安机关应当告知被害人可以向人民法院起诉；被害人要求公安机关处理的，公安机关应当依法受理。

人民法院审理自诉案件，依法调取公安机关已经收集的案件材料和有关证据的，公安机关应当及时移交。

（6）经过审查，对于不够刑事处罚需要给予行政处理的，依法予以处理或者移送有关部门。

受案后的审查处理流程如图5-3所示。

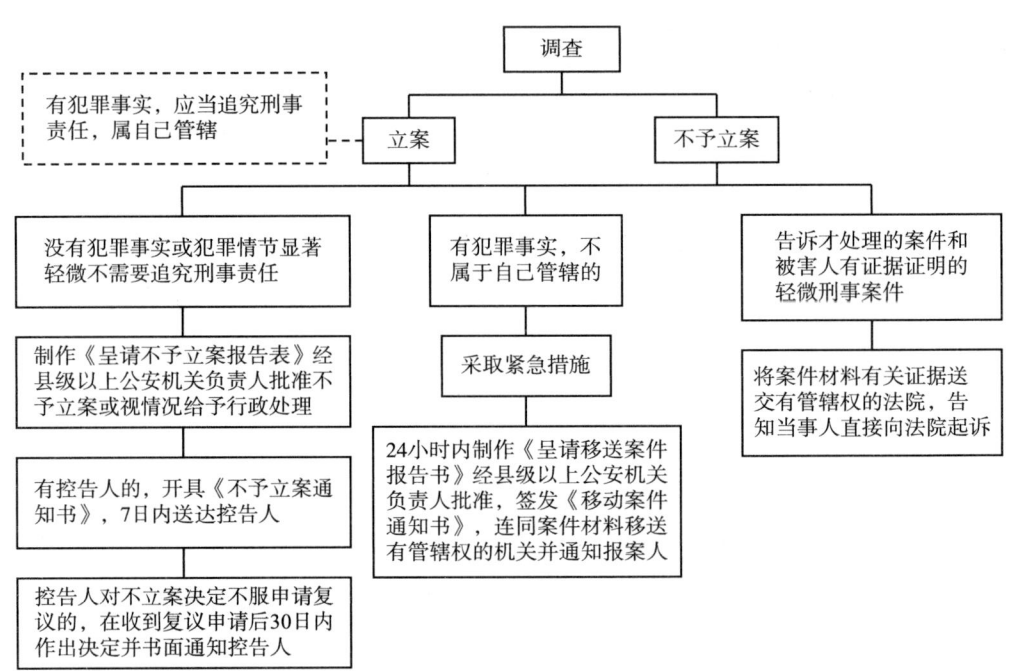

图5-3 受案后的审查处理流程

【任务实施】

2018年2月9日星期五，下午5时，××市物流公司快递员李某在送包裹时，被人拦截殴打，运输包裹也被抢走，之后快递员李某来到××刑警队报案。经过调查，发现丢失的两个包裹为两台iPoneX，总价值12000元人民币。

一、实施步骤

（1）参训学生6名为一组，分角色扮演，由1名学生模拟报案人员，2名学生模拟受案民警，3名学生观察、记录、总结案件受理中的优缺点并逐一进行点评。

（2）填写受案登记表、受案回执。

受案时，应当向报案人、扭送人、举报人、控告人或自首者详细询问（或讯问）。

二、注意事项

（1）教师示范，学生学习。

（2）案件的基本情况。包括案件发生、发现的时间、地点、简要经过，形成原因和危害结果等。如果是犯罪嫌疑人自首的，要问清作案的时间、地点、目的、动机、手段、过程、后果等。

（3）犯罪嫌疑人的情况。包括犯罪嫌疑人的人数、姓名、性别、年龄、身高、体态、口音、行走姿势、面貌特征、衣着特征、携带物品、作案工具以及作案方式和手段等。

（4）被害人的情况。包括被害人的身份事项（姓名、年龄、职业、住址、工作单位）被害的时间、地点、经过、结果等。

【任务评价】

实训课任务考核标准如表5-2所示。

表5-2　　　　　　　　实训课任务考核标准（2）

考核内容	权重（100分）	标准	得分
刑事案件的受案流程	30	熟悉刑事案件的受案的步骤	
填写受案登记表	30	熟悉受案登记表的填写内容	
填写受案回执	20	熟悉受案回执的填写内容	
着装	10	着装达到执勤要求标准	
设备、装备使用	10	设备使用安全、无损坏、按时归还	

任务三　现场保护

【任务引入】

2015年6月20日下午，在南京秦淮区石杨路与友谊河路路口发生了一起车祸。一辆宝马轿车以"闪电"般的速度闯红灯，在路口撞上了一辆正常左转弯的马自达轿车，马自达轿车后部车身被撞得粉碎，车上两名年轻人当场身亡。

提问：对案发地点和场所公民和警察该怎么做才能保护现场？

【相关知识】

犯罪现场保护是犯罪现场勘查的重要组成部分，并贯穿于犯罪现场勘查的整个过程。一个案件能否破获不单单取决于侦查人员的智慧与汗水，侦查破案的基础在于有效的现场保护工作，因此犯罪现场保护从接警的那一刻开始就显得至关重要。同时犯罪现场保护通常需要巡警、交警、治安、刑警等多个警种的通力合作。

《刑事诉讼法》第一百二十九条规定："任何单位和个人，都有义务保护犯罪现场，并且立即通知公安机关派员勘验。"因此，现场保护是指任何单位和公民，它包括各级各类单位、群众；基层民警、保卫人员和侦查人员等。单位、群众在保护现场时是在履行法律义务，属于一般法律行为；而基层民警、保卫人员和侦查人员保护现场是在履行法律职责。

一、保护现场的任务

（一）核实情况，迅速上报

核实现场情况应当在现场外围进行；如果犯罪现场中发生的是严重暴力犯罪案件，应当立即上报。首先到达现场核实情况的民警要保持高度警惕，注意自身的安全。

（二）划定保护范围，布置警戒

保护范围确定的原则是宁大勿小，即保护的范围要略大于实地勘验的范围；在实际工作中，保护范围的大小一般要根据案件的性质和案件的重大程度决定。

（三）适时采取紧急措施

援助被害人、抢救现场上的受伤人员；排除险情；排除交通障碍；控制、监视现场上的犯罪嫌疑人等。

（四）进行初步调查访问

一是要进一步查清发现现场的过程及现场的变动情况；

二是要将与犯罪现场有关的证人的基本情况（姓名、住址、工作单位、联系方式等）调查清楚。

（五）向侦查人员介绍发现案件及保护现场的情况

内容包括：案件发生、发现的经过；现场的原始状态及变动情况；相关证人的情况等。

二、保护犯罪现场的具体方法

(一) 犯罪现场的一般保护方法

犯罪现场的一般保护方法分为室内现场和室外现场的保护,其特点如表5-3所示。

表5-3　　　　　　　　　室内现场和室外现场的特点

室内现场的特点	室外现场的特点
一般情况下范围较小	一般情况下范围较大
有明显出入口	无出入口,有出入路径
属于封闭型的空间	属于开放型的空间
易控制	不易控制
不受气候、环境因素影响	受气候、环境因素影响

1. 室外现场的保护方法

确定保护范围,设岗警戒,禁止人畜进入。范围的大小,依据案件的具体情况和具体环境而定,原则上,应把犯罪分子作案的地点和可能留有痕迹物证的场所都包括进去,为保险起见,开始时不妨适当划得大一些,待勘查人员到后再酌情调整。

2. 室内现场的保护方法

封锁出入口,禁止无关人员进入;在外围划出一定范围,禁止无关人员接近现场。若现场周围或门窗外发现有可疑足迹或物品,要加以标记。在中心现场周围5~10米处的地方画线、拦绳、布置警戒,不准他人接近。

(二) 重大案件现场的特殊保护方法

通常的做法是将现场分为三层保护,即核心保护区、区域保护区和一般性保护区。

(三) 犯罪现场中痕迹、物证的保护方法

所有参与现场勘查工作的人员、接触现场的人员都是保护的主体;保护痕迹、物证是现场保护的核心工作。

(1) 痕迹、物证在勘查前的保护:标示保护、记录保护、遮盖保护和转移保护。

(2) 痕迹物证在勘查过程中的保护:勘查人员在进入现场前必须戴手套,有条件的应套上一次性鞋套;禁止使用现场内的任何物品和交通、通信工具;禁止在

现场吸烟、进食、吐痰、梳头和使用现场内的盥洗室;非法医不得随意触动尸体和改变尸体的姿势;移动或触动现场的物品进行观察和研究时,尽量选择一些非常规的着力点,如杯子的边沿、物体的棱角处、门的上缘等;在提取痕迹物证时不能打喷嚏、咳嗽,最好戴口罩;勘查人员进入现场工作后,应当按照既定的顺序进行勘验,尽量避免反复多次进出现场;每种痕迹物证必须单独收集和包装,以免痕迹物证之间发生任何交叉污染;为了便于查明现场中的痕迹是否在现场勘验中受到污染,应对曾直接接触过痕迹物证的人员进行登记,形成名册;证据的提取、包装、运送的每个环节的交接过程必须环环相扣,人人签名。

三、现场保护时需要注意的问题

(1) 谨慎地进入现场。
(2) 观察记录易变的细节。
(3) 阻止被害人清理现场。
(4) 封锁足够的面积。
(5) 引导医护救助人员进入现场。
(6) 收集伤者衣物。
(7) 移动尸体时是否有血迹流出。
(8) 留住知情人,监控嫌疑人。
(9) 注意伤心表现过于做作的被害人。
(10) 以便衣身份倾听谈话。
(11) 不要讨论案情。
(12) 实施新闻管制。
(13) 指挥员注意保护现场。

建议所有警务人员应避免细菌感染,如人血等,救火、排爆、抢救伤员等应由消防医疗等专业人员进行,首先到场的民警主要任务是采取必要措施,防止事故再发生或防止情况恶化。

【任务实施】

一、实施步骤

(1) 8名学生为一组,分角色扮演,由4名学生模拟民警进行现场保护,4名学生观察、记录、总结现场保护中的正确操作和错误做法并逐一进行点评。

(2) 另选6名学生为一组,分角色扮演,由2名学生模拟担任现场围观群众,由2名学生模拟民警进行现场访问，2名学生观察、记录、总结现场访问中的正确操作和错误做法和遗漏点并逐一进行点评。

（3）选出一名现场保护人员为组长，完成交通肇事现场的保护任务，划定保护范围，布置警戒。

（4）核实情况，组长做好向侦查人员就现场保护情况的汇报工作。

（5）交警进行初步调查访问。

二、注意事项

（1）核实现场情况应当在现场外围进行；如果犯罪现场中发生的是严重暴力犯罪案件，应当立即上报。首先到达现场核实情况的民警要保持高度警惕，注意自身的安全。

（2）保护范围确定的原则是宁大勿小，即保护的范围要略大于实地勘验的范围；在实际工作中，保护范围的大小一般要根据案件的性质和案件的重大程度决定。

（3）援助被害人、抢救现场上的受伤人员；排除险情；排除交通障碍；控制、监视现场上的犯罪嫌疑人等。

（4）要将与犯罪现场有关的证人的基本情况（姓名、住址、工作单位、联系方式等）调查清楚。

（5）向侦查人员介绍发现案件及保护现场的情况。内容包括：案件发生、发现的经过；现场的原始状态及变动情况；相关证人的情况等。

【任务评价】

实训课任务考核标准如表5－4所示。

表5－4　　　　　　　　实训课任务考核标准（3）

考核内容	权重（100分）	标准	得分
现场保护的步骤	30	熟悉现场保护的步骤	
现场访问	30	熟悉现场的具体内容	
现场保护、现场访用语	20	语言规范，表达清晰	
着装	10	着装达到执勤要求标准	
设备、装备使用	10	设备使用安全、无损坏、按时归还	

【拓展练习】

一、名词解释

1. 刑事案件。
2. 刑事案件侦查。
3. 侦查途径。

二、简答题

1. 简述刑事案件侦查的基本任务。
2. 案情分析包括哪几个方面?
3. 简述强奸案件的主要特点。

项目六　公安行政文书制作

项 目 导 入

公安行政法律文书制作要求

【一般要求】

（1）本要求中所称文书，是指与《公安机关办理行政案件程序规定》相配套的公安行政法律文书式样。

（2）文书由各省、自治区、直辖市公安厅、局和新疆生产建设兵团公安局按照规定的式样自行印制，并由执法部门监制和管理。尽可能使用计算机制作。采用计算机制作文书的，阿拉伯数字采用 Times New Roman 字体，除当场处罚决定书外，文书名称字体用 2 号小标宋简体，正文文字用 3 号仿宋。

当场处罚决定书采用 130 毫米 ×160 毫米的版心尺寸制作，其他文书制作时统一使用国际标准 A4 型纸。

（3）制作文书应当完整、准确、规范，符合相应的要求。

（4）文书中注明的"（此处印制公安机关名称）"处，印制使用该文书的公安机关或者其他依法具有独立执法主体资格的公安机关内设机构、出入境边防检察机关的名称。依法不具有独立执法主体资格的公安机关内设机构使用文书时应当以其所属公安机关的名义，所使用的文书应当印制其所属公安机关的名称。

（5）文书填写应当使用钢笔和能够长期保持字迹的墨水，做到字迹清楚、文字规范、文面整洁。文书设定的栏目，应当逐项填写；摘要填写的，应当简明、准确；不需要填写的，应当划去，不能留白。签名和注明日期，必须清楚无误。

（6）文书所留空白不够记录时，可加附页，所加附页也应当按照文书所列项目要求制作，由相关人员签名或者捺指印，并按顺序编页码。

（7）当场处罚决定书、收缴/追缴物品清单、证据保全决定书、证据保全清单等当场出具的文书可以采用复写形式。

（8）文书中的记录内容应当具体详细，涉及案件关键事实和重要线索的，应当尽量记录原话。记录中应当避免使用推测性词句，防止发生词句歧义。描述方位、状态的记录，应当依次有序、准确清楚。

（9）文书文号，即"×公（）字〔〕号"，应当按照以下要求填写："×"处填写制作法律文书的公安机关代字；"（）"处填写公安机关办案单位的简称，治安管理、边防、出入境管理、消防、交通管理、网络安全保卫等业务部门可分别简称为"治""边""境""消""交""网"等，公安派出所可填写其名称的简称；"〔〕"处填写年度；"号"处填写该文书的顺序编号。

（10）文书中所称"姓名"，是指法定身份证件或者居民户口簿上载明的姓名，与案件有关的姓名，如曾用名、绰号、化名、笔名等也应当注明。对外国人，应当填写其合法身份证件上的姓名，必要时，注明汉语译名。

（11）文书中所称"出生日期"以公历（阳历）为准，除有特别说明的外，一律具体到年月日。年龄以公历（阳历）周岁为准。

（12）文书中所称"工作单位"，是指机关、团体、企业、事业等单位的名称，填写时应当写全称。

（13）文书中所称"文化程度"，是指国家承认的学历，以学校颁发的毕业证书为准。文化程度分为研究生（博士、硕士）、大学、大专、中专、高中、初中、小学、文盲等档次。

（14）文书中所称的"身份证件种类及号码"，是指居民身份证、驾驶证、军官证、护照等法定身份证件的种类及号码。

（15）文书中所称"现住址"，是指现在的经常居住地。

（16）文书中"一案"前的横线处填写案件名称，即违法嫌疑人姓名或者单位名称加上违法行为名称。违法行为名称适用公安部印发的《违反公安行政管理行为的名称及其适用意见》。

（17）文书中的"现查明"后面的横线处填写违法事实情况。

（18）文书中的证据应当写明证据名称。为保护证人，对外使用的文书中，证人证言可以不写明证人姓名。

（19）填写法律依据时应当写明所依据的法律、法规和规章的全称并具体到条、款、项。

（20）文书末尾应当按照要求写明出具文书的单位名称，并加盖该单位的印章。

（21）需要当事人签名确认的文书应当由其本人签名，不能签名的，可以捺指印；属于单位的，由法定代表人、主要负责人或者其授权的人签名，或者加盖单位印章。

（22）文书中的"/"表示其前后内容可供选择，在使用中应当将不用的部分划去。

（23）文书中"□"表示其内容供选择，在选定的"□"中打钩。选择"其他"的，还应当在随后的横线处填写具体情形。

（24）文书中的法律救济途径告知部分应当在相应的横线处写明当事人申请行政复议的具体行政复议机关名称或者提起行政诉讼的具体人民法院名称。

（25）各种清单中"编号"栏一律使用阿拉伯数字填写，按材料、物品的排列顺序从"1"开始逐次填写。"名称"栏填写材料、物品的名称；"数量"栏填写材料、物品的数量，使用阿拉伯数字填写；"特征"栏填写物品的品牌、型号、颜色、新旧、规格等特点。表格多余部分应当用斜对角线划掉。

（26）附卷或者公安机关留存备案的文书应当由文书中列明的所有人员或者单位签名或者盖章。交当事人或者其他有关单位和人员的文书，当事人或者其他有关单位和人员不必签名或者盖章。

附卷的各种清单，应当填写"备注"或者"物品处理情况"栏。其中，收缴/追缴物品清单中"物品处理情况"栏以及调取证据清单、证据保全清单中的"备注"栏应当填写移交涉案财物保管人员、返还被侵害人或者善意第三人、上缴国库、销毁等处理情况，返还被侵害人或者善意第三人的，由接收人签名并注明日期；没收违法所得、非法财物清单中"备注"栏填写上缴国库、移交涉案财物保管人员等处理情况。

（27）询问/讯问笔录、行政处罚告知笔录、听证笔录内容的记录采取问答形式。记录时，每段应当以"问""答"为句首开始，回答的内容以第一人称"我"记录。

（28）文书内容不得涂改，必须更正的，应当由当事人签名确认，或者重新制作。

任务一　传唤与询问

【任务引入】

了解传唤和询问的定义及关系。

【教学场景】

1. 多媒体演示室。
2. 实况模拟。
3. 小组讨论。

【相关知识】

一、传唤证的填写方法

传唤证,是公安机关传唤违法嫌疑人时使用的文书。抬头横线处填写被传唤人的姓名,以下相应填写传唤理由、指定时间和地点。法律依据由办案民警在相应的"□"中打钩选定。附卷的传唤证应当由被传唤人分别签名确认到达时间和离开时间。

二、注意事项

传唤分为口头传唤、书面传唤和强制传唤三种方式。口头传唤不需要制作传唤证,使用传唤证是公安机关对需要传唤的违法嫌疑人依法进行传唤时所使用的执法凭证。

传唤,一般是指书面传唤的情形。适用传唤一般应具备下列条件:

（1）传唤对象是需要传唤的违法嫌疑人;

（2）传唤须经公安派出所或者县级以上公安机关办案部门或者出入境边防检察机关负责人批准;

（3）传唤一般应当填写固定格式的传唤证。

(此处印制公安机关名称)

传 唤 证

×公( )行传字〔 〕 号

_____:

因你(单位)涉嫌_____,根据

□《中华人民共和国治安管理处罚法》第八十二条

□《中华人民共和国出境入境管理法》第五十九条第三款

□《公安机关办理行政案件程序规定》第六十七条

□其他

之规定,现传唤你于_____年___月___日___时___分前到_____接受询问。

无正当理由拒不接受传唤或者逃避传唤的,依法强制传唤。

公安机关(印)

年 月 日

被传唤人到达时间　　　年　月　日　时　分
　　　　　　　　　　　　　被传唤人

被传唤人离开时间　　　年　月　日　时　分
　　　　　　　　　　　　　被传唤人

【任务实施】

一、实施步骤

询问/讯问笔录，是办案民警询问/讯问违法犯罪嫌疑人、被害人（被侵害人）及证人，记载询问/讯问经过时所使用的文书。询问/讯问笔录，应当全面、准确记录违法犯罪的经过和事实，着重记录违法犯罪的时间、地点、情节、后果及证据。有共同违法犯罪嫌疑人的，还应当记明共同违法犯罪嫌疑人的情况，以及各自在案件中所起的作用。

"第___次"的横线处填写中文数字，"第___页""共___页"的横线处填写阿拉伯数字。

询问/讯问笔录末尾应当由被询问/讯问人写明"以上笔录我看过，与我说的相符"。笔录中记录被询问/讯问人回答的内容有改动的，应当由被询问/讯问人在改动处捺指印确认。

询问/讯问时，人民警察应当告知被询问/讯问人依法享有的权利和承担的义务。告知被询问/讯问人权利和义务可以采取制作权利义务告知书方式或者直接在询问/讯问笔录中以问答方式予以体现。

首次询问违法嫌疑人时，应当问明违法嫌疑人的姓名、出生日期、身份证件种类及号码、户籍所在地、现住址，是否为各级人民代表大会代表，是否受过刑事处罚或者行政拘留、收容教育、强制隔离戒毒、社区戒毒、收容教养等情况。必要时，还应当问明其家庭主要成员、工作单位、文化程度、民族、身体状况等情况。违法嫌疑人为外国人的，首次询问时还应当问明其国籍、出入境证件种类及号码、签证种类、入境时间、入境事由等情况。必要时，还应当问明其在华关系人等情况。

询问笔录中还应当根据《公安机关办理行政案件程序规定》第四十三条第一款、第五十三条第一款、第五十六条第一款、第五十七条第二款、第六十一条、第六十二条、第六十三条第一款和第二款等规定注明告知家属等情况。

二、注意事项

（1）对现场发现的违法嫌疑人，人民警察经出示工作证件可以口头传唤，并在询问笔录中注明违法嫌疑人到案经过、到案时间和离开时间。对于投案自首或者群众扭送的违法嫌疑人，公安机关应当立即进行询问查证，并在询问笔录中注明违法嫌疑人的到案经过和到案、离开时间。

（2）对被传唤的违法嫌疑人，应当及时询问查证，询问查证的时间不得超过8小时，案情复杂、违法行为依法可能适用行政拘留处罚的，询问查证的时间不得超过24小时。

（3）询问违法嫌疑人，应当在公安机关的办案场所进行。询问查证期间应当保证违法嫌疑人的饮食和必要的休息时间，并在询问笔录中注明。在询问查证的间隙期间，可以将违法嫌疑人送入候问室，并按照候问室的管理规定执行。

（4）询问违法嫌疑人、被侵害人或者其他证人，应当个别进行。

（5）询问未成年人时，应当通知其父母或者其他监护人到场，其父母或者其他监护人不能到场的，也可以通知其他成年亲属，所在学校、单位、居住地基层组织或者未成年人保护组织的代表到场，并将有关情况记录在案。确实无法通知或者通知后未到场的，应当在询问笔录中注明。

（6）询问聋哑人，应当有通晓手语的人提供帮助，并在询问笔录中注明被询问人的聋哑情况以及翻译人员的姓名住址、工作单位和联系方式。对不通晓当地通用语言文字的被询问人应当为其配备翻译人员，并在询问笔录中注明翻译人员的姓名、住址、工作单位和联系方式。

（7）询问笔录应当交被询问人核对，对没有阅读能力的，应当向其宣读。记录有误或者遗漏的，允许被询问人更正或者补充，并要求其在修改处捺指印。被询问人确认笔录无误后，应当在询问笔录上逐页签名或者捺指印。拒绝签名和捺指印的，应当在询问笔录中注明。办案人民警察也应当在询问笔录上签名，翻译人员应当在询问笔录的结尾处签名。

（8）询问时，可以全程录音、录像，并保持录音、录像资料的完整性。

（9）首次询问违法嫌疑人时，应当问明违法嫌疑人的姓名、出生日期、身份证件种类及号码、户口所在地、现住址，是否为各级人民代表大会代表，是否受过刑事处罚或者行政拘留、收容教育、强制隔离戒毒、社区戒毒、收容教养等情况。

三、法律依据

《公安机关办理行政案件程序规定》第八章第二节。

四、询问/讯问笔录样式

（行政刑事通用）　　　　　　　　　　　　　　　第____次

询问/讯问笔录

时间____年____月____日____时____分至____年____月____日____时____分

地点_____

询问/讯问人（签名）_____、_____工作单位_____

记录人（签名）_____工作单位_____

被询问/讯问人_____性别_____年龄_____出生日期_____

身份证件种类及号码_____□是　□否人大代表

现住址_____联系方式_____

户籍所在地_____

（口头传唤/被扭送/自动投案的被询问/讯问人____月____日____时____分到达，____月____日____时____分离开，本人签名_____）。

问：

答：

_____

_____

_____

_____

_____

_____

_____

_____

_____

第____页共____页

【任务评价】

实训课任务考核标准如表6-1所示。

表6-1　　　　　　　　　　实训课任务考核标准（1）

考核项目	操作要求	权重（100分）	得分
认真	上课认真听讲，作业认真，参与讨论态度认真	15	
积极	积极举手发言，积极参与讨论与交流，大量阅读课外读物	15	
自信	大胆提出和别人不同的问题，大胆尝试并表达自己的想法	15	
善于与人合作	善于与人合作，虚心听取别人的意见	15	
思维的条理性	能有条理表达自己的意见，解决问题的过程清楚，做事有计划	20	
思维的创造性	具有创造性思维，能用不同的方法解决问题，独立思考	20	

【拓展练习】

1. 思考题

（1）询问/讯问笔录的填写方法。

（2）询问/讯问注意事项。

2. 实践活动、技能实训题

（1）练习使用传唤证。

（2）练习制作询问笔录。

任务二　检查证及其他笔录

【任务引入】

了解检查证和检查笔录的相关知识与制作。

【教学场景】

1. 多媒体演示室。

2. 实况模拟。

3. 小组讨论。

【相关知识】

（此处印制公安机关名称）

检 查 证

×公（　　）检查字〔　　〕　　号

根据

□《中华人民共和国行政处罚法》第三十六条和第三十七条第一款

□《中华人民共和国治安管理处罚法》第八十七条第一款

□其他＿＿＿＿＿＿＿＿＿＿之规定，兹派我局民警＿＿＿＿＿＿对＿＿＿＿＿＿＿＿＿＿依法进行检查。

公安机关（印）

年　月　日

被检查人或见证人

年 月 日 时 分

检查完毕后附卷。

（此处印制公安机关名称）

_____笔 录

（本文书可用于制作勘验笔录、检查笔录、辨认笔录和现场笔录）

时间____年___月___日___时___分至____年___月___日___时___分
地点_____
办案民警或者勘验、检查人姓名及工作单位_____
检查或者辨认对象_____
当事人/辨认人基本情况（姓名、性别、身份证件种类及号码）_____
_____
见证人基本情况（姓名、性别、身份证件种类及号码）_____
_____
事由和目的_____
过程和结果_____

_____
_____
_____
_____
_____
_____
_____
_____
_____
_____
_____
_____
_____
_____

办案民警或者勘验、检查人　　　　　　　　　　　年　　月　　日
当事人、辨认人或者见证人　　　　　　　　　　　年　　月　　日

一、填写方式

××笔录,适用于勘验笔录、检查笔录、辨认笔录和现场笔录。

该文书名称中的横线处填写"勘验""检查""辨认"或者"现场"字样。

"检查或者辨认对象"只适用于检查笔录和辨认笔录。制作检查笔录时,填写被检查人的姓名、性别、身份证件种类及号码或者被检查的物品、场所的名称;制作辨认笔录时,填写被辨认人的姓名、性别、身份证件种类及号码。

"当事人/辨认人基本情况"只适用于现场笔录、辨认笔录。

"见证人基本情况"只适用于制作检查笔录、现场笔录时被检查人或者当事人不在场的情形。被检查人或者当事人在场的,不需要见证人,"见证人基本情况"后面的横线处填写"无",并由被检查人或者当事人、办案民警在笔录上签名;被检查人或者当事人不在场的,应当在"见证人基本情况"后面的横线处填写见证人的姓名、性别、身份证件种类及号码,并由见证人、办案民警在笔录末尾签名。

"事由和目的"后面的横线处根据具体情况填写,如,勘验笔录中可填写"及时提取与案件有关的证据材料",检查笔录中可填写"查找作案工具",辨认笔录中可填写"辨认违法嫌疑人",现场笔录中可填写"记录现场情况,固定证据"。

"过程和结果"对勘验笔录、检查笔录、辨认笔录和现场笔录都适用。制作勘验笔录时,写明现场概况及现场勘验情况,照相、录像的内容和数量,绘图的种类和数量;对现场勘验中发现和提取的物证,应当根据物证的不同特点,分别写明物品的名称、品质、重量、尺寸、体积、标识等。制作检查笔录时,写明是否当场检查,记录检查的过程以及发现的涉及案件事实的有关情况。制作辨认笔录时,写明辨认的组织实施过程以及辨认的结果。制作现场笔录时,写明现场概况、民警在现场开展工作的情况、现场人员情况;实施行政强制措施时制作现场笔录的,还应当记录民警告知当事人采取行政强制措施的理由、依据以及当事人依法享有的权利、救济途径,并听取其陈述和申辩的情况。

二、注意事项

(1)依法当场盘问检查后仍不能排除其违法犯罪嫌疑人,且具有《人民警察法》第九条第一项所列情形之一,符合《公安机关适用继续盘问规定》第八条所列情形之一,需要带至公安机关继续盘问的,才须制作《当场盘问、检查笔录》。对当场盘问、检查后已排除其违法犯罪嫌疑人的,应当场放行,无须制作《当场盘问、检查笔录》。

（2）执行当场盘问检查时，人民警察必须按照《当场盘问、检查笔录》的要求，向被盘问人宣读其依法享有的权利。

（3）为确保人民警察的人身安全和被盘问人及周围群众的人身安全，向被盘问人宣读其依法享有的权利这一程序，应当在执行当场检查后、当场盘问前进行。

（4）由于《当场盘问、检查笔录》与《继续盘问笔录》合为一种文书，故在制作《当场盘问、检查笔录》时必须划去文书中"继续盘问"字样。

（5）执行当场盘问检查的民警不得少于两人，且必须由本人在笔录上签名，不可代签。

（6）对当场盘问时有翻译人员（包括少数民族语言、手语翻译等）参加的，应当在笔录中注明上述人员的姓名、住址、工作单位和职业，并在笔录中注明被盘问人聋哑情况或者不通晓语言文字的情况。

（7）该笔录是被盘问人被带至公安机关后再行补记的，笔录最后一页被盘问人签名或捺指印后签署的时间应为制作笔录后、被盘问人看过之后的时间。

（8）该笔录必须如实反映当场盘问检查的全过程，需准确记载以下三方面的内容：一是执行当场盘问的人民警察的当场提问；二是被盘问人的供述与辩解，包括其无违法犯罪或违法犯罪较轻的辩解以及被盘问人的神情及动作；三是执行当场检查的全过程，包括被检查物品的名称、种类、型号、数量、状况、可疑情况、检查过程中被盘问人的反应等。

三、法律依据

《人民警察法》第九条规定：为维护社会治安秩序，公安机关的人民警察对有违法犯罪嫌疑的人员，经出示相应证件，可以当场盘问、检查；经盘问、检查，有下列情形之一的，可以将其带至公安机关，经该公安机关批准，对其继续盘问：（1）被指控有犯罪行为的；（2）有现场作案嫌疑的；（3）有作案嫌疑身份不明的；（4）携带的物品有可能是赃物的。

《公安机关适用继续盘问规定》第八条规定：对有违法犯罪嫌疑的人员当场盘问、检查后，不能排除其违法犯罪嫌疑，且具有下列情形之一的，人民警察可以将其带至公安机关继续盘问：（1）被害人、证人控告或者指认其有犯罪行为的；（2）有正在实施违反治安管理或者犯罪行为嫌疑的；（3）有违反治安管理或者犯罪嫌疑且身份不明的；（4）携带的物品可能是违反治安管理或者犯罪的赃物的。

《公安机关适用继续盘问规定》第十三条规定公安派出所的人民警察对符合本规定第八条所列条件，确有必要继续盘问的有违法犯罪嫌疑的人员，可以立即带回，并制作《当场盘问、检查笔录》、填写《继续盘问审批表》报公安派出所负责人审批决定继续盘问十二小时。

检查证，是公安机关对与违法行为有关的场所、物品、人身进行检查时使用的凭证。检查证应当与人民警察工作证件同时使用。

【任务评价】

实训课任务考核标准如表6-2所示

表6-2　　　　　　　　　实训课任务考核标准（2）

考核项目	操作要求	权重（100分）	得分
认真	上课认真听讲，作业认真，参与讨论态度认真	15	
积极	积极举手发言，积极参与讨论与交流，大量阅读课外读物	15	
自信	大胆提出和别人不同的问题，大胆尝试并表达自己的想法	15	
善于与人合作	善于与人合作，虚心听取别人的意见	15	
思维的条理性	能有条理表达自己的意见，解决问题的过程清楚，做事有计划	20	
思维的创造性	具有创造性思维，能用不同的方法解决问题，独立思考	20	

【拓展练习】

1. 思考题

（1）检查证和检查笔录的填写方法；

（2）检查证和检查笔录注意事项。

2. 实践活动、技能实训题

练习使用检查证和检查笔录。

任务三　证据获取

【任务引入】

了解证据获取文书的相关知识和制作。

【教学场景】

1. 多媒体演示室。
2. 实况模拟。
3. 小组讨论。

【相关知识】

（此处印制公安机关名称）

调取证据通知书

×公（　　）调证字〔　　〕　　号

_____：

　　根据《公安机关办理行政案件程序规定》第二十八条之规定，现调取与_____一案_____有关的下列证据：_____
_____。
伪造证据、隐匿证据或者毁灭证据的，将受法律追究。

公安机关（印）
年　　月　　日

本通知书已收到。
　　证据持有人
　　　　年　　月　　日

调取证据清单

编号	名称	数量	特征	备注

持有人	保管人	办案民警
		办案单位（印）
年 月 日	年 月 日	年 月 日

一式三份，一份交持有人，一份交保管人，一份附卷。

(此处印制公安机关名称)

鉴定聘请书

×公（　　）鉴聘字〔　　〕　　号

_____：

　　为了查明_____一案，根据《公安机关办理行政案件程序规定》第八十七条之规定，特聘请你（单位）对_____进行鉴定。请于_____年___月___日前将书面鉴定意见送交我（分）局。

公安机关（印）

年　　月　　日

本聘请书已收到。
接收人
　　年　　月　　日

一式两份，一份交被聘请人，一份附卷。

（此处印制公安机关名称）
证据保全决定书

×公（　　）证保决字〔　　〕　　号

当事人姓名及其身份证件种类、号码，或者单位名称及其法定代表人姓名_____现住址及联系方式_____因调查_____一案，

□根据《_____》第____条第____款第____项之规定，

○决定对证据保全清单中的物品进行扣押、扣留/延长扣押、扣留____日（自_____年____月____日至_____年____月____日）。

○决定对证据保全清单中的场所、设施、财物予以查封/延长查封____日（自_____年____月____日至_____年____月____日）。

□根据《中华人民共和国行政处罚法》第三十七条第二款之规定，

○决定对证据保全清单中的物品予以先行登记保存____日（自_____年____月____日至_____年____月____日），保存地点为_____，在此期间，当事人或者有关人员不得销毁或者转移证据。

○决定对下列物品进行抽样取证。

□根据《中华人民共和国治安管理处罚法》第八十九条第一款之规定，决定对证据保全清单中的物品予以登记。

如不服本决定，可以在收到本决定书之日起六十日内向_____申请行政复议或者在三个月内依法向_____人民法院提起行政诉讼。

附：证据保全清单

公安机关（印）
年　　月　　日

当事人
年　月　日

一式两份，一份交当事人，一份附卷。

证据保全清单

编号	名称	数量	物品特征或者场所地址	备注

当事人或者见证人 年　月　日	保管人 年　月　日	办案民警 办案单位（印） 年　月　日

【任务实施】

一、实施步骤

（1）调取证据通知书，是公安机关向有关单位或者个人调取与案件有关的证据时使用的文书。抬头部分横线处填写证据持有人的姓名或者单位名称。"下列证据:"后面的横线处填写具体证据的名称。

（2）调取证据清单，是公安机关使用调取证据通知书调取到证据后，给证据持有人开具的清单。

（3）鉴定聘请书，是公安机关聘请本公安机关以外的鉴定人时使用的文书。抬头部分横线处填写被聘请人的单位名称。"接收人"后由接收聘请书的人员签名，并加盖单位印章。

（4）证据保全决定书、证据保全清单，适用于抽样取证、先行登记保存、登记、查封、扣押、延长查封、延长扣押等证据保全措施，二者应配套使用。制作证据保全决定书时，证据保全的法律依据和方式由办案民警在相应的"□"和"○"中打钩选定。

二．法律依据

《公安机关办理行政案件程序规定》第二十五条规定：公安机关向有关单位和个人收集、调取证据时，应当告知其必须如实提供证据，并告知其伪造、隐匿、毁灭证据，提供虚假证词应当承担的法律责任。

需要向有关单位和个人调取证据的，经公安机关办案部门负责人批准，开具调取证据通知书，明确调取的证据和提供时限。被调取人应当在通知书上盖章或者签名，被调取人拒绝的，公安机关应当注明。必要时，公安机关应当采用录音、录像等方式固定证据内容及取证过程。

需要向有关单位紧急调取证据的，公安机关可以在电话告知人民警察身份的同时，将调取证据通知书连同办案人民警察的人民警察证复印件通过传真、互联网通信工具等方式送达有关单位。

《治安管理处罚法》第八十九条规定：公安机关办理治安案件，对与案件有关的需要作为证据的物品，可以扣押；对被侵害人或者善意第三人合法占有的财产，不得扣押，应当予以登记。对与案件无关的物品，不得扣押。

《公安机关办理行政案件程序规定》第六十五条规定：为了查明案情，需要对行政案件中有争议的专门性技术问题进行鉴定的，公安机关应当指派或者聘请具有专门知识的人员进行。

【任务评价】

实训课任务考核标准如表6-3所示。

表 6-3　　　　　　　　　　实训课任务考核标准（3）

考核项目	操作要求	权重（100分）	得分
认真	上课认真听讲，作业认真，参与讨论态度认真	15	
积极	积极举手发言，积极参与讨论与交流，大量阅读课外读物	15	
自信	大胆提出和别人不同的问题，大胆尝试并表达自己的想法	15	
善于与人合作	善于与人合作，虚心听取别人的意见	15	
思维的条理性	能有条理表达自己的意见，解决问题的过程清楚，做事有计划	20	
思维的创造性	具有创造性思维，能用不同的方法解决问题，独立思考	20	

【拓展练习】

1. 思考题

（1）证据获取文书的填写方法；

（2）证据获取文书注意事项。

2. 实践活动、技能实训题

（1）练习使用调取证据通知书；

（2）练习使用调取证据清单。

任务四　行政处罚

【任务引入】

了解行政处罚的种类和行政处罚文书的制作方法。

【教学场景】

1. 多媒体演示室。

2. 实况模拟。

3. 小组讨论。

【相关知识】

（此处印制公安机关名称）
当场处罚决定书

编号：

违法行为人姓名或者单位名称＿＿＿＿＿＿＿＿＿＿＿＿＿＿＿＿＿
性别＿＿＿年龄＿＿＿出生日期＿＿＿＿＿＿身份证件种类及号码＿＿＿＿＿＿
法定代表人＿＿＿＿＿＿＿＿＿＿＿＿＿＿＿＿＿＿＿＿＿＿＿＿
现住址或者单位地址＿＿＿＿＿＿＿＿＿＿＿＿＿＿＿＿＿＿＿＿
现查明＿＿＿＿＿＿＿＿＿＿＿＿＿＿＿＿＿＿＿＿＿＿＿＿＿＿
＿＿＿＿＿＿＿＿＿＿＿＿＿＿＿＿＿＿＿＿＿＿＿＿＿＿，以上事实有＿＿＿＿＿＿＿＿＿＿＿＿＿＿＿＿＿＿＿＿＿＿＿＿＿＿
＿＿＿＿＿＿＿＿＿＿＿＿＿＿＿＿＿＿＿＿＿＿＿＿＿＿等证据证实。
根据《＿＿＿＿＿＿＿＿＿＿＿＿＿＿＿＿》第＿＿＿条第＿＿＿款第＿＿＿项之规定，决定给予＿＿＿＿＿＿＿＿＿＿＿＿＿＿＿＿＿的处罚。
执行方式：□当场训诫　□当场收缴罚款　□被处罚人持本决定书在十五日内到＿＿＿＿＿＿＿＿＿＿银行缴纳罚款。逾期不缴纳的，每日按罚款数额的百分之三加处罚款，加处罚款的数额不超过罚款本数。

如不服本决定，可以在收到本决定书之日起六十日内向＿＿＿＿＿＿＿＿**申请行政复议或者在三个月内依法向**＿＿＿＿＿＿＿＿＿＿＿＿＿＿**人民法院提起行政诉讼。**
处罚地点＿＿＿＿＿＿＿＿＿＿＿＿＿＿＿＿＿＿＿＿＿＿＿＿＿
办案人民警察＿＿＿＿＿＿＿＿＿＿＿＿＿＿＿＿＿＿＿＿＿＿
□附：收缴物品清单

公安机关（印）
年　　月　　日

处罚前已口头告知违法行为人拟作出处罚的事实、理由和依据，并告知违法行为人依法享有陈述权和申辩权。
被处罚人
年　　月　　日

一式两份，一份交被处罚人，一份交所属公安机关备案。治安案件有被侵害人的，复印送达被侵害人。

（此处印制公安机关名称）

不予行政处罚决定书

×公（　　）不罚决字〔　　〕　　号

违法行为人（姓名、性别、年龄、出生日期、身份证件种类及号码、户籍所在地、现住址、工作单位以及违法单位的名称、地址和法定代表人）_____

现查明_____，

以上事实有_____

等证据证实。

根据_____

之规定，现决定不予行政处罚，并对_____予以收缴，对_____予以追缴。

如不服本决定，可以在收到本决定书之日起六十日内向_____申请行政复议或者在三个月内依法向_____人民法院提起行政诉讼。

附：收缴/追缴物品清单

公安机关（印）

年　月　日

不予行政处罚决定书已向我宣告并送达。

违法行为人

年　月　日

一式两份，一份交违法行为人，一份附卷。治安案件有被侵害人的，复印送达被侵害人。

（此处印制公安机关名称）

行政处罚决定书

×公（　）行罚决字〔　　〕　　号

决定书正文载明以下内容：

　　1. 违法行为人的基本情况（姓名、性别、年龄、出生日期、身份证件种类及号码、户籍所在地、现住址、工作单位、违法经历以及被处罚单位的名称、地址和法定代表人）；

　　2. 违法事实和证据以及从重、从轻等情节（证人不愿意暴露姓名的，应当注意保密）；

　　3. 法律依据；

　　4. 处罚种类及幅度（包括对外国人适用或者附加适用限期出境）；

　　5. 执行方式及期限（包括当场训诫、当场收缴罚款、到指定银行缴纳罚款、送拘留所执行以及合并执行的情况，对罚款处罚，要注明逾期不缴纳罚款时加处罚款的标准和上限）；

　　6. 对涉案财物的处理情况及对被处罚人的其他处理情况；

　　7. 不服本决定的救济途径；

　　8. 附没收违法所得、非法财物清单及收缴/追缴物品清单。

公安机关名称、印章及决定日期

一式三份，被处罚人和执行单位各一份，一份附卷。治安案件有被侵害人的，复印送达被侵害人。

(此处印制公安机关名称)
行政处罚决定书

×公（　　）行罚决字〔　　〕　　号

违法行为人（姓名、性别、年龄、出生日期、身份证件种类及号码、户籍所在地、现住址、工作单位、违法经历以及被处罚单位的名称、地址和法定代表人）_____
_____

现查明_____
_____，以上事实有_____
_____等证据证实。

根据_____之规定，现决定_____。

执行方式和期限_____
_____。

逾期不缴纳罚款的，每日按罚款数额的百分之三加处罚款，加处罚款的数额不超过罚款本数。

如不服本决定，可以在收到本决定书之日起六十日内向_____申请行政复议或者在三个月内依法向_____人民法院提起行政诉讼。

附：_____清单共____份

公安机关（印）
年　月　日

行政处罚决定书已向我宣告并送达。
被处罚人
　　年　月　日

没收违法所得、非法财物清单

编号	名称	数量	特征	备注

被处罚人 年　月　日	保管人 年　月　日	办案民警 公安机关（印） 年　月　日

一式三份，一份交被处罚人，一份交保管人，一份附卷。

```
                （此处印制公安机关名称）
          责令_____通知书
                    ×公（  ）责通字〔    〕    号

      _____：
      经调查，发现你（单位）存在下述违法行为：_____
_____
_____。
      根据_____之规定，现责令你（单位）
  □立即予以改正。
  □立即停_____。
  □在_____年___月___日前改正或者整改完毕，并将结果函告我单位。
在期限届满之前，你（单位）必须_____。
      如不服本决定，可以在收到本通知书之日起六十日内向_____
申请行政复议或者在三个月内依法向_____
人民法院提起行政诉讼。

                                  公安机关（印）
                                   年    月    日

  违法行为人
       年    月    日
```

【任务实施】

一、实施步骤

（1）当场处罚决定书，是公安机关进行当场处罚时使用的文书。该文书不适用于公安交通管理当场处罚。

违法行为人是个人的，应当填写其姓名、性别、年龄、出生日期、身份证件种类及号码、现住址；违法行为人是单位的，填写单位名称、法定代表人及单位地址。

当场收缴物品的，在"附：收缴物品清单"前的"□"中打钩，并制作相应的收缴物品清单。

交所属公安机关备案的当场处罚决定书应当由被处罚人签名或盖章。被处罚人拒绝签名、盖章的，由办案民警在文书上注明。

（2）不予行政处罚决定书，是公安机关依法作出不予行政处罚决定时使用的文书。

"现查明"后面的横线处填写违法事实不能成立，或者确有违法行为，但有依法不予行政处罚情形的具体情况。"根据"后面的横线处填写法律依据，包括收缴、追缴等其他行政处理的法律依据。同时作出收缴、追缴决定的，应当在"对予以收缴""对予以追缴"的横线处填写收缴、追缴财物的名称和数量，并附相应的收缴/追缴物品清单；没有收缴、追缴的，在该横线处填写"无"。

行政处罚决定书，是公安机关按照行政处罚的一般程序对违法行为人予以行政处罚时使用的文书。各地公安机关可以根据实际需要选择使用制作式决定书或者填充式决定书。对外国人作出驱逐出境处罚的，应当制作驱逐出境决定书。制作式决定书和填充式决定书均适用于"一案多人""一人多案"的情况，各地公安机关可以根据具体情况自行确定。

使用制作式决定书时，应当按照文书制作要求在正文中载明有关内容。其中，"对涉案财物的处理情况"包括没收、收缴、追缴以及相应的发还情况；"对被处罚人的其他处理情况"包括强制隔离戒毒和收容教育等强制措施。违法行为人同时被决定强制隔离戒毒或者收容教育的，制作式文书中应当写明强制隔离戒毒和收容教育的依据、期限和执行单位的名称和地点，可不再另行制作强制隔离戒毒或者收容教育决定书，但应当将该决定书按照要求送强制隔离戒毒所、收容教育所一份，将该决定书复印件送达被强制隔离戒毒人员家属、所在单位和户籍所在地公安派出所；"不服本决定的救济途径"应当写明申请行政复议或者提起行政诉讼的期限以及具体的行政复议机关、人民法院名称。

使用填充式决定书时，"根据"后面的横线处填写法律依据，包括作出的处罚和收缴、追缴等其他行政处理的法律依据；"现决定"后面的横线处填写决定内容，包括处罚的种类和幅度以及收缴、追缴以及取缔、限期改正等其他处理内容。对多个违法行为人的处罚不同的，应当同时写明每个违法行为人的姓名及处罚种类、幅度，对一人的多个违法行为应当分别写明处罚种类、幅度。"执行方式和期限"后面的横线处应当注明具体的方式和期限，包括合并执行、不予执行的情况。同时没收、收缴、追缴财物的，应当附有相应的清单，并在行政处罚决定书中注明清单的名称和数量。

附卷的决定书应当由被处罚人签名或者盖章，注明"行政处罚决定书已向我宣告并送达",不再使用送达回执。拒绝签名、盖章的,由办案民警在文书上注明。

没收违法所得、非法财物清单,是公安机关对违法行为人作出没收违法所得、非法财物处罚时与行政处罚决定书配套使用的文书。收缴/追缴物品清单,既可以与行政处罚决定书同时使用,也可以单独使用。同一案件既有收缴又有追缴的,应当分别制作清单。

"物品持有人"后面的横线处填写个人的姓名、性别、出生日期、身份证件种类及号码、现住址或者单位的名称、地址和法定代表人,有关内容在行政处罚决定书中已经体现的,只填写物品持有人的姓名或物品持有单位的名称。多人共同实施违法行为的,违法所得或者非法财物无法分清所有人的,"物品持有人"为所有的共同违法行为人。

责令通知书,是公安机关采取责令改正,限期改正、限期整改,或者停止违法行为、停止非法运输活动、停止燃放等措施时使用的文书。文书名称"责令通知书"的横线处填写所采取措施的名称,如"改正""限期改正""停止燃放"等。抬头横线处填写违法行为人的姓名或者单位名称。"违法行为:"后面的横线处填写违法行为的简要情况。

"根据"后面的横线处应当结合具体案情填写法律依据,例如,规定"责令改正"的《中华人民共和国消防法》第六十条第一款、第六十九条第一款;规定"责令限期改正"的《民用爆炸物品安全管理条例》第四十八条第一款或者《中华人民共和国消防法》第六十五条第二款、第六十六条、第六十七条;规定"责令停止违法行为"的《中华人民共和国道路交通安全法》第一百零四条第二款或者《民用爆炸物品安全管理条例》第四十八条第一款,规定"责令停止非法运输活动"的《烟花爆竹安全管理条例》第三十六条第二款,规定"责令停止燃放"的《烟花爆竹安全管理条例》第四十二条。

责令立即停止的,应当在"立即停止"后面的横线处填写立即停止的行为,如"违法行为""非法运输活动""燃放"等。

责令限期改正、限期整改的,"你(单位)必须"后面的横线处应当根据查处案件的实际要求填写,如在消防监督检查中采用责令限期整改措施的,此栏内容填写具体整改内容。

二、注意事项

(1)本文书不适用于公安交通管理当场处罚,公安交通管理当场处罚适用公安部制定的公安交通管理简易程序处罚决定书。

(2)适用当场处罚程序必须严格依照法律、法规和规章规定的范围进行,不得越权行使。对涉及卖淫、嫖娼、赌博毒品的案件，不适用当场处罚。

（3）文书中的证据应当写明证据名称。写明证人姓名。为保护证人，对外使用的文书中，证人证言可以不写明证人姓名。

（4）对依法可以当场收缴罚款的，办案人民警察除开具当场处罚决定书外，还要同时出具省级或者国家财政部门统制发的罚款收据交付被处罚人。不能当场收缴罚款的，应当告知被处罚人在规定期限内到指定的银行缴纳。

（5）本文书可用复写纸印制，一式两份但在交所属公安机关备案的文书上应由被处罚人或者被处罚单位的法定代表人或者负责人签名或者盖章。

（6）治安案件有被侵害人的，应当在2日内将当场处罚决定书复印件送被侵害人。

（7）铁路、交通、民航和森林公安机关实施当场处罚时，继续使用财政部关于印发《当场处罚罚款票据管理暂行规定》的通知及财政部、公安部关于使用《治安管理当场处罚决定书（代收据）》有关问题的补充通知所规定的治安管理当场处罚决定书（代收据），并将其中的法律依据修改为《治安管理处罚法》。

（8）制作式决定书和填充式决定书均适用于"一案多人""一人多案"的情况，各地公安机关可以根据具体情况自行确定。

（9）在外国人违法案件中，应当填写其合法身份证件上的姓名，必要时，注明其汉语译名。对外国人作出驱逐出境处罚的，应当使用驱逐出境决定书，不使用本文书。

（10）"违法经历"是指违法行为人以往的违法犯罪经历，可以只填写对其行政处罚的裁量或者执行有意义的经历。

（11）治安案件有被侵害人的，公安机关应当将决定书复印件送达被侵害人。无法送达的，应当注明。至于具体在什么地方注明无法送达的情况，《公安机关办理行政案件程序规定》没有作硬性的要求，办案人民警察在执法实践中可以灵活掌握，既可以在附卷的行政处罚决定书上注明，也可以附一个简单的说明，总之，只要能够在案卷中有所体现即可。

（12）根据《公安机关办理行政案件程序规定》第一百七十六条的规定，作出行政拘留处罚决定的，应当及时将处罚情况和执行场所或者依法不执行的情况通知被处罚人家属。作出社区戒毒决定的，应当通知被决定人户籍所在地或者现居住地的城市街道办事处、乡镇人民政府。作出强制隔离戒毒、收容教育、收容教养决定的，应当在法定期限内通知被决定人的家属所在单位、户籍所在地公安派出所。被处理人拒不提供家属联系方式或者不讲真实姓名、住址，身份不明的，可以不予通知，但应当在附卷的决定书中注明。至于如何体现已经通知家属的情况，当地公安机关未作统一要求的,也可以采取在附卷的决定书上注明的方式。

三、法律依据

(1)《行政处罚法》第五十一条规定,违法事实确凿并有法定依据,对公民处以二百元以下、对法人或者其他组织处以三千元以下罚款或者警告的行政处罚的,可以当场作出行政处罚决定。法律另有规定的,从其规定。

(2)《治安管理处罚法》第一百条规定,违反治安管理行为事实清楚,证据确凿,处警告或200元以下罚款的,可以当场作出治安管理处罚决定。

(3)《道路交通安全法》第一百零七条规定,对道路交通违法行为人予以警告、200元以下罚款,交通警察可以当场作出行政处罚决定,并出具行政处罚决定书。

(4)《出境入境管理法》第八十六条规定对违反出境入境管理行为处500元以下罚款的,出入境边防检察机关可以当场作出处罚决定。

【任务评价】

实训课任务考核标准如表6-4所示。

表6-4　　　　　　　　　　实训课任务考核标准(4)

考核项目	操作要求	权重(100分)	得分
认真	上课认真听讲,作业认真,参与讨论态度认真	15	
积极	积极举手发言,积极参与讨论与交流,大量阅读课外读物	15	
自信	大胆提出和别人不同的问题,大胆尝试并表达自己的想法	15	
善于与人合作	善于与人合作,虚心听取别人的意见	15	
思维的条理性	能有条理表达自己的意见,解决问题的过程清楚,做事有计划	20	
思维的创造性	具有创造性思维,能用不同的方法解决问题,独立思考	20	

【拓展练习】

1. 思考题

(1)行政处罚文书的填写方法;

(2)行政处罚文书的注意事项。

2. 实践活动、技能实训题

练习使用行政处罚文书。

任务五 治安调解

【任务引入】

了解治安调解协议书的制作。

【教学场景】

1. 多媒体演示室。
2. 实况模拟。
3. 小组讨论。

【相关知识】

（此处印制公安机关名称）

治安调解协议书

×公（　　）调解字〔　　〕　　号

主持人姓名_____工作单位_____
调解地点_____
当事人基本情况（姓名、性别、年龄、出生日期、身份证件种类及号码、工作单位、现住址）_____
_____
_____
_____

其他在场人员基本情况（姓名、性别、年龄、出生日期、身份证件种类及号码、工作单位、现住址）_____
_____

主要事实（包括案发时间、地点、人员、起因、经过、情节、结果等）：____
_____
_____

```
_____
_____
_____
      经调解，双方自愿达成如下协议（包括协议内容、履行期限和方式等）：___
_____
_____
_____
_____
_____
_____
```

　　本协议自双方签字之时起生效。对已履行协议的，公安机关对违反治安管理行为人不再处罚。不履行协议的，公安机关依法对违反治安管理行为人予以处罚；当事人可以就民事争议依法向人民法院提起民事诉讼。

　　本协议书一式三份，双方当事人各执一份，调解机关留存一份。

主持人	年　　月　　日
见证人	年　　月　　日
当事人	年　　月　　日

调解机关（印）

年　　月　　日

【任务实施】

一、实施步骤

　　治安调解协议书，是公安机关调解治安案件时使用的文书。"调解机关"是指主持调解的公安机关或者依法具有独立执法主体资格的公安机关内设机构。

　　填写时按要求填写即可。

二、注意事项

　　（1）治安调解必须依照法律、法规和规章规定的适用范围进行。具有下列情形之一的，不适用调解处理：①雇凶伤害他人的；②结伙斗殴或者其他寻衅滋事的；③多次实施违反治安管理行为的；④当事人明确表示不愿意调解处理的；⑤当事人在治安调解过程中有针对对方实施违反治安管理行为的；⑥调解过程中，违法嫌疑人逃跑的；⑦其他不宜调解处理的。

（2）调解处理案件，应当查明事实，搜集证据。因此，治安调解协议书必须写明查明的案件事实和证据，即写明案件情况后必须要写明能证明案件事实的证据。

（3）被侵害人委托其他人参加调解的应当向公安机关提交委托书，并写明委托权限。违法嫌疑人不得委托他人参加调解。被侵害人委托他人参加调解的，治安调解协议书中的当事人基本情况，除写明被侵害人的基本情况外，还应当写明其委托人的基本情况，并表明是被侵害人的委托人。

（4）当事人中有未成年人的，调解时应当通知其父母或者其他监护人到场。但是，当事人为年满16周岁以上的未成年人，以自己的劳动收入为主要生活来源，本人同意不通知的，可以不通知。未成年人的父母或者其他监护人在场的，应当将其相关情况填写在本文书"其他在场人员基本情况"中，同时还应当注明该人与当事人的关系，如"当事人××的父亲"。

（5）对因邻里纠纷引起的治安案件进行调解时，可以邀请当事人居住地的居（村）民委员会的人员或者双方当事人熟悉的人员参加帮助调解。其相关情况应当填写在本文书"其他在场人员基本情况"中。

（6）治安调解协议书制作完毕，调解主持人、当事人和其他在场人员即见证人应当在文书上签名并签署日期，并当场交付双方当事人。当事人拒绝签名的，则表明双方未达成协议，公安机关应当依法对违反治安管理行为人予以处罚。

（7）对调解达成协议的，应当保存案件证据材料，与其他文书材料和调解协议书一并归入案卷。这里的其他文书材料包括调解笔录等。如果被侵害人委托他人参加调解的，其他文书材料还应当包括被侵害人向公安机关提交的委托书。

三、法律依据

（1）《治安管理处罚法》第九条规定，对于因民间纠纷引起的打架斗殴或者损毁他人财物等违反治安管理行为，情节较轻的，公安机关可以调解处理。经公安机关调解，当事人达成协议的，不予处罚。经调解未达成协议或者达成协议后不履行的，公安机关应当依照本法的规定对违反治安管理行为人给予处罚，并告知当事人可以就民事争议依法向人民法院提起民事诉讼。

（2）《公安机关办理行政案件程序规定》第一百五十二条规定，对于因民间纠纷引起的殴打他人、故意伤害、侮辱、诽谤、诬告陷害、故意损毁财物、干扰他人正常生活、侵犯隐私、非法侵入住宅等违反治安管理行为,情节较轻,且具有下列情形之一的,可以调解处理:①亲友、邻里、同事、在校学生之间因琐事发生纠纷引起的;②行为人的侵害行为系由被侵害人事前的过错行为引起的;③其他适用调解处理更易化解矛盾的。对不构成违反治安管理行为的民间纠纷,应当告知当事人向人民法院或者人民调解组织申请处理。对情节轻微事实清楚,因果关系明确,不涉及医疗费用物品损失或者双方当事人对医疗费用和物品损失的赔付无争议,符合治安调解条件,双方当事人同意当场调解并当场履行的治安案件,可以当场调解,并制作调解协议书。

(3)《公安机关办理行政案件程序规定》第一百五十七条规定,调解达成协议的,在公安机关主持下制作调解协议书,双方当事人应当在调解协议书上签名,并履行调解协议。调解协议书应当包括调解机关名称、主持人、双方当事人和其他在场人员的基本情况,案件发生时间、地点、人员起因、经过、情节、结果等情况,协议内容、履行期限和方式等内容。

【任务评价】

实训课任务考核标准如表 6-5 所示。

表 6-5　　　　　　　　实训课任务考核标准(5)

考核项目	操作要求	权重(100分)	得分
认真	上课认真听讲,作业认真,参与讨论态度认真	15	
积极	积极举手发言,积极参与讨论与交流,大量阅读课外读物	15	
自信	大胆提出和别人不同的问题,大胆尝试并表达自己的想法	15	
善于与人合作	善于与人合作,虚心听取别人的意见	15	
思维的条理性	能有条理表达自己的意见,解决问题的过程清楚,做事有计划	20	
思维的创造性	具有创造性思维,能用不同的方法解决问题,独立思考	20	

【拓展练习】

1. 思考题
(1) 治安调解协议书的填写方法;
(2) 治安调解协议书的注意事项。
2. 实践活动、技能实训题
练习使用治安调解协议书。

任务六 暂缓执行行政拘留

【任务引入】

了解暂缓行政拘留的相关知识和文书制作。

【教学场景】

1. 多媒体演示室。
2. 实况模拟。
3. 小组讨论。

【相关知识】

（此处印制公安机关名称）

暂缓执行行政拘留决定书

×公（　　）缓拘决字〔　　〕　　号

经审查，根据《中华人民共和国治安管理处罚法》第一百零七条之规定，决定对被处罚人（姓名、性别、年龄、出生日期、身份证件种类及号码、现住址）_____

暂缓执行行政拘留（原决定书文号_____）。

在行政拘留处罚决定暂缓执行期间，被处罚人应当遵守下列规定：

（一）未经决定机关批准不得离开所居住的市、县；

（二）住址、工作单位和联系方式发生变动的，在二十四小时以内向决定机关报告；

（三）在行政复议和行政诉讼中不得干扰证人作证、伪造证据或者串供；

（四）不得逃避、拒绝或者阻碍处罚的执行。

公安机关（印）

年　月　日

被处罚人

年　月　日

一式三份，被处罚人和拘留所各一份，一份附卷。

（此处印制公安机关名称）
收取保证金通知书

×公（　　）行收通字〔　　〕　　号

_____银行：
　　请协助收取_____应交纳的保证金共_____元（大写_____）。

公安机关（印）
年　　月　　日

一式两份，一份由保证金交纳人交银行，一份附卷。

收取保证金回执

_____公安（分）局：
　　根据你（分）局_____公（　　）行收通字〔　　〕____号通知书，我行已于_____年__月__日收取_____交来的保证金共_____元（大写_____）。

银行（印）
年　　月　　日

此文书由银行填写后退公安机关附卷。

担保人保证书

担保人_____ 性别_____ 出生日期_____
工作单位_____ 职业_____
现住址_____ 联系电话_____
与被担保人关系_____
我愿担任违法行为人（被担保人）_____的担保人，保证履行以下义务：

（一）保证被担保人

1. 未经决定机关批准不得离开所居住的市、县；

2. 住址、工作单位和联系方式发生变动的，在二十四小时以内向决定机关报告；

3. 在行政复议和行政诉讼中不得干扰证人作证、伪造证据或者串供；

4. 不得逃避、拒绝或者阻碍处罚的执行。

（二）发现被担保人伪造证据、串供或者逃跑的，及时向公安机关报告。

本人知晓、理解并愿意承担担保人的义务和相应的法律责任。

此致

_____公安（分）局

被担保人　　　　　　　　　　担保人
　年　月　日　　　　　　　　年　月　日

担保人保证书由担保人、被担保人按要求填写、签名后附卷。

(此处印制公安机关名称)
退还保证金通知书

×公（　　）行退通字〔　　〕　　号

_____银行：

我（分）局决定退还保证金交纳人_____
于_____年___月___日交来的保证金_____元（大写
_____）。

特此通知，请予以办理。

公安机关（印）
年　月　日

一式两份，一份由当事人交银行，一份附卷。

```
                    （此处印制公安机关名称）
                    没收保证金决定书
                         ×公（   ）行没决字〔    〕    号

    因被暂缓执行行政拘留人＿＿＿＿＿＿＿＿＿＿＿＿＿＿＿＿＿＿＿
逃避行政拘留处罚的执行，根据《中华人民共和国治安管理处罚法》第一百一
十条之规定，决定没收保证金交纳人＿＿＿＿＿＿＿＿于＿＿＿＿年＿＿月
＿＿日交来的保证金＿＿＿＿＿＿＿＿元（大写＿＿＿＿＿＿＿＿）。
    如不服本决定，可以在收到本决定书之日起六十日内向＿＿＿＿＿＿＿
申请行政复议或者在三个月内依法向＿＿＿＿＿＿＿＿＿＿＿人民法院提起
行政诉讼。

                                        公安机关（印）
                                        年    月    日



保证金交纳人
             年    月    日
```

一式两份，一份交保证金交纳人，一份附卷。

【任务实施】

一、实施步骤

暂缓执行行政拘留决定书，是公安机关对被决定行政拘留的人决定暂缓执行行政拘留时使用的文书。暂缓执行行政拘留决定书由原作出行政拘留决定的公安机关作出。

收取保证金通知书、收取保证金回执，是公安机关通知银行收取被处罚人或者其近亲属交纳的保证金时使用的文书。收取保证金通知书抬头横线处填写收取保证金的银行名称。收取保证金回执由银行填写后退回公安机关附卷。

退还保证金通知书，是公安机关通知银行将收取的保证金退还给交纳人时使用

的文书。该文书相关项目的填写应当与收取保证金通知书一致。

没收保证金决定书，是公安机关决定没收被暂缓执行行政拘留人保证金时使用的文书。

二、注意事项

（1）被处罚人不服行政拘留处罚决定，申请复议、提起行政诉讼的，可以向公安机关提出暂缓执行行政拘留的申请。所以暂缓执行的前提是申请行政复议或者提起行政诉讼。

（2）等到行政复议、行政诉讼有结果了，才可以决定行政拘留是否执行。

（3）行政复议的期限为六十日，行政复议机关应当自受理申请之日起六十日内作出行政复议决定。行政诉讼一审的审理期限为三个月，人民法院应当在立案之日起三个月内作出第一审判决。

（4）公安机关认为对被拘留人暂缓执行行政拘留不致发生社会危险，这是适用行政拘留暂缓执行的关键条件。

（5）被拘留人或者其近亲属依法提出了符合法定条件的担保人，或者按照法定标准交纳保证金的，这是适用行政拘留暂缓执行的担保条件。

参见以下有关法律、法规、规章和规范性文件：

《中华人民共和国人民警察使用警械和武器条例》

《中华人民共和国保守国家秘密法》

《公安机关人民警察现场制止违法行为操作规程》

《中华人民共和国人民警察法》

《国务院办公厅关于规范公安机关警务辅助人员管理工作的意见》

《中华人民共和国监察法》

《中华人民共和国刑事诉讼法》

《山西省警务辅助人员条例》

《公安机关办理行政案件程序规定（2020年修正）》

《公安机关人民警察内务条令》

《公安机关办理刑事案例程序规定（2020年修正）》

《公安机关刑事法律文书式样（2012版）》

《公安机关行政法律文书式样（2012版）》

《公安机关办理刑事案件程序规定（2020年修正版）》

《中华人民共和国刑法》及修正案

《中华人民共和国道路交通安全法》

《中华人民共和国治安管理处罚法》
《中华人民共和国行政处罚法》

三、法律依据

（1）《治安管理处罚法》第一百零七条　被处罚人不服行政拘留处罚决定，申请行政复议、提起行政诉讼的，可以向公安机关提出暂缓执行行政拘留的申请。公安机关认为暂缓执行行政拘留不致发生社会危险的，由被处罚人或者其近亲属提出符合本法第一百零八条规定条件的担保人，或者按每日行政拘留二百元的标准交纳保证金，行政拘留的处罚决定暂缓执行。

（2）《治安管理处罚法》第一百一十条　被决定给予行政拘留处罚的人交纳保证金，暂缓行政拘留后，逃避行政拘留处罚的执行的，保证金予以没收并上缴国库，已经作出的行政拘留决定仍应执行。

（3）《治安管理处罚法》第一百一十一条　行政拘留的处罚决定被撤销，或者行政拘留处罚开始执行的，公安机关收取的保证金应当及时退还交纳人。

【任务评价】

实训课任务考核标准如表6-6所示。

表6-6　　　　　　　　实训课任务考核标准（6）

考核项目	操作要求	权重（100分）	得分
认真	上课认真听讲，作业认真，参与讨论态度认真	15	
积极	积极举手发言，积极参与讨论与交流，大量阅读课外读物	15	
自信	大胆提出和别人不同的问题，大胆尝试并表达自己的想法	15	
善于与人合作	善于与人合作，虚心听取别人的意见	15	
思维的条理性	能有条理表达自己的意见，解决问题的过程清楚，做事有计划	20	
思维的创造性	具有创造性思维，能用不同的方法解决问题，独立思考	20	

【拓展练习】

1. 思考题

（1）暂缓行政拘留文书的填写方法；

（2）暂缓行政拘留文书的注意事项。

2. 实践活动、技能实训题

练习使用暂缓执行行政拘留决定书。

项目七　公安刑事文书制作

项 目 导 入

公安刑事法律文书制作要求

一、常见项目填写要求

1. 案件名称。根据不同的案件情况，采取不同的命名方法。对于有明确的犯罪嫌疑人和涉嫌犯罪情节清楚的案件，可采取"人名+涉嫌罪名"命名，如"王××故意杀人案"；对于犯罪嫌疑人不明而被害人和被害情况清楚的案件，可采取"被害人+被侵害情况"命名，如"张××被抢劫案"；对于犯罪嫌疑人和被害人不明或者犯罪嫌疑人、被害人人数众多不便概括以及需要保密等情形，可采取以案件发生时间或立案时间或者地名来命名，如"4·15案""×××（地名）抢劫案"。

2. 案件编号。各地在制作文书过程中应当本着便于对案件进行管理和统计的原则，根据本地或者本系统的要求进行填写。

3. 犯罪嫌疑人姓名。填写犯罪嫌疑人合法身份证件上的姓名，如果没有合法身份证件的，填写在户籍登记中使用的姓名。如果犯罪嫌疑人是外国人，除应当填写其合法身份证件上的姓名外，还应当同时写明汉语译名。对于一些叙述型法律文书，如《提请批准逮捕书》《起诉意见书》等，应当在写明犯罪嫌疑人姓名的同时，写明犯罪嫌疑人使用过的其他名称，包括别名、曾用名、绰号等。如有必要，还可写明笔名、网名等名称。确实无法查明其真实姓名的，也可以暂填写其自报的姓名。查清其真实姓名后，按照查清后的姓名填写，对之前填写的内容可不再更改，但应当在案件卷宗中予以书面说明（犯罪嫌疑人出生日期、住址不明的，参照上述规定办理）。

4. 犯罪嫌疑人出生日期。犯罪嫌疑人的出生日期以公历（阳历）为准，除有特别说明的外，一律具体到年月日。确定犯罪嫌疑人的出生日期应当以其合法身份证件上记载的出生日期为准，没有合法身份证件的，以户籍登记中的出生日期为准。

5. 犯罪嫌疑人住址。填写犯罪嫌疑人被采取强制措施前的经常居所地。犯罪嫌疑人的经常居所地以户籍登记中的住址为准。如果该犯罪嫌疑人离开户籍所在地在其他地方连续居住满一年以上的，则以该地为经常居住地，并应当在填写经常居住地的同时注明户籍登记的住址。

6. 犯罪嫌疑人的单位及职业。填写犯罪嫌疑人的工作单位名称以及从事的职业种类。单位名称应当填写全称，必要时在前面加上地域名称。认定犯罪嫌疑人的工作单位，不能单纯凭人事档案是否在该单位，而应当视其是否实际在该单位工作。只要其实际在该单位工作的，即可认定为工作单位。职业应当填写从事工作的种类。没有工作单位的，可以根据实际情况填写经商、务工、农民、在校学生或者无业等。

7. 身份证件种类及号码。填写居民身份证、军官证、护照等法定身份证件的种类及号码。

8. 文化程度。填写国家承认的学历。文化程度分为研究生及以上（博士、硕士）、大学、大专、中专、高中、初中、小学、文盲等档次。

9. 批准人。填写批准制作该法律文书的有关负责人的姓名。

10. 批准时间。填写批准制作该法律文书的有关负责人的签字时间。

11. 办案人。填写办理案件民警的姓名，或者有关事项承办人的姓名。

12. 办案单位。填写办案单位或者部门的名称。

13. 填发时间。填写实际制作法律文书的时间。

14. 填发人。填写制作法律文书的人的姓名。

15. 签名。需要当事人签名确认的文书应当由其本人签名，不能签名的，可以捺指印；属于单位的，由法定代表人、主要负责人或者其授权的人签名，或者加盖单位印章。当事人拒绝签名的，侦查人员应当在文书中予以说明。

16. 各类清单。"编号"栏一律采用阿拉伯数字，按材料、物品的排列顺序从"1"开始逐次填写。"名称"栏填写材料、物品的名称；"数量"栏填写材料、物品的数量，使用阿拉伯数字填写；"特征"栏填写物品的品牌、型号、颜色、新旧等特点。表格多余部分应当用斜对角线划掉。

17. 发文字号。文书式样中的发文字号印刷为"×公（）字〔〕号"，实际填写时，"×"处填写制作法律文书的机关代字，如北京市填写"京"；"（）"处填写办案部门简称,如经济犯罪侦查部门制作的文书填写"经";"( )"和"字"之间的部分为文书名称简称,文书式样已根据不同法律文书种类将其简称印在文书之上,如拘留证印"拘"、逮捕证印"捕";〔〕中填发文年度;〔〕后填发文顺序号。

18. 法律条文的援引。引用法律,应当写明法律的全称;引用的法律条文,要写明具体的条文号,条文中有款、项的,要具体到款、项。

19. 计量单位。填写国家法定计量单位。

20. 联系方式。填写联系人的移动电话号码、固定电话号码、电子邮件地址等内容。

21. 数字。在引用的法律条款、部分结构层次顺序和词、词组、惯用语、缩略语、具有修辞色彩语句中作为词素的数字时应当使用汉字,其他情况下应当使用阿拉伯数字。结构层次序数:第一层为"一、",第二层为"(一)",第三层为"1.",第四层为"(1)"。文书发文字号中年度、发文顺序号应当使用阿拉伯数字。

22. 成文日期。成文日期填写批准人的批准日期。内部审批类文书的日期,制作人在末尾落款处填写制作日期,审核人、批准人在其签名下方填写审核、批准时的日期。成文日期应当使用大写数字,如"二〇一三年一月一日"。

23. 印章的使用。对外使用的文书,应当在成文日期上方写明单位名称,在单位名称和成文日期上加盖能够对外独立承担法律责任的单位印章。不能使用内部印章。

24. 骑缝线。打印电子法律文书可以无骑缝线,不必加盖骑缝章。纸质法律文书的骑缝线一律用汉字(发文年度和顺序号用大写)填写发文字号,然后加盖单位印章或专用骑缝章。

25. 选择性项目的填写。纸质文书标题中的选择性项目不需要选择,电子法律文书可以根据需要选择制作相应的文书。文书内容部分出现选择性项目的,电子文书根据案情从相应选项中选择适当的项目。纸质文书根据具体情况删去不需要的内容:文书中空余部分、较短的文字内容,可用斜线"\"删去,如犯罪嫌疑人是男性的,填写"男/女"。又如对于有控告人的案件,填写《不予立案通知书》时,应当填写控告/移送。有较长文字内容的可用横线"—"删去,如对于恐怖活动犯罪案件填写《不准予会见犯罪嫌疑人决定书》时,应当填写"危害国家安全犯罪案件/恐怖活动犯罪案件"。对于带有"□"的选择性项目,在选定的□中打"√"。选择"其他"的,还应当在随后的横线处填写具体情形。

二、印制标准

(1) 正式印制各种法律文书式样时,案卷的封面及封底用牛皮纸印制;《拘传证》《拘留证》《逮捕证》《搜查证》《提讯提解证》以及各种通知书、决定书等用80 克胶版白纸印制；其他文书用 60 克胶版普通白纸印制。

（2）为了便于装订入卷，多联式文书的第一联长 297 毫米，宽 137 毫米，天头（上白边）37 毫米，订口（左白边）28 毫米，版心尺寸 84×225 毫米，其他各联和单联式文书一律用 A4 型纸尺寸，即长 297 毫米，宽 210 毫米，天头（上白边）37 毫米，订口（左白边）28 毫米，版心尺寸 156×225 毫米（不含页码）。误差不超过 1 毫米。

（3）正式印制时，对标明式样顺序号、"印""公安局印"以及注明应当含内容的文字不要印上。根据办案实际需要，凡是内容不固定的叙述型文书，如《呈请立案报告书》《提请批准逮捕书》《起诉意见书》《要求复议意见书》《提请复议意见书》等，可只印单位、文书名称、编号等开头的内容，其他内容参照制作和填写要求中注明的要求，在拟稿后书写或打印。笔录式文书可只印第一页或上半部分，其他内容参照制作和填写要求书写。

（4）文书的边线、横线、文字一律印成黑色。

（5）文书名称、内容和落款中出现"公安局""看守所"等字样的，可根据本单位名称改动后印制。

（6）公安机关刑事法律文书由省级公安机关指定的印刷厂统一印制。

任务一　受案文书

【任务引入】

了解受案的相关程序及受案登记表的制作。

【教学场景】

1. 多媒体演示室。
2. 实况模拟。
3. 小组讨论。

【相关知识】

(行政刑事通用)

受案登记表

(受案单位名称和印章)　　　　　　　　　　　×公（　）受案字〔　〕　号

案件来源	□110指令　□工作中发现　□报案　□投案　□移送　□扭送　□其他			
报案人	姓名		性别		出生日期	
	身份证件种类		证件号码			
	工作单位		联系方式			
	现住址					
移送单位		移送人		联系方式	
接报民警		接报时间	年　月　日 时　分	接报地点	

简要案情或者报案记录（发案时间、地点、简要过程、涉案人基本情况、受害情况等）以及是否接受证据：

受案意见	□属本单位管辖的行政案件，建议及时调查处理 □属本单位管辖的刑事案件，建议及时立案侦查 □不属于本单位管辖，建议移送＿＿＿＿＿＿＿＿＿＿＿＿＿处理 □不属于公安机关职责范围，不予调查处理并当场书面告知当事人 □其他＿＿＿＿＿＿＿＿＿＿＿＿＿＿＿＿＿＿＿ 受案民警：　　　　　　　　　　　　　　　　　　　　年　月　日
受案审批	 受案部门负责人：　　　　　　　　　　　　　　　　　　年　月　日

一式两份，一份留存，一份附卷。

（行政刑事通用）

受案回执

　　_____：

　　你（单位）于_____年___月___日报称的_____一案我单位已受理（受案登记表文号为×公（　　）受案字〔　　　〕　　号）。

　　你（单位）可通过_____查询案件进展情况。

　　联系人、联系方式：_____。

　　　　　　　　　　　　　　　　　　　　　　　　受案单位（印）
　　　　　　　　　　　　　　　　　　　　　　　　　年　　月　　日

报案人、控告人、
举报人、扭送人：

　　　　　　　　　　　　　　　　　　　　　　　　　年　　月　　日

一式两份，一份附卷，一份交报案人、控告人、举报人、扭送人。

【任务实施】

一、受案登记表

（一）实施步骤

1. 案件来源

案件来源有110指令、工作中发现、报案、投案、移送、扭送、其他，共七种。根据不同情况，在前方□中画"√"即可。

2. 报案人

根据报案人信息填写，其中身份证件种类包括身份证、驾照、护照等。

如果属于移送案件，报案人一栏需用"＼"划除。

3. 移送

属于移送案件填写此栏，否则此栏用"＼"划除。

4. 简要案情

简要记录发案时间、地点、简要过程、涉案人基本情况、受害情况等，以及是否接受证据。其中不可出现第一人称"我"。

如果接收到证据，需填写接受证据清单。

5. 受案意见

根据具体情况在前方□中画"√"即可。

6. 受案审批

由受案单位负责人填写，具体包括"调查""不予立案""立案侦查"等。

（二）使用方法

出现案件来源中任何一种，都应当无条件接受，制作本文书，而不管是否符合立案条件或是否属于本单位管辖范围。对于不属于本单位管辖的，应当先接受再处理，对于明显不属于刑事案件的，可依法制作其他法律文书。

二、受案回执

（一）实施步骤

1. 案件名称

（1）知道犯罪嫌疑人姓名，犯罪嫌疑人名字＋案件性质，如王××盗窃案

（2）不知道犯罪嫌疑人姓名，受害人姓名＋案件性质，如张××被盗窃案

或时间＋案件性质，如11.8杀人案

或地点＋案件性质，如××市放火案

2. 案件查询

填写相应网址即可

3. 联系人、联系方式

办案民警信息

（二）使用方法

受案登记表填写完成后填写此表，方便报案人、控告人、举报人、扭送人查询案件进展。

(三) 案例

2017年4月25日18时8分左右，××市化工厂职工王×回到家中后发现家中门锁被撬，经过一番检查之后发现放于卧室内的5000元现金被偷走了，于是来到××市刑警队报案。

（行政刑事通用）

受案登记表

（受案单位名称和印章） ×公（ ）受案字〔 〕 号

案件来源	□110指令 □工作中发现 □报案 □投案 □移送 □扭送 □其他				
报案人	姓名	王×	性别	出生日期	1988.7.30
	身份证件种类	身份证	证件号码	××××51988073×××××	
	工作单位	××市化工厂	联系方式		
	现住址	××市化工厂家属院×号楼×单元××号			
移送单位	\	移送人	\	联系方式	\
接报民警	刘×	接报时间	2017年4月25日18时8分	接报地点	××市刑警队
简要案情或者报案记录（发案时间、地点、简要过程、涉案人基本情况、受害情况等）以及是否接受证据：2017年4月25日18时8分许，××市化工厂职工王×来我队报称：他于当日18时左右回到家中，发现家门被撬，家内物品凌乱，经查发现放于卧室内的现金5000元被盗。					
受案意见	□属本单位管辖的行政案件，建议及时调查处理 □属本单位管辖的刑事案件，建议及时立案侦查 □不属于本单位管辖，建议移送＿＿＿＿＿＿＿＿＿＿处理 □不属于公安机关职责范围，不予调查处理并当场书面告知当事人 □其他＿＿＿＿＿＿＿＿＿＿ 受案民警： 年 月 日				
受案审批	受案部门负责人： 年 月 日				

受案回执

  __王×__：
  你（单位）于 __2017__ 年 __4__ 月 __25__ 日报称的 _____
_____ __王×被盗窃案__ _____一案我单位已受理（受案登记表文号为×公
（ ）受案字〔 〕 号）。
  你（单位）可通过 __WWW.××××.COM__ 查询案件进展情况。
  联系人、联系方式：__刘× 131××××××××__。

受案单位（印）
年 月 日

报案人、控告人、
举报人、扭送人：

年 月 日

一式两份，一份附卷，一份交报案人、控告人、举报人、扭送人。

【任务评价】

实训课任务考核标准如表7-1所示。

表7-1   实训课任务考核标准（1）

考核项目	操作要求	权重（100分）	得分
认真	上课认真听讲，作业认真，参与讨论态度认真	15	
积极	积极举手发言，积极参与讨论与交流，大量阅读课外读物	15	
自信	大胆提出和别人不同的问题，大胆尝试并表达自己的想法	15	
善于与人合作	善于与人合作，虚心听取别人的意见	15	
思维的条理性	能有条理表达自己的意见，解决问题的过程清楚，做事有计划	20	
思维的创造性	具有创造性思维，能用不同的方法解决问题，独立思考	20	

【拓展练习】

1. 思考题

（1）受案登记表的填写方法；

（2）受案文书的注意事项。

2. 实践活动、技能实训题

以下面案例练习使用受案登记表和受案回执。

2018年2月9日星期五，下午5时，××市物流公司快递员李某在送包裹时，被人拦截殴打，运输包裹也被抢走，之后快递员李某来到××刑警队报案。经过调查，发现丢失的两个包裹为两台iPoneX，总价值12000元人民币。

任务二 立案文书

【任务引入】

了解立案相关程序及立案文书的制作。

【教学场景】

1. 多媒体演示室。

2. 实况模拟。

3. 小组讨论。

【相关知识】

＊＊＊公安局

立案决定书

×公（　　）立字〔　　〕　　号

根据《中华人民共和国刑事诉讼法》<u>第一百零九条/第一百一十二条</u>之规定，决定对_____案立案侦查。

公安局（印）

年　月　日

此联附卷

＊＊＊公安局

不予立案通知书

（副　本）

×公（　）不立字〔　　〕　　号

_____：

你（单位）于 _____ 年 ___ 月 ___ 日提出 <u>控告/移送</u> 的 _____，我局经审查认为 _____，根据《中华人民共和国刑事诉讼法》第一百一十二条之规定，决定不予立案。

如不服本决定，可以在收到本通知书之日起<u>七日</u>内向 _____ 申请复议。

公安局（印）
年　月　日

本通知书已收到。
　　签收人：
　　　　年　月　日

```
┌─────────────────────────────────────────────────────────┐
│                      ***公安局                           │
│                   移送案件通知书                          │
│                                                         │
│                      ×公（  ）移字〔  〕    号           │
│                                                         │
│    _____：                           │
│      经对_____案进行审查，认为_____，│
│   根据《中华人民共和国刑事诉讼法》第一百一十条第三款之规定，│
│   决定将该案移送_____管辖。               │
│                                                         │
│                                                         │
│                                      公安局（印）         │
│                                      年    月    日      │
│                                                         │
└─────────────────────────────────────────────────────────┘
```

此联交报案、控告、举报人或移送单位。

【任务实施】

一、立案的程序

1. 对立案材料的接受

填写《受案登记表》。

2. 对立案材料的审查

（1）是否属于公安机关管辖；

（2）是否符合立案的条件。

立案条件：事实条件——认为有犯罪事实。一是危害社会的行为已经发生；二是危害社会的行为触犯刑事法律；三是犯罪事实有一定的证据加以证明。

法律条件——需要追究刑事责任。一是所追究的行为在法律上已经构成犯罪；二是追究行为人的刑事责任确有必要。

3. 对立案材料审查后的处理

（1）决定立案。

公安机关受理案件后，经过审查，认为有犯罪事实需要追究刑事责任，且属于自己管辖的，公安机关应当制作《呈请立案报告书》，经县级以上公安机关负责人批准，予以立案，填写《立案决定书》。

（2）决定不立案。

认为没有犯罪事实，或者犯罪情节显著轻微不需要追究刑事责任，或者具有其他依法不追究刑事责任情形的，公安机关应当制作《呈请不予立案报告书》，经县级以上公安局局长批准，不予立案，填写《不予立案通知书》。

二、移送

对于不属于自己管辖的案件，制作《移送案件通知书》，24小时内移送有管辖权的主管机关。

三、填写方法

1. 不予立案的理由填写

（1）没有犯罪事实。

（2）犯罪情节显著轻微不需要追究刑事责任。

（3）具有其他依法不追究刑事责任情形的。

2. 申请复议的机关

一般是上一级公安机关或同级人民政府。

3. 移送机关的填写

（1）其他辖区派出所。

（2）刑警队。

（3）其他行政机关。

（4）其他公安机关。

四、案例

2017年4月25日18时8分左右，××市化工厂职工王×回到家中后发现家中门锁被撬，经过一番检查之后发现放于卧室内的5000元现金被偷走了，于是来到××市刑警队报案。

＊＊＊公安局

立案决定书

×公（　）立字〔　　〕　　号

根据《中华人民共和国刑事诉讼法》第一百零九条/第一百一十二条之规定，决定对　王×被盗窃　案立案侦查。

公安局（印）

年　月　日

＊＊＊公安局

不予立案通知书

（副　本）

×公（　）不立字〔　　〕　　号

　　王×　：

你（单位）于　2017　年　4　月　25　日提出控告/移送的　王×被盗窃案　，我局经审查认为　没有犯罪事实　，根据《中华人民共和国刑事诉讼法》第一百一十二条之规定，决定不予立案。

如不服本决定，可以在收到本通知书之日起三日/七日内向　××市公安局　申请复议。

公安局（印）

年　月　日

本通知书已收到。

签收人：

年　月　日

```
┌─────────────────────────────────────────────────────┐
│                  ＊＊＊公安局                        │
│              移送案件通知书                          │
│                                                     │
│              ×公（　　）移字〔　　〕　　号          │
│                                                     │
│       王×       ：                                  │
│     经对   王×被盗窃   案进行审查，认为   不属于我单位管辖   ，根据《中 │
│  华人民共和国刑事诉讼法》第一百一十条第三款之规定，决定将该案移送   ×  │
│  ×市公安局   管辖。                                 │
│                                                     │
│                                                     │
│                                公安局（印）         │
│                                年   月   日         │
│                                                     │
└─────────────────────────────────────────────────────┘
```

此联附卷交控告人或者移送单位。

【任务评价】

实训课任务考核标准如表 7-2 所示。

表 7-2　　　　　　　　实训课任务考核标准（2）

考核项目	操作要求	权重（100 分）	得分
认真	上课认真听讲，作业认真，参与讨论态度认真	15	
积极	积极举手发言，积极参与讨论与交流，大量阅读课外读物	15	
自信	大胆提出和别人不同的问题，大胆尝试并表达自己的想法	15	
善于与人合作	善于与人合作，虚心听取别人的意见	15	
思维的条理性	能有条理表达自己的意见，解决问题的过程清楚，做事有计划	20	
思维的创造性	具有创造性思维，能用不同的方法解决问题，独立思考	20	

【拓展练习】

1. 思考题

（1）立案文书的填写方法；

（2）立案程序。

2. 实践活动、技能实训题

应用案例练习使用立案文书。

［案例］2018 年 2 月 9 日星期五，下午 5 时，××市物流公司快递员李某在送包裹时，被人拦截殴打，运输包裹也被抢走，之后快递员李某来到××刑警队报

案。经过调查，发现丢失的两个包裹为两台 iPoneX，总价值 12000 元人民币。

任务三 传唤、拘传文书

【任务引入】

了解传唤、拘传相关程序及文书的制作。

【教学场景】

1. 多媒体演示室。
2. 实况模拟。
3. 小组讨论。

【相关知识】

＊＊＊公安局

传　唤　证

（副　本）

×公（　　）传唤字〔　　〕　　号

根据《中华人民共和国刑事诉讼法》第一百一十九条之规定，兹传唤涉嫌_____罪的犯罪嫌疑人_____（性别_____，出生日期_____，住址_____）于_____年___月___日___时到_____接受讯问。无正当理由拒不接受传唤的，可以依法拘传。

公安局（印）
年　月　日

本证已于_____年___月___日收到。

　　　　　　　　　被传唤人：　　　　　　　　　　（捺指印）

被传唤人到达时间_____年___月___日___时。

　　　　　　　　　被传唤人：　　　　　　　　　　（捺指印）

传唤结束时间_____年___月___日___时。

　　　　　　　　　被传唤人：　　　　　　　　　　（捺指印）

```
                ***公安局
              拘  传  证

                        ×公（  ）拘传字〔   〕    号

    根据《中华人民共和国刑事诉讼法》第六十六条之规定，兹决定对犯罪嫌
疑人_____（性别____，出生日期_____，
住址_____）执行拘传。

                                    公安局（印）
                                    年    月    日

    本证已于_____年____月____日____时向我宣布。
                  被拘传人：                    （捺指印）
    拘传到案时间_____年____月____日____时。
                  被拘传人：                    （捺指印）
    拘传结束时间_____年____月____日____时。
                  被拘传人：                    （捺指印）
```

【任务实施】

一、实施步骤

传唤是公安机关的侦查手段之一，是公安机关通知犯罪嫌疑人在指定的时间到指定的地点接受讯问的一种方式，只具有通知的效力，不具有强制性。

传唤适用的对象是不需要拘留、逮捕的犯罪嫌疑人。

传唤的时间一般情况为12小时，特殊情况为24小时。

二、注意事项

（1）拘传适用的条件是：经合法传唤无正当理由拒不到案的犯罪嫌疑人或者根据案件具体情况直接拘传。

（2）执行拘传的民警不得少于两人。

（3）拘传持续的时间最长不得超过12小时，不得以连续传唤的方式变相拘禁犯罪嫌疑人；拘传的起止时间应当精确到分钟。

（4）拘传时，如果犯罪嫌疑人拒绝拘传或拒不到案的，公安机关可以使用警械等强制方法，强制其到案。

（5）异地执行拘传，执行人员应当持《拘传证》、办案协作函件和工作证件，与协作地县级以上公安机关联系。拘传时，不得仅凭《拘传证》将犯罪嫌疑人带离其所在的市、县。

三、使用方法

（1）通过网上办案流程制作《呈请拘传报告书》。

（2）经办案部门法制员和负责人同意。

（3）报县级以上公安机关负责人批准，启用电子印章签署意见。

（4）法制部门网上开具《拘传证》，并加盖单位电子印章。

（5）出示工作证件，表明身份。

（6）核实拘传对象的身份。

（7）向拘传对象出示《拘传证》，并责令其在《拘传证》签名（盖章）、捺指印；拒绝签名（盖章）、捺指印的，在《拘传证》上注明。

（8）将犯罪嫌疑人带至讯问地点。

（9）责令其在《拘传证》上填写到案时间；拒绝填写的，侦查人员在《拘传证》上注明。

（10）及时讯问犯罪嫌疑人。

（11）讯问结束后，责令其在《拘传证》上填写讯问结束时间。拒绝填写的，侦查人员在《拘传证》上注明。

（12）拘传结束后，对需要采取其他强制措施的，依法办理；对无须采取其他强制措施的，立即释放。

四、填写方法

传唤证填写方法：案件名称的填写按照案件命名方式填写；批准人为办案部门负责人；被传唤人信息按照实际情况填写；被传唤人在收到传唤证时填写收到的时间；被传唤人在传唤人到达之时填写时间；被传唤人在传话结束时填写时间。拘传证按犯罪嫌疑人信息、拘传证宣布时间、拘传到案时间、拘传结束时间填写。

五、样例

＊＊＊公安局

传 唤 证

（副　本）

×公（刑）传唤字〔2010〕××　号

根据《中华人民共和国刑事诉讼法》第一百一十九条之规定，兹传唤涉嫌　交通肇事　罪的犯罪嫌疑人　李××　（性别　男　，出生日期　××××年××月××日　，住址　×××××　）于　2010　年　10　月　16　日　22　时到　××市公安局　接受讯问。无正当理由拒不接受传唤的，可以依法拘传。

公安局（印）

2010 年 10 月 16 日

本证已于　2010　年　10　月　16　日收到。
　　　　　　　　被传唤人：李××　　　　　　　　　　　（捺指印）
被传唤人到达时间　2010　年　10　月　16　日　22　时。
　　　　　　　　被传唤人：　　　　　　　　　　　　　　（捺指印）
传唤结束时间　2010　年　10　月　17　日　5　时。
　　　　　　　　被传唤人：　　　　　　　　　　　　　　（捺指印）

＊＊＊公安局

拘 传 证

×公（刑）拘传字〔2010〕××号

　　根据《中华人民共和国刑事诉讼法》第六十六条之规定，兹决定对犯罪嫌疑人 <u>李××</u>（性别 <u>男</u>，出生日期 <u>××××年××月××日</u>，住址 <u>河北省××市××街××号</u>）执行拘传。

公安局（印）
年　　月　　日

本证已于 <u>2010</u> 年 <u>10</u> 月 <u>16</u> 日 <u>22</u> 时向我宣布。

被拘传人：　　　　　　　　　　（捺指印）

拘传到案时间 <u>2010</u> 年 <u>10</u> 月 <u>16</u> 日 <u>22</u> 时。

被拘传人：　　　　　　　　　　（捺指印）

拘传结束时间 <u>2010</u> 年 <u>10</u> 月 <u>17</u> 日 <u>5</u> 时。

被拘传人：李××　　　　　　　（捺指印）

【任务评价】

实训课任务考核标准如表7-3所示。

表7-3　　　　　　　　实训课任务考核标准（3）

考核项目	操作要求	权重（100分）	得分
认真	上课认真听讲，作业认真，参与讨论态度认真	15	
积极	积极举手发言，积极参与讨论与交流，大量阅读课外读物	15	

续表

考核项目	操作要求	权重（100分）	得分
自信	大胆提出和别人不同的问题，大胆尝试并表达自己的想法	15	
善于与人合作	善于与人合作，虚心听取别人的意见	15	
思维的条理性	能有条理表达自己的意见，解决问题的过程清楚，做事有计划	20	
思维的创造性	具有创造性思维，能用不同的方法解决问题，独立思考	20	

【拓展练习】

1. 思考题

（1）传唤、拘传文书的填写方法；

（2）传唤、拘传文书的注意事项。

2. 实践活动、技能实训题

应用案例练习使用传唤证、拘传证。

［案例］2015年10月15日，××市××商场，运送工人王×在搬运货物的时候与顾客发生碰撞，顾客申×不依不饶，在运送工人道歉之后依旧对其打骂，后警察赶到，申×逃离。

经检查，王×鼻梁骨折，身上多处擦伤，已达刑事立案标准，10月16日，公安机关对申×进行传唤，申×拒不接受，后对其进行拘传。

任务四　询问、讯问笔录

【任务引入】

了解询问、讯问笔录的相关知识和制作。

【教学场景】

1. 多媒体演示室。
2. 实况模拟。
3. 小组讨论。

【相关知识】

(行政刑事通用)

第____次

询问/讯问笔录

时间_____年____月____日____时____分至_____年____月____日____时____分

地点_____

询问/讯问人(签名)_____、_____工作单位_____

记录人(签名)_____工作单位_____

被询问/讯问人_____性别_____年龄_____出生日期_____

身份证件种类及号码_____ □是 □否人大代表_____

现住址_____联系方式_____

户籍所在地_____

(口头传唤/被扭送/自动投案的被询问/讯问人于____月____日____时____分到达,____月____日____时____分离开,本人签名_____)。

问:_____

答:_____

_____
_____
_____
_____
_____
_____
_____
_____
_____
_____
_____

第____页共____页

犯罪嫌疑人诉讼权利义务告知书

根据《中华人民共和国刑事诉讼法》的规定，在公安机关对案件进行侦查期间，犯罪嫌疑人有如下诉讼权利和义务：

（1）不通晓当地通用的语言文字时有权要求配备翻译人员，有权用本民族语言文字进行诉讼。

（2）对于公安机关及其侦查人员侵犯其诉讼权利和人身侮辱的行为，有权提出申诉或者控告。

（3）对于侦查人员、鉴定人、记录人、翻译人员有下列情形之一的，有权申请他们回避：①是本案的当事人或者是当事人的近亲属的；②本人或者他的近亲属和本案有利害关系的；③担任过本案的证人、鉴定人、辩护人、诉讼代理人的；④与本案当事人有其他关系，可能影响公正处理案件的。对于驳回申请回避的决定，可以申请复议一次。

（4）自接受第一次讯问或者被采取强制措施之日起，有权委托律师作为辩护人。如在押或者被监视居住，公安机关应当及时转达其委托辩护人的要求；也可以由其监护人、近亲属代为委托辩护人；依法同辩护律师会见和通信。因经济困难或者其他原因没有委托辩护人的，本人及其近亲属可以向法律援助机构提出申请。对于未成年人、盲、聋、哑人，尚未完全丧失辨认或者控制自己行为能力的精神病人，以及可能判处无期徒刑、死刑的犯罪嫌疑人，没有委托辩护人的，有权要求公安机关通知法律援助机构指派律师提供辩护。犯罪嫌疑人没有委托辩护人，法律援助机构也没有指派律师提供辩护的，有权约见值班律师，获得法律咨询、程序选择建议、申请变更强制措施、对案件处理提出意见等法律帮助。

（5）在接受传唤、拘传、讯问时，有权要求饮食和必要的休息时间。

（6）本人及其法定代理人、近亲属或者辩护人有权申请变更强制措施；对于采取强制措施届满的，有权要求解除强制措施。

（7）对于侦查人员的提问，应当如实回答。但是对与本案无关的问题，有拒绝回答的权利。在接受讯问时有权为自己辩解。如实供述自己罪行的，可以从轻处罚；因如实供述自己罪行，避免特别严重后果发生的，可以减轻处罚。

（8）犯罪嫌疑人自愿如实供述自己的罪行，承认指控的犯罪事实，愿意接受处罚的，可以依法从宽处理。

（9）有核对讯问笔录的权利；如果没有阅读能力，侦查人员应当向其宣读笔录。笔录记载有遗漏或者差错，可以提出补充或者改正。可以请求自行书写供述。

（10）未成年犯罪嫌疑人在接受讯问时，有要求通知其法定代理人到场的权利。女性未成年犯罪嫌疑人有权要求讯问时有女性工作人员在场。

（11）聋、哑的犯罪嫌疑人在讯问时有要求通晓聋、哑手势的人参加的权利。

（12）有权知道用作证据的鉴定意见的内容，可以申请补充鉴定或重新鉴定。

（13）依法接受拘传、取保候审、监视居住、拘留、逮捕等强制措施和人身检查、搜查、扣押、鉴定等侦查措施。

（14）公安机关送达的各种法律文书经确认无误后，应当签名、捺指印。

（15）知悉案件移送审查起诉情况。

以上内容，我已看过/已向我宣读。（犯罪嫌疑人本人书写）犯罪嫌疑人不能书写，以上内容已向其告知。（办案民警注明）

犯罪嫌疑人：

办案民警：

本告知书在第一次讯问犯罪嫌疑人或者对其采取强制措施之日交犯罪嫌疑人，并在第一次讯问笔录中记明，同时将本告知书复印一份附卷。

被害人诉讼权利义务告知书

据《中华人民共和国刑事诉讼法》的规定，在公安机关对案件进行侦查期间，被害人有如下权利和义务：

（1）不通晓当地通用的语言文字时有权要求配备翻译人员，有权用本民族语言文字进行诉讼。

（2）对于公安机关及其侦查人员侵犯其诉讼权利或者进行人身侮辱的行为，有权提出申诉或者控告。

（3）因在诉讼中作证，人身安全面临危险的，可以向公安机关请求对本人或其近亲属予以保护。

（4）对于侦查人员、鉴定人、记录人、翻译人员有下列情形之一的，被害人及其法定代理人有权申请回避：①是本案的当事人或者是当事人的近亲属的；②本人或者他的近亲属和本案有利害关系的；③担任过本案的证人、鉴定人、辩护人、诉讼代理人的；④与本案当事人有其他关系，可能影响公正处理案件的。对驳回申请回避的决定，可以申请复议一次。

（5）有权核对询问笔录。如果记载有遗漏或者差错，有权提出补充或者改正，经核对无误后，应当在询问笔录上逐页签名、捺指印。有权自行书写亲笔证词。

（6）未满18周岁的被害人在接受询问时有权要求通知其法定代理人到场。

（7）由于被告人的犯罪行为而遭受物质损失的，有权提起附带民事诉讼。

（8）公安机关对被害人的报案作出不予立案决定的，被害人如果不服，可以申请复议、复核。被害人认为公安机关对应当立案侦查的案件而不立案侦查的，有权向人民检察院提出。

（9）有权知道用作证据的鉴定意见的内容，可以申请补充鉴定或重新鉴定。

（10）知道案件情况的有作证的义务。

（11）应当如实地提供证据、证言，有意做伪证或者隐匿罪证应负相应的法律责任。

以上内容，我已看过/已向我宣读。（被害人本人书写）被害人不能书写，以上内容已向其告知。（办案民警注明）

被害人：
办案民警：

本告知书在第一次询问时交被害人，并在第一次询问笔录中记明情况，同时将本告知书复印一份附卷。

证人诉讼权利义务告知书

根据《中华人民共和国刑事诉讼法》的规定，在公安机关对案件进行侦查期间，证人有如下权利和义务：

（1）不通晓当地通用的语言文字时有权要求配备翻译人员，有权用本民族语言文字进行诉讼。

（2）对于公安机关及其侦查人员侵犯其诉讼权利或者进行人身侮辱的行为，有权提出申诉或者控告。

（3）因在诉讼中作证，人身安全面临危险的，可以向公安机关请求对本人或其近亲属予以保护。

（4）有权核对询问笔录。如果记载有遗漏或者差错，有权提出补充或者改正，经核对无误后，应当在询问笔录上逐页签名、捺指印。有权自行书写亲笔证词。

（5）未满18周岁的证人在接受询问时有权要求通知其法定代理人到场。

（6）知道案件情况的有作证的义务。

（7）应当如实地提供证据、证言，有意作伪证或者隐匿罪证应负相应的法律责任。以上内容，我已看过/已向我宣读。（证人本人书写）证人不能书写，以上内容已向其告知。（办案民警注明）

证人：
办案民警：

本告知书在第一次询问时交证人，并在第一次询问笔录中记明情况，同时将本告知书复印一份附卷。

【任务实施】

一、讯问笔录

（一）讯问笔录的使用方法

（1）讯问笔录是指公安机关侦查人员在讯问过程中，对犯罪嫌疑人进行讯问时依据法律有关规定和程序记载讯问情况文字记录。

（2）讯问的时候，侦查人员不得少于二人。

（3）犯罪嫌疑人被送交看守所羁押以后，侦查人员对其进行讯问，应当在看守所内进行。

对不需要逮捕、拘留的犯罪嫌疑人，可以传唤到犯罪嫌疑人所在市、县内的指定地点或者到他的住处进行讯问。对在现场发现的犯罪嫌疑人，经出示工作证件，可以口头传唤，但应当在讯问笔录中注明。

（4）讯问时人与记录人不得由一人承担。

（5）严禁刑讯逼供或用威胁，引诱，欺骗以及其他非法的方法获取供述。

（6）不得连续拘传的形式或变相拘禁犯罪嫌疑人。

（二）填写方法

（1）讯问的起止时间。

（2）讯问人姓名与工作单位。

（3）写明被讯问人是否为人大代表、政协委员、共产党员。

（4）第一次讯问时，讯问内容的填写：

①亮明侦查员身份，表明讯问所持态度。

②犯罪嫌疑人基本情况。

③家庭情况。

④社会经历。

⑤违法犯罪经历。

⑥告知权利和义务。

⑦有关案情的问题提问。

有关案情的问题，包括犯罪时间、地点、原因（动机、目的）、手段、情节、后果以及与犯罪有关的人和事等。

首次讯问主要问明犯罪嫌疑人是否有罪，让其陈述有罪情节和无罪的辩解，然后再向其提问有关案情的问题。第二次或以后的讯问，主要是针对案件的有关情况作进一步的讯问,讯问情况可以是案件的全部情况也可以是案件的某一个情节。

(5) 讯问结束后,要记录经被讯问人(犯罪嫌疑人)核对后对笔录的意见、签名、捺指印、注明时间等内容,所以,讯问结束后,应完成如下步骤:

①将笔录交犯罪嫌疑人核对,或者没有阅读能力的向其宣读。

②核对后如记录有差错、遗漏、需要更正补充的,应允许更正并让其在更正处按捺指印。

③核对无误后,应由其在笔录上逐页右下方签名、捺指印,并在关键性的时间、地点、人物处捺指印。

④在笔录末页由被讯问人写明"以上笔录我看过,和我说的相符",如拒绝签名、捺指印的,侦查人员应在笔录上记明。无阅读能力的填写"以上笔录向我宣读过和我说的相符"。

⑤侦查人员(讯问人、记录人)签名。

二、询问笔录

(一) 询问笔录的使用

(1) 熟悉案情,了解被害人、证人情况,明确询问的主要内容和方法。

(2) 确定询问时间、地点。

(3) 对未成年被害人、证人询问前,通知法定代理人、监护人、教师到场。

(4) 询问聋哑人或者不通晓当地语言文字的人,为其配备翻译人员并在笔录中注明翻译人基本情况。

(5) 确定2名以上侦查人员进行询问。

(6) 出示警官证,表明身份。

(7) 告知被害人、证人应当如实提供证据、证言和有意作伪证或者隐匿罪证应负的法律责任。

(8) 制作被害人、证人询问笔录,询问笔录可在电脑上制作,并进入电子卷宗系统。

(9) 被害人、证人核实询问笔录,并逐页签名或盖章捺指印。

(二) 注意事项

(1) 询问要迅速、及时。对于伤势危及生命的被害人、现场的外地证人,应尽快进行询问,必要时可以进行录音、录像。

(2) 询问记录必须全面客观。对被害人、证人肯定和否定某一事实,有事实根据的分析和判断,都要如实记录;对被害人、证人未陈述清楚的关键情节要再次询问；侦查人员不得轻易泄露案情，进行承诺或者表示对案件的看法。

（3）询问证人的笔录内容一般包括：

①证人的基本情况；

②告知询问中的法律义务和权利；

③证人与犯罪嫌疑人、被害人之间的关系；

④听到、看到与案件有关的详细情况，特别记明犯罪嫌疑人的衣着、体貌特征；

⑤是否有旁证，是否提供了能够证明案件情况的其他物证、书证及其来源。

（4）询问被害人的笔录内容一般包括：

①被害人的基本情况；

②告知询问中的法律义务和权利；

③被害人与犯罪嫌疑人的关系；

④提供与案件有关的详细情况及其来源，特别记明其中的关键人、事及情节；

⑤是否有旁证，是否提供了能够证明案件事实的其他物证、书证。

（5）询问笔录应记载被害人、证人的原话原意。

（6）对于未成年被害人、证人，确实无法通知法定代理人、监护人、教师到场或通知后未到场的，应当在询问笔录中注明。

（7）被害人、证人为两人以上的，分别进行询问。

（8）所存询问笔录，除涉密外，其他的一律录入网上电子卷宗。

（行政刑事通用）第___×___次

讯问笔录

时间　20×× 年 ×× 月 ×× 日 ×× 时 ×× 分至 20×× 年 ×× 月 ×× 日 ×× 时 ×× 分

地点　河北省××市公安局第×审讯室

询问/讯问人（签名）　××、××　工作单位　××市公安局

记录人（签名）　××　工作单位　××市公安局

被询问/讯问人　×××　性别　男　年龄　××　出生日期　××××年×月×日

身份证件种类及号码　×××××××　□是□否人大代表

现住址　××××　联系方式　×××××××

户籍所在地　××××××××××

(口头传唤/被扭送/自动投案的被询问/讯问人于＿××＿月＿××＿日＿××＿时＿××＿分到达，＿××＿月＿××＿日＿××＿时＿××＿分离开，本人签名：×××）。

问：我们是××市公安局民警，这是我们的工作证件，现在依法对你进行讯问，请你对我们的问题如实回答，听明白了没有？

答：<u>明白。</u>

问：你是否为人大代表、政协委员、共产党员？

答：<u>不是。</u>

问：说一下你的个人情况。

答：<u>我叫×××，××××年××月××日生，男，现年××岁，身份证号码为××××××××，现住××××××××，是××××大学的学生。</u>

问：说一下你的家庭情况。

答：<u>父亲，××，××岁，从事××工作；母亲××，××岁，现从事××工作。</u>

问：说下你的社会经历？

答：<u>××年上高中，××年上大学。</u>

问：有没有违法犯罪经历？

答：<u>没有。</u>

问：这是《犯罪嫌疑人诉讼权利义务告知书》，你看一下，有什么问题可以当场提出来。（约5分钟）。看清楚了吗？

答：<u>看清楚了。</u>

问：有问题吗？

答：<u>没有。</u>

问：知道我们为什么让你来吗？

答：<u>知道，因为我撞死人了。</u>

问：说一下具体情况。

……

问：今天先问到这里，以上说的是否属实？

答：<u>属实。</u>

<u>以上笔录我看过，和我说的相符。</u>

<u>×××</u>

20××年××月××日

第　　页共　　页

【任务评价】

实训课任务考核标准如表 7-4 所示。

表 7-4　　　　　　　　　实训课任务考核标准（4）

考核项目	操作要求	权重（100分）	得分
认真	上课认真听讲，作业认真，参与讨论态度认真	15	
积极	积极举手发言，积极参与讨论与交流，大量阅读课外读物	15	
自信	大胆提出和别人不同的问题，大胆尝试并表达自己的想法	15	
善于与人合作	善于与人合作，虚心听取别人的意见	15	
思维的条理性	能有条理表达自己的意见，解决问题的过程清楚，做事有计划	20	
思维的创造性	具有创造性思维，能用不同的方法解决问题，独立思考	20	

【拓展练习】

1. 思考题

（1）询问/讯问笔录的填写方法；

（2）询问/讯问的注意事项。

2. 实践活动、技能实训题

练习讯问笔录、询问笔录。

任务五　拘　　留

【任务引入】

了解拘留的相关程序和文书的制作。

【教学场景】

1. 多媒体演示室。

2. 实况模拟。

3. 小组讨论。

【相关知识】

＊＊＊公安局
拘 留 证

×公（　　）拘字〔　　〕　　号

根据《中华人民共和国刑事诉讼法》第_____条之规定，兹决定对犯罪嫌疑人_____（性别____，出生日期_____，住址_____）执行拘留，送_____看守所羁押。

公安局（印）

年　　月　　日

本证已于_____年____月____日____时向我宣布。

被拘留人：　　　　　　（捺指印）

本证副本已收到，被拘留人_____于_____年____月____日____时送至我所。

接收民警：　　　　　看守所（印）

此联附卷

```
┌─────────────────────────────────────────────────────────┐
│                    ＊＊＊公安局                          │
│                   拘留通知书                             │
│                    （副　本）                            │
│                ×公（　　）拘通字〔　　〕　　号           │
│                                                         │
│   ＿＿＿＿＿＿＿＿＿＿＿＿＿＿＿＿：                    │
│      根据《中华人民共和国刑事诉讼法》第＿＿＿＿＿条之规定，我局已于 │
│   ＿＿＿＿年＿＿月＿＿日＿＿时将涉嫌＿＿＿＿＿＿＿＿＿罪的 │
│   ＿＿＿＿＿＿＿＿＿＿刑事拘留，现羁押在＿＿＿＿＿＿＿＿看守所。 │
│                                                         │
│                              公安局（印）                │
│                                年　　月　　日           │
│   本通知书已收到。                                      │
│      被拘留人家属：         年　　月　　日　　时        │
│      如未在拘留后24小时内通知被拘留人家属，注明原因：＿＿＿ │
│   ＿＿＿＿＿＿＿＿＿＿＿＿＿＿＿＿＿＿＿＿＿＿＿＿＿。 │
│      办案人：                                           │
│                              年　　月　　日　　时       │
└─────────────────────────────────────────────────────────┘

此联附卷

## 【任务实施】

刑事拘留是公安机关和人民检察院在办理直接受理的案件中，对于现行犯或者重大嫌疑分子，在法定的紧急情况下，暂时剥夺其人身自由、予以羁押，并进行审查的一种方法。

## 一、拘留的程序

（1）确认被拘留对象符合刑拘条件，进入网上办案流程。

（2）网上填写《呈请拘留报告书》办案民警签署意见，启用电子签章。

（3）经办案部门法制员、负责人同意，法制部门审核，报县级以上公安机关负责人批准，呈批表签署意见使用电子印章，实行网上流程化管理。

（4）网上签发《拘留证》。
```

(5) 出示工作证件，表明民警身份。

(6) 查明被拘留对象的身份。

(7) 向被拘留对象出示《拘留证》，责令其在拘留证上签名（盖章）、捺指印，并注明时间；拒绝签名或捺指印的，在拘留证上注明。

(8) 使用手铐等约束性警械将被拘留对象带至羁押场所羁押。

(9) 在 24 小时内进行讯问。

二、拘留后的处理

(1) 符合逮捕条件的，提请批准逮捕。

(2) 应当追究刑事责任，但没有逮捕必要的，变更为取保候审或监视居住，侦查终结后，直接向人民检察院移送审查起诉。

(3) 尚未获取足够的证据，未达到逮捕条件的，变更为取保候审或者监视居住，继续侦查。

(4) 不应当拘留的，不构成犯罪或者不需要追究刑事责任的，应当释放被拘留人，发给释放证明。

需要予以行政处理的，释放后依法处理。

三、注意事项

(1) 对县级以上人民代表大会代表决定刑事拘留的，应当书面报请该代表所属的人民代表大会主席团或者常务委员会许可。

对现行犯或者重大嫌疑分子先行拘留的时候，发现其是县级以上人民代表大会代表的，应当立即向其所属的人民代表大会主席团或者常务委员会报告。

在依法执行拘留中，发现被执行人是县级以上人民代表大会代表的，应当暂缓执行，并报告原决定或者批准机关。如果在执行后发现被执行人是县级以上人民代表大会代表的，立即解除。

对乡、民族乡、镇的人民代表大会代表采取拘留的，在执行后立即报告其所属的人民代表大会。

(2) 对政治协商委员会委员执行拘留前，应当向该委员所属的政协组织通报情况；情况紧急的，可在执行的同时或者执行以后及时通报。

(3) 对于不讲真实姓名、住址，身份不明的犯罪嫌疑人，经法制部门审核，县级以上公安机关负责人批准，拘留期限自查清其身份之日起计算。对有证据证明有犯罪事实的案件，也可以按其自报的姓名提请批准逮捕。

(4) 首次讯问应当注意核实被拘留人是否符合刑事拘留条件，如果发现不符合条件的，应当报经法制部门审核，县级以上公安机关负责人批准，制作《释放通知书》通知看守所立即释放。

（5）上述执法行为，应进入网上办案流程，审核、审批、出具法律文书应从网上进行，并录入网上电子卷宗。

四、填写方法

批准人为县级以上公安机关负责人。

此文书需向被拘留人宣读，宣读后由被拘留人在文书上签字。

办案民警将被拘留人送至看守所后需接受民警签字，确认时间。

拘留证副本应标明是否为律师会见案件。

五、使用方法

（1）拘留后24小时之内将此文书送至被拘留人家属或单位。

（2）有下列情形之一的，经法制部门审核，县级以上公安机关负责人批准，可以不予通知犯罪嫌疑人家属：

①同案的犯罪嫌疑人可能逃跑、隐匿、毁弃或者伪造证据的；

②不讲真实姓名、住址，身份不明的；

③其他有碍侦查或者无法通知的。上述情形消除后，应当立即通知被拘留人的家属或者他的所在单位。

六、填写方法

（1）抬头单位或家属姓名，不知姓名者以××父亲/母亲等代替。

（2）家属收到通知书应当签字。

（3）24小时通知书未送达应当写明原因，原因为使用方法中所述情形之一。

公安机关对于现行犯或者重大嫌疑分子，如果有下列情形之一的，可以先行拘留：

①正在预备犯罪，实行犯罪或者在犯罪后即时被发觉的；

②被害人或者在场亲眼看见的指认他犯罪的；

③在身边或者住处发现有犯罪证据的；

④犯罪后企图自杀、逃跑或者在逃的；

⑤有毁灭、伪造证据或者串供可能的；

⑥不讲真实姓名、住址，身份不明的；

⑦有流窜作案、多次作案、结伙作案重大嫌疑的。（《刑事诉讼法》第八十二条）

＊＊＊公安局
拘 留 证

×公（刑）拘字〔2010〕××号

根据《中华人民共和国刑事诉讼法》第__八十二__条之规定，兹决定对犯罪嫌疑人__×××__（性别__男__，出生日期__××××年××月××日__，住址__××××__）执行拘留，送__××市__看守所羁押。

公安局（印）

2010 年 10 月 23 日

本证已于__2010__年__10__月__23__日__10__时向我宣布。

　　　　　　　　　被拘留人：　　　　　　（捺指印）

本证副本已收到，被拘留人__×××__于__2010__年__10__月__23__日__12__时送至我所。

　　　　　　　　　接收民警：×××　　　　看守所（印）

＊＊＊公安局

拘留通知书

（副　本）

×公（刑）拘通字〔2010〕××号

___×××___：

根据《中华人民共和国刑事诉讼法》第___八十二___条之规定，我局已于___2010___年___10___月___23___日___12___时将涉嫌___故意杀人___罪的___×××___刑事拘留，现羁押在___××市___看守所。

公安局（印）

2010 年 10 月 23 日

本通知书已收到。

　　　　被拘留人家属：　　　　2010 年 10 月 23 日 13 时

如未在拘留后 24 小时内通知被拘留人家属，注明原因：_____
_____。

　　　　办案人：×××

2010 年 10 月 23 日 13 时

【任务评价】

实训课任务考核标准如表 7-5 所示。

表 7-5　　　　　　　　　　实训课任务考核标准（5）

考核项目	操作要求	配分（100分）	得分
认真	上课认真听讲，作业认真，参与讨论态度认真	15	
积极	积极举手发言，积极参与讨论与交流，大量阅读课外读物	15	
自信	大胆提出和别人不同的问题，大胆尝试并表达自己的想法	15	
善于与人合作	善于与人合作，虚心听取别人的意见	15	
思维的条理性	能有条理表达自己的意见，解决问题的过程清楚，做事有计划	20	
思维的创造性	具有创造性思维，能用不同的方法解决问题，独立思考	20	

【拓展练习】

1. 思考题

（1）拘留文书的填写方法；

（2）拘留程序的注意事项。

2. 实践活动、技能实训题

应用案例练习使用拘留证和拘留通知书。

［案例］犯罪嫌疑人张×，男，1988年2月20日出生，家住××市××小区，2015年5月20日因故意伤人罪被刑事拘留，办案单位××市公安局，办案人孙××。

任务六　逮　　捕

【任务引入】

了解逮捕相关程序与文书制作。

【教学场景】

1. 多媒体演示室。

2. 实况模拟。

3. 小组讨论。

【相关知识】

＊＊＊公安局

逮 捕 证

×公（   ）捕字〔   〕   号

根据《中华人民共和国刑事诉讼法》第八十条之规定，<u>经批准/决定</u>，兹由我局对涉嫌_____罪的（性别_____，出生日期_____，住址_____）执行逮捕，送_____看守所羁押。

公安局（印）
年   月   日

本证已于_____年____月____日____时向我宣布。

被逮捕人：   （捺指印）

本证副本已收到，被逮捕人_____已于_____年____月____日送至我所（如先行拘留的，填写拘留后羁押时间）。

接收民警：   看守所（印）

年   月   日

此联附卷

＊＊＊公安局
逮捕通知书
（副　本）

　　　　　　　　　　　×公（　　）捕通字〔　　〕　　号

_____：
　　经_____批准，我局于_____年___月___日___时对涉嫌_____罪的_____执行逮捕，现羁押在_____看守所。

　　　　　　　　　　　　　　　　　　　　　公安局（印）
　　　　　　　　　　　　　　　　　　　　　　年　月　日

本通知书已收到。
　　　　　　　　被逮捕人家属：　　年　月　日　时
如在逮捕后24小时内无法通知的，注明原因：_____
_____。
　　　　　　　　办案人：　　　　　年　月　日　时

此联附卷

【任务实施】

一、实施步骤

（1）确认符合逮捕法定条件，进入网上办案流程。

（2）网上制作《提请批准逮捕书》办案民警签署意见，启用电子签章。

（3）经办案部门法制员、负责人同意，法制部门审核后报县级以上公安机关负责人批准；实行网上流程化管理，签署意见使用电子印章，法律文书录入电子卷宗，并和纸卷保持一致。

（4）制作《提请批准逮捕书》一式三份。

（5）将《提请批准逮捕书》连同案卷材料、证据，移送同级人民检察院审查批准。

（6）收到人民检察院批准逮捕决定书后，网上制作《呈请签发逮捕证报告书》，经法制部门审核，县级以上公安机关负责人批准，网上开具《逮捕证》，加盖单位电子印章。

（7）出示工作证件，表明民警身份。

（8）核实被逮捕犯罪嫌疑人的身份。

（9）向犯罪嫌疑人出示《逮捕证》并宣布逮捕，令其在《逮捕证》上签名（盖章）、捺指印、填写日期，拒绝签名（盖章）、捺指印的，应当注明。

（10）将被逮捕的犯罪嫌疑人押送至看守所羁押。

（11）执行逮捕后，将执行回执及时送达作出批准逮捕决定的检察机关；未能执行的，将回执送达检察机关，并写明未能执行的原因。

（12）网上制作《逮捕通知书》，办案民警除有碍侦查或者无法通知的情形以外，将逮捕的原因和羁押的处所，在24小时以内通知被逮捕人的家属或者所在单位。

（13）有碍侦查或者无法通知的，经县级以上公安机关负责人批准，可以不在24小时以内通知，但应当在通知书上注明原因；有碍侦查或者无法通知的原因消除后，立即通知。

（14）执行逮捕后，在24小时内对犯罪嫌疑人进行讯问。

（15）发现不应当逮捕的，立即报经法制部门审核，县级以上公安机关负责人批准，网上制作《释放通知书》，由办案民警，送达看守所，将其立即释放，并在3日以内，将释放理由书面通知原批准逮捕的检察机关。

二、注意事项

（1）采取取保候审、监视居住等方法，尚不足以防止发生社会危险性，而有逮捕必要的，即社会危险性条件，"有逮捕必要"是指具有下列情形之一的：

①可能继续实施犯罪行为，危害社会的；

②可能毁灭、伪造证据，干扰证人作证或者串供的；

③可能自杀或逃跑的；

④可能实施打击报复行为的；

⑤可能有碍其他案件侦查的；

⑥其他可能发生社会危险性的情形。

（2）对于有组织犯罪、黑社会性质组织犯罪、暴力犯罪和多发性犯罪等严重危害社会治安和社会秩序，以及可能有碍侦查的犯罪嫌疑人，一般应予逮捕。

（3）公安机关对被拘留的人，认为需要逮捕的，应当在拘留后的3日以内，提请人民检察院审查批准。在特殊情况下，提请审查批准的时间可以延长1~4日。对于流窜作案、多次作案、结伙作案的重大嫌疑分子，提请审查批准的时间可以延长至30日。

（4）有碍侦查或者无法通知的情形是指：

①同案的犯罪嫌疑人可能逃跑，隐匿、毁弃或者伪造证据；

②不讲真实姓名、住址、身份不明的；

③其他有碍侦查或者无法通知的。

（5）在羁押期间发现对犯罪嫌疑人逮捕不当的，应当在发现后的12小时以内，经县级以上公安机关负责人批准将被逮捕人释放，或者变更强制措施，并在3日以内，将释放或者变更的原因及情况通知原批准逮捕的检察机关。

（6）对检察机关不批准逮捕而未说明理由的，可以要求检察机关说明理由。

（7）对检察机关不批准逮捕的决定，认为有错误需要复议的，应当在5日内在网上制作《呈请复议报告书》，经法制部门审核，县级以上公安机关负责人批准，网上制作《要求复议意见书》，送交原批准逮捕的检察机关复议；如果要求复议意见不被接受，需要复核的，应当在5日内网上制作《呈请复核报告书》，经法制部门审核，县级以上公安机关负责人批准后，网上制作《提请复核意见书》，连同《复议决定书》一并提请上一级检察机关复核，复议、复核进入网上办案流程，审核、审批、使用电子签章，网上出具法律文书，加盖电子印章。

三、样例

＊＊＊公安局

逮 捕 证

×公（刑）捕字〔2010〕××号

　　根据《中华人民共和国刑事诉讼法》第八十条之规定，经__××市人民检察院__ __批准/决定__，兹由我局对涉嫌__故意杀人__罪的__×××__（性别__男__，出生日期__××××年××月××日__，住址__××××__）执行逮捕，送__××市__看守所羁押。

公安局（印）
2010 年××月××日

　　本证已于__2010__年__××__月__××__日__×__时向我宣布。

被逮捕人：　　　　　　（捺指印）

　　本证副本已收到，被逮捕人__×××__已于__2010__年__××__月__××__日送至我所（如先行拘留的，填写拘留后羁押时间）。

接收民警：　__××__看守所（印）
2010 年××月××日

此联附卷

＊＊＊公安局

逮捕通知书

（副　本）

×公（刑）捕通字〔2010〕××号

　　___×××___：
　　经__××市人民检察院__批准，我局于__2010__年__××__月__××__日__×__时对涉嫌__故意杀人__罪的__×××__执行逮捕，现羁押在__××市__看守所。

公安局（印）

2010年××月××日

本通知书已收到。
　　　　　　被逮捕人家属：　　　　2010年××月××日×时
　　如在逮捕后24小时内无法通知的，注明原因：_____
_____。
　　　　　　办案人：×××　2010年××月××日×时

【任务评价】

实训课任务考核标准如表7-6所示。

表7-6　　　　　　　　　实训课任务考核标准（6）

考核项目	操作要求	权重（100分）	得分
认真	上课认真听讲，作业认真，参与讨论态度认真	15	
积极	积极举手发言，积极参与讨论与交流，大量阅读课外读物	15	
自信	大胆提出和别人不同的问题，大胆尝试并表达自己的想法	15	
善于与人合作	善于与人合作，虚心听取别人的意见	15	
思维的条理性	能有条理表达自己的意见，解决问题的过程清楚，做事有计划	20	
思维的创造性	具有创造性思维，能用不同的方法解决问题，独立思考	20	

【拓展练习】

1. 思考题

（1）逮捕文书的填写方法。

（2）逮捕文书的注意事项。

2. 实践活动、技能实训题

应用案例练习制作逮捕证和逮捕通知书。

［案例］犯罪嫌疑人张×，男，1988年2月20日出生，家住××市××小区，2015年5月20日因故意伤人罪被刑事拘留，办案单位××市公安局，办案人孙××。2015年6月5日被××市人民检察院批准逮捕。

任务七　起诉意见书

【任务引入】

了解起诉意见书的制作。

【教学场景】

1. 多媒体演示室。
2. 实况模拟。
3. 小组讨论。

【相关知识】

＊＊＊公安局

起诉意见书

×公（　　）诉字〔　　〕　　号

犯罪嫌疑人×××……［犯罪嫌疑人姓名（别名、曾用名、绰号等），性别，出生日期，出生地，身份证件种类及号码，民族，文化程度，职业或工作单位及职务，居住地（包括户籍所在地、经常居住地、暂住地），政治面貌，违法犯罪经历以及因本案被采取强制措施的情况（时间、种类及执行场所）。案件有多名犯罪嫌疑人的，应逐一写明。］

辩护律师×××……［如有辩护律师，写明其姓名，所在律师事务所或者法律援助机构名称，律师执业证编号。］

犯罪嫌疑人涉嫌×××（罪名）一案，由×××举报（控告、移送）至我局（写明案由和案件来源，具体为单位或者公民举报、控告、上级交办、有关部门移送或工作中发现等）。简要写明案件侦查过程中的各个法律程序开始的时间，如接受案件、立案的时间。具体写明犯罪嫌疑人归案情况。最后写明犯罪嫌疑人×××涉嫌×××案，现已侦查终结。

经依法侦查查明：……（详细叙述经侦查认定的犯罪事实，包括犯罪时间、地点、经过、手段、目的、动机、危害后果等与定罪有关的事实要素。应当根据具体案件情况，围绕刑法规定的该罪构成要件，进行叙述。）

（对于只有一个犯罪嫌疑人的案件，犯罪嫌疑人实施多次犯罪的犯罪事实应逐一列举；同时触犯数个罪名的犯罪嫌疑人的犯罪事实应该按照主次顺序分别列举；

对于共同犯罪的案件，写明犯罪嫌疑人的共同犯罪事实及各自在共同犯罪中的地位和作用后，按照犯罪嫌疑人的主次顺序，分别叙述各个犯罪嫌疑人的单独犯罪事实。）

认定上述事实的证据如下：

……（分列相关证据，并说明证据与案件事实的关系）

上述犯罪事实清楚，证据确实、充分，足以认定。

犯罪嫌疑人×××……（具体写明是否有累犯、立功、自首、和解等影响量刑的从重、从轻、减轻等犯罪情节）

> 综上所述，犯罪嫌疑人×××……（根据犯罪构成简要说明罪状），其行为已触犯《中华人民共和国刑法》第××条之规定，涉嫌×××罪。依照《中华人民共和国刑事诉讼法》第一百六十二条之规定，现将此案移送审查起诉。（当事人和解的公诉案件，应当写明双方当事人已自愿达成和解协议以及履行情况，同时可以提出从宽处理的建议。犯罪嫌疑人自愿认罪认罚的，如果认为案件符合速裁程序适用条件，可以在起诉意见书中建议人民检察院适用速裁程序办理，并简要说明理由）。
> 此致
> ×××人民检察院
>
> 公安局（印）
年　月　日
>
> 附：1. 本案卷宗卷页。
> 　　2. 随案移交物品件。

【任务实施】

一、实施步骤

（1）确认案件事实已经清楚。需要移送起诉的犯罪事实有证据予以证明，案件事实之间、证据之间符合逻辑，事实与证据之间相互吻合，不存在矛盾。

（2）确认案件的证据达到确实充分。案件中所有的证据都具有客观性、相关性、合法性，犯罪构成的每个构成要件均有合法有效的证据予以证明，所有能证明案件事实的证据联系起来共同指向一个犯罪构成，得出唯一结论。

（3）确认案件定罪定性准确。

（4）法律手续完备。办案流程一律上网。

（5）网上制作《起诉意见书》，经县级以上公安机关负责人批准后，连同《诉讼卷》、案件证据一起移送同级人民检察院公诉部门，《起诉意见书》网上出具，并加盖单位电子印章，录入电子卷宗，与纸卷保持一致。

二、注意事项

（1）侦查终结的案件，应当网上制作结案报告。结案报告应当包括以下内容：
①犯罪嫌疑人的基本情况；

②是否采取了强制措施及其理由;

③案件的事实和证据;

④法律依据和处理意见。

（2）共同犯罪案件的《起诉意见书》，应当写明每个犯罪嫌疑人在共同犯罪中的地位、作用、具体罪责和认罪态度，分别提出处理意见，法律文书网上出具，并加盖单位电子印章。

三、写作方法

（一）首部

依次写明下列内容：

1. 标题

在文书顶端正中，由"机关名称+文种"组成，分两行行文。

2. 编号

在标题右下方，由公安机关代称、程序及文书简称、年度、案件排列序码号等组成。如："×公预起字〔年度〕第××号"。

3. 犯罪嫌疑人的基本情况及违法犯罪经历等内容

犯罪嫌疑人的姓名、性别、出生年月日、民族、籍贯、文化程度、工作单位、职业及住址；是否受过刑事处罚等及其时间和事由；是否在押，如在押，应分别写明被拘留、逮捕的时间和羁押的处所。共同犯罪案件有几个犯罪嫌疑人应当追究刑事责任时，犯罪嫌疑人的违法犯罪经历要分别叙述，按照首犯、主犯、从犯、协从犯的顺序排列。单位犯罪的，应当写明单位的名称，所在地址、法定代表人的姓名、性别和职务。

4. 过渡语

在以上内容写毕后，为另起下文，另起一行写明如下一段固定用语："经我局侦查终结，证实犯罪嫌疑人×××有下列犯罪事实。"

（二）正文

这部分内容是起诉意见书的写作重点，要写清楚犯罪事实和提出起诉意见的理由及法律依据。

1. 犯罪事实

对犯罪嫌疑人犯罪事实的叙述要列出已经查明犯罪嫌疑人的全部犯罪经过，包括何时、何地、何动机、何目的、何方法手段、何犯罪行为、何结果、何证据证明等。其内容必须是属于本次要求起诉范围的事实，划清罪与非罪界限，不能将非罪材料混入其中,若为共同犯罪,要写明共同犯罪的性质、目的、作案时间、地点、成员数目,以及每一犯罪嫌疑人在案件中各自所处的地位、作用及应负的具体法律责任。总之,要做到既不漏写犯罪嫌疑人,不漏写犯罪事实,也不张冠李戴。对于认定犯罪事实的主要犯罪证据的表述要求写明基本的或主要的证据。引述要具体、准确、客观、真实,既要与案件有密切的关联性,又要反映证据的连续性。一般先写犯罪事实,后列举证据。也可以寓证据于事实之中,以增强事实的可靠程度。

2. 提出起诉的理由和法律根据

这部分内容的写作应根据犯罪事实和相应的法律规定,写明犯罪嫌疑人的犯罪性质,即触犯了我国《刑法》的具体条款,同时写明根据我国《刑事诉讼法》第一百六十二条规定,特将本案移送审查,依法起诉。如果起诉公共犯罪案件中的数名犯罪嫌疑人时,可合写一份起诉意见书,分别提出起诉意见。

(三)尾部

首先,写明受文机关名称。

其次,由县以上公安局局长签发并于文书尾部署明职务、姓名、印章。局长签名之下注出制发文书的年月日,并在日期上加盖公安局公章。

最后,在左下角分条写明附项。如犯罪嫌疑人现羁押处所;本案预审卷宗页数、证物、赃物名称、数量及存放地点;证人的姓名、职业、住址;鉴定人的姓名、职务、单位、住址等。

【任务评价】

实训课任务考核标准如表7-7所示。

表7-7　　　　　　　　实训课任务考核标准(7)

考核项目	操作要求	权重(100分)	得分
认真	上课认真听讲,作业认真,参与讨论态度认真	15	
积极	积极举手发言,积极参与讨论与交流,大量阅读课外读物	15	
自信	大胆提出和别人不同的问题,大胆尝试并表达自己的想法	15	
善于与人合作	善于与人合作,虚心听取别人的意见	15	
思维的条理性	能有条理表达自己的意见,解决问题的过程清楚,做事有计划	20	
思维的创造性	具有创造性思维,能用不同的方法解决问题,独立思考	20	

【拓展练习】

1. 思考题
(1) 起诉意见书的制作；
(2) 案件移送的注意事项。
2. 实践活动、技能实训题
制作起诉意见书。

主要参考文献

[1] 姬艳涛，金晓伟. 警务辅助人员公安业务基本教程［M］. 北京：中国人民公安大学出版社，2020.

[2] 张跃进，赵恒. 警务辅助人员职业规范基本教程［M］. 北京：中国人民公安大学出版社，2020.

[3] 秦为民，谭永生. 公安机关警务辅助人员协助执法指引：2021年版［M］. 北京：中国民主法制出版社，2021.

[4] 刘永红. 警察执法语言研究［M］. 北京：群众出版社，2022.

[5] 杨昌军，林通. 警务辅助人员实战技能基本教程［M］. 北京：中国人民公安大学出版社，2020.

[6] 孙茂利. 公安机关刑事法律文书制作指南与范例［M］. 北京：中国人民公安大学出版社，2020.

[7] 孙茂利. 公安机关行政法律文书制作指南与范例［M］. 北京：中国人民公安大学出版社，2020.

[8] 张玉镶. 刑事侦查学［M］. 北京：北京大学出版社，2022.

[9] 马忠红，杨郁娟. 刑事侦查学［M］. 北京：中国人民公安大学出版社，2015.

[10] 王理. 治安管理处罚法实训教程［M］. 北京：中国人民公安大学出版社，2016.

[11] 孙茂利. 公安机关办理行政案件程序规定释义与实务指南［M］. 北京：中国民主法制出版社，2021.

[12] 柯良栋. 治安管理处罚法释义与实务指南［M］. 北京：中国人民公安大学出版社，2014.

[13] 刘志博. 治安案件查处教程［M］. 北京：中国人民公安大学出版社，2018.

［14］法律出版社大众出版编委会．中华人民共和国治安管理处罚法实用问题版［M］．北京：法律出版社，2013．

［15］《治安管理处罚法基本知识》编写组．治安管理处罚法基本知识［M］．北京：中国民主法制出版社，2022．